HANS-GÜNTER GORSKI

Der Streitgegenstand der Anfechtungsklage gegen Steuerbescheide

Schriften zum Steuerrecht

Band 9

Der Streitgegenstand
der Anfechtungsklage gegen Steuerbescheide

Zur Saldierungs- und Individualisierungstheorie

Von

Dr. Hans-Günter Gorski

DUNCKER & HUMBLOT / BERLIN

Vorwort

Das vorliegende Werk ist aus meiner Dissertation hervorgegangen, die ich dem Fachbereich Rechtswissenschaft der Universität Hamburg im November 1972 vorgelegt habe. Meinem verehrten Lehrer, Herrn Professor Dr. Karl August Bettermann, bin ich für die vielfältigen Anregungen und die stete Förderung zu besonderem Dank verpflichtet. Dank schulde ich auch dem Zweitreferenten, Herrn Professor Dr. Peter Selmer.

Herrn Ministerialrat a. D. Dr. J. Broermann bin ich für die Aufnahme der Arbeit in die Reihe „Schriften zum Steuerrecht" verbunden.

Berlin, im September 1973

Hans-Günter Gorski

Inhaltsverzeichnis

Einleitung

A. Das Problem

Der Streitgegenstand trägt seinen Namen zu Recht. Er ist ein Gegenstand vielfältigen Streites. Zu den aus dem Zivilprozeßrecht übernommenen Streitpunkten — vor allem der unfruchtbaren Kontroverse zwischen der Klagebegehrens- und der Rechtsfolgebehauptungstheorie — kommt bei Anfechtungsklagen gegen Verwaltungsakte noch eine Reihe von Zweifelsfragen hinzu. Sie betreffen vor allem den Umfang der materiellen Rechtskraft, der vom Streitgegenstand abhängt, §§ 121 VwGO, 110 Abs. 1 FGO, 141 Abs. 1 SGG. Im wesentlichen ging der Streit bisher darum, ob man den Streitgegenstand der Anfechtungsklage so definieren[1] kann, daß die Behörde den vom Gericht aufgehobenen Verwaltungsakt nicht wiederholen darf, und das Zivilgericht im Amtshaftungsprozeß an die Entscheidung des Verwaltungsgerichts über die Rechtmäßigkeit oder Rechtswidrigkeit des schädigenden Verwaltungsakts gebunden ist. Rechtsprechung und Schrifttum zur Anfechtungsklage gegen Steuerbescheide haben diese Streitfragen um eine weitere vermehrt: Man streitet darum, ob der Kläger den Streitgegenstand auf bestimmte „Sachverhaltskomplexe" oder „Besteuerungsgrundlagen" begrenzen könne. Nur mit diesem Teilaspekt der Streitgegenstandsproblematik will ich mich im folgenden beschäftigen.

Der Streit wird erst verständlich, wenn man berücksichtigt, daß die im Steuerbescheid enthaltene Steuerfestsetzung — im Gegensatz zu der Regelung der meisten anderen Verwaltungsakte — regelmäßig auf einer Vielzahl von Besteuerungsgrundlagen beruht. Bei diesen Besteuerungsgrundlagen handelt es sich um Berechnungsfaktoren, die beliebig miteinander verrechnet — saldiert — werden können. Der Kläger läuft daher Gefahr, bei einer Anfechtung der gesamten Steuerfestsetzung zwar in dem von ihm als unrichtig bezeichneten Punkt — etwa der Höhe einer Rückstellung in der Steuerbilanz — vom Finanzgericht Recht zu bekommen, mit seiner Klage aber im Ergebnis dennoch abgewiesen zu werden, weil das Finanzgericht einen anderen Fehler — etwa bei der Berechnung der Sonderausgaben — entdeckt, den es mit dem ersten Fehler zu Lasten des Klägers saldiert. Gegen diese Saldierungs-

---

[1] Vgl. die Übersicht unten Teil 3 B I.

möglichkeit wenden sich die Anhänger der „Individualisierungstheorie"[2]. Sie sind der Auffassung, der Kläger könne den Streitgegenstand
auf bestimmte Sachverhaltsteile, d. h. Ausschnitte des durch den Steuerbescheid geregelten Einzelfalls, oder auf einzelne Besteuerungsgrundlagen begrenzen. Das Finanzgericht müsse der Anfechtungsklage schon
dann stattgeben, wenn die Behauptung des Klägers, das Finanzamt
habe diesen Sachverhaltsausschnitt oder diese Besteuerungsgrundlage
bei der Festsetzung der Steuer unrichtig beurteilt oder festgestellt,
zutreffe. Das Gericht darf nach dieser Meinung also andere als die vom
Kläger gerügten Fehler in den Gründen des Steuerbescheides nicht
korrigieren. Die Möglichkeit der Individualisierung des Streitgegenstandes wird mit der besonderen Struktur des Steuerbescheides, insbesondere der Vielfalt und Unübersehbarkeit der Besteuerungsgrundlagen, begründet.

Die Individualisierungstheorie tritt in zwei Spielarten auf: Die eine
Gruppe meint, Anfechtungsgegenstand sei unmittelbar die einzelne vom
Kläger beanstandete Besteuerungsgrundlage oder der vom Kläger als
unrichtig bezeichnete Sachverhaltsausschnitt[3]. Gegenstand des Verfah-
rens ist danach nicht das Ergebnis des Steuerbescheides, sondern ein
Teil seiner Begründung. Die andere Gruppe[4] ist der Ansicht, der
Steuerpflichtige müsse zwar unmittelbar die Steuerfestsetzung, also das
Ergebnis des Steuerbescheides, angreifen, könne diesen Angriff aber
durch die Behauptung, eine bestimmte Besteuerungsgrundlage oder ein
bestimmter Teilsachverhalt sei fehlerhaft, begrenzen. Diese zweite
Gruppe will den Streitgegenstand also außer durch den Klageantrag auf

---

[2] Zur Bezeichnung der Theorien *Barske-Woerner*, FGO, S. 56. Sie ist nicht
glücklich gewählt. Der Prozessualist denkt bei dem Begriff „Individualisierungstheorie" zunächst an den im Zivilprozeßrecht ausgetragenen Streit zwischen den Anhängern der „Substantiierungstheorie", die zur Ausfüllung des
Klagegrundes nach § 253 Abs. 2 Nr. 2 ZPO die Angabe der klagebegründenden
Tatsachen verlangen, und den Vertretern der „Individualisierungstheorie",
welche die Angabe des umstrittenen Rechtsverhältnisses genügen lassen, vgl.
Blomeyer, ZPR, § 43 II 3 a, S. 223; *Habscheid*, Streitgegenstand, S. 184 ff.;
Rosenberg-Schwab, ZPR, § 98 II 2 b, S. 474. Die hier erörterte „Individualisierungstheorie" hat mit dieser im Zivilprozeßrecht vertretenen Theorie nur den
Namen gemeinsam. *Bettermann*, Festschrift für Wacke, 233 (251) spricht daher von einer „qualifizierten Teilanfechtung". Trotz der Verwechslungsgefahr
soll hier jedoch an der Bezeichnung „Individualisierungstheorie" festgehalten
werden, weil sie sich in Rechtsprechung und Lehre zum Finanzprozeß einge-
bürgert hat.

[3] Unten Teil 2.

[4] FG Berlin, EFG 1969, 246; *Huppertz*, Streitgegenstand, S. 311 ff.; *Knauer*,
Verw. Arch. 60 (1969), 148 (160); *Müffelmann*, Objektive Grenzen, S. 173 ff. im
Gegensatz zu seinem für die Anfechtungsklage im allgemeinen entwickelten
Streitgegenstandsbegriff (S. 143 ff.); *Schwarz*, DStR 1966, 397 (399); *Spanner*, StuW
1969, Sp. 11 (20 ff.); *ders.*, Jahrbuch der Fachanwälte für Steuerrecht 1967/68,
173 ff.; *ders.*, StRK-Anmerkung zu § 11 FGO, R 11; *Paulick*, FGO, Rdnr. 279;
Söhn, StuW 1969, Sp. 217 (225 FN 24) und Verw. Arch. 60 (1969), 64 (84).

Aufhebung oder Herabsetzung der Steuerfestsetzung noch durch ein „zweites Glied" — den vom Kläger näher bezeichneten Sachverhaltskomplex oder die einzelne streitige Besteuerungsgrundlage — bestimmen.

Den beiden Gruppen der Anhänger der Individualisierungstheorie steht die vom Großen Senat des Bundesfinanzhofes angeführte herrschende Meinung[5] gegenüber (Saldierungstheorie). Sie folgert im wesentlichen aus §§ 211, 212, 213 RAO sowie aus der weitgehenden Übereinstimmung zwischen VwGO und FGO, daß der Steuerbescheid — wie andere Verwaltungsakte auch — erst dann rechtswidrig und damit gerichtlich kassierbar oder reformierbar sei, wenn seine Regelung, die Steuerfestsetzung, im Ergebnis unrichtig sei, nicht schon dann, wenn das Finanzamt das Ergebnis teilweise unrichtig begründet habe. Streitgegenstand ist daher nach herrschender Meinung die Rechtmäßigkeit des Ergebnisses des Steuerbescheides[6].

Daß die Auswirkungen der verschiedenen Ansichten für die Parteien und das Finanzgericht gleichermaßen bedeutend sind, liegt auf der Hand. Insbesondere hängen der Umfang der Prüfungs- und Entscheidungskompetenz des Gerichts und der Umfang der Rechtskraft des Urteils davon ab, welcher Theorie man folgt. Es lohnt sich daher, dem Theorienstreit nachzugehen.

B. Gang der Untersuchung

Im ersten Teil der Arbeit werde ich auf die Struktur der Steuerbescheide eingehen. Dabei soll vor allem das Verhältnis der „Besteuerungsgrundlagen" zu den Gründen sonstiger Verwaltungsakte herausgearbeitet werden. Die Kenntnis der Besonderheiten des Steuerbescheides ist Voraussetzung für die weiteren Untersuchungen zum Streitgegenstand. Im zweiten Teil will ich mich mit der Frage beschäftigen,

---

[5] BFH (Gr. S.) 91, 393 (398 ff.) = BStBl 1968 II, 344; bestätigt in BFH 94, 310 = BStBl 1969 II, 169; BFH 103, 400 (402) = BStBl 1972 II, 59; BFH (Gr. S.) 103, 456 (462) = BStBl 1972 II, 120; BFH 104, 411 (412) = BStBl 1972 II, 382; FG Hamburg, EFG 1970, 567; FG Düsseldorf, EFG 1971, 235; *Baltzer*, NJW 1966, 1337 (1338); *Bettermann*, Festschrift für Wacke, 233 (251 ff.); *Döllerer*, StbJb 1966/67, 451 (465 ff.); *Eisenberg*, FR 1966, 163 (165); *ders.*, DB 1967, 1238; *Jauernig*, Untersuchungsmaxime, S. 36 FN 82; *Grunsky*, Grundlagen des Verfahrensrechts, § 5 IV, S. 39; *Schröcker*, NJW 1968, 2035 (2036); *Stockhausen*, FR 1967, 350; *Vogel*, DStR 1966, 387 (388/389); *ders.* in: Gutachten zum 46. DJT 1966, Band I, Teil 5, 46; *v. Wallis*, StbJb 1967/68, 407 (411); *Woerner*, BB 1968, 1030; *Ziemer*, FR 1969, 232 (233); *Tipke-Kruse*, AO, § 65 FGO, A 3; *v. Wallis/ List* in Hübschmann-Hepp-Spitaler, AO, § 65 FGO Rdnr. 25; *Ziemer — Haarmann*, Einspruch, Beschwerde, Klage, II, Tz. 2656.
[6] So BFH (Gr. S.) 91, 393 (401); zu dieser ungenauen Definition unten Teil 3 A II FN 5 und Abschn. B I 1 c am Ende mit FN 26.

wann der Betroffene einzelne Vorfragenentscheidungen eines Verwaltungsakts im allgemeinen und die Besteuerungsgrundlagen im besonderen selbständig, losgelöst vom Schlußergebnis des Verwaltungsakts, anfechten kann. Dieser zweite Teil enthält zugleich eine Auseinandersetzung mit der ersten Gruppe der Vertreter der Individualisierungstheorie. Der dritte Teil wird sich mit der Frage beschäftigen, ob der Saldierungstheorie oder der Individualisierungstheorie in ihrer zweiten, wichtigeren Spielart der Vorzug zu geben ist. Dieser Teil enthält den Schwerpunkt der Arbeit. Der vierte Teil schließlich soll darüber Auskunft geben, welche Auswirkungen die von mir befürwortete Saldierungstheorie bei der Rechtshängigkeit, der Klagenhäufung und insbesondere der Rechtskraft des gerichtlichen Urteils hat.

Erster Teil

Die Struktur des Steuerbescheides

A. Die Steuerfestsetzung

I. Die Steuerfestsetzung als „Regelung" des Steuerfalles

Nach Abschluß seiner Ermittlungen setzt das Finanzamt[1] durch Steuerbescheid die Steuer fest, § 210 Abs. 1 RAO = § 136 Abs. 1 EAO 1974[2]. Als nicht förmlicher Steuerbescheid[3] gilt jede Willenskundgebung eines Finanzamts oder seiner Hilfsstelle, mit der erstmalig ein bestimmter Betrag als Steuer von einer bestimmten Person sofort oder innerhalb einer bestimmten Frist beansprucht wird, § 212 RAO. Der förmliche Steuerbescheid muß — ebenso wie der formlose — die Höhe der Steuer enthalten, während alle übrigen Bestandteile nur „ferner enthalten sein sollen", § 211 Abs. 1 und 2 RAO[4]. Alle diese Vorschriften kennzeichnen die Steuerfestsetzung als wesentlichen und unabdingbaren Bestandteil des Steuerbescheids[5]. Die Steuerfestsetzung stellt — in der Terminologie des allgemeinen Verwaltungsrechts[6] — die „Regelung" des Einzelfalls dar[7]. Sie ist der „obrigkeitliche Ausspruch, der

---

[1] Im folgenden wird das Finanzamt als pars pro toto für alle Stellen genannt, die Steuerbescheide erlassen, also auch für die Gemeinden und Zollämter.

[2] Entwurf einer Abgabenordnung (AO 1974), BT-Drucksache VI/1982 = BT-Drucksache VII/79.

[3] Vgl. zum Begriff des formlosen Steuerbescheides und zur Abgrenzung von dem förmlichen Steuerbescheid: *Protzen*, Der formlose Steuerbescheid, S. 42 ff.

[4] Für schriftliche Steuerbescheide ebenso § 138 Abs. 1 EAO 1974.

[5] Die Bedeutung der Steuerfestsetzung als konstitutivem Merkmal des Steuerbescheides wird insbesondere in der amtlichen Begründung zur Notverordnung vom 1. 12. 1930, Reichsratsdrucksachen 1930 zu Nr. 181 zu Art. I Nr. 42 zu § 210 f (S. 49) und Nr. 49 (S. 55), betont.

[6] Diese Terminologie ist allerdings nicht ganz einheitlich. Überwiegend wird von der „Regelung" gesprochen, so etwa in § 27 EVerwVerfG (BT-Drucksache VI/1173); § 4 Berliner VerwVerfG; § 106 LVerwG Schl-Holstein; § 25 MRVO Nr. 165; § 23 EG GVG; BVerwGE 2, 40 (41); E 19, 19 (22); BVerwG, DVBl 1971, 404 (405); *Eyermann — Fröhler*, VwGO, § 42 Rdnr. 12 ff.; *Wolff*, VerwR I, § 46 V, S. 332. Dagegen spricht das BSG zuweilen vom „Verfügungssatz", vgl. BSGE 27, 22 (23); ebenso Bayerisch. VGH, ZMR 1953, 91 (93) und *Haueisen*, NJW 1965, 561 (562); *Schütz*, MDR 1954, 459.

[7] Ebenso BFH 96, 5 (7) = BStBl 1969 II, 538; sehr klar auch schon RFH 13, 186.

dem Untertanen im Einzelfall bestimmt, was für ihn Rechtens sein soll"[8]. Sie konkretisiert den kraft Gesetzes (§ 3 Abs. 1 StAnpG) entstandenen staatlichen Steueranspruch und ist damit auf die Erzeugung unmittelbarer Rechtswirkungen gerichtet, gleichgültig, ob man diese Konkretisierung des Steueranspruchs als deklaratorisch oder konstitutiv bezeichnet[9]. Welcher Art diese Rechtswirkungen der Steuerfestsetzung sind, soll im folgenden erörtert werden.

II. Die Rechtswirkungen der Steuerfestsetzung gegenüber dem Adressaten

Die Steuerfestsetzung wirkt auf die Rechtsposition des Steuerpflichtigen in dreifacher Richtung:

Zum ersten stellt die Behörde mit der Festsetzung für den Steuerpflichtigen verbindlich fest, in welcher Höhe für einen bestimmten Einzelfall eine Steuer zu entrichten ist. Diese Feststellung konkretisiert den bereits vorher kraft Gesetzes entstandenen Steueranspruch des Staates, § 3 Abs. 1 StAnpG. Der Steuerpflichtige muß die Gültigkeit der Festsetzung hinnehmen, solange er sie nicht mit Erfolg angefochten hat.

Zum zweiten schafft das Finanzamt durch die Festsetzung der Steuer und deren Bekanntgabe die Voraussetzung für die Fälligkeit. Der festgesetzte Betrag wird, soweit er nicht durch Vorauszahlungen gedeckt ist, entweder nach Ablauf der in den Einzelsteuergesetzen festgelegten Frist[10] oder sofort mit Entstehung oder Bekanntgabe fällig. Zum dritten legt das Finanzamt durch die Festsetzung der Steuer und ihre Bekanntgabe eine der Grundlagen für die Vollstreckung.

Der Erlaß eines Steuerbescheides löst also drei Wirkungen aus: Die Steuerschuld wird festgesetzt, sie wird fällig, und sie wird vollstreckbar. Diese Wirkungen gegenüber dem Adressaten werden bereits mit der Bekanntgabe des Bescheides ausgelöst, § 91 Abs. 1 Satz 1 RAO[11]. Sie werden endgültig, d. h. durch den magistratus vel iudex ad quem nicht mehr korrigierbar, nach Ablauf der Anfechtungsfrist.

Die abweichende Ansicht von Martens[12] ist — jedenfalls für Steuerbescheide — nicht haltbar. Er ist der Auffassung, die einzige Rechts-

---

[8] *Otto Mayer*, VerwR I, S. 93; ähnlich *Hatschek*, VerwR, S. 7; *Forsthoff*, VerwR I, S. 192; *Menger*, System, S. 109.

[9] Vgl. zu dieser Frage *v. Bodungen*, Rechtskraftdurchbrechungen, S. 21 ff.; *Tipke — Kruse*, AO, § 210 A 4; *Hübschmann — Hepp — Spitaler (Paulick)*, AO, § 210 Rdnr. 2 ff.; *Becker — Riewald — Koch*, AO, § 210 Anm. 3 (1).

[10] Regelmäßig einen Monat nach Bekanntgabe, vgl. etwa § 99 RAO in Verbindung mit §§ 47 Abs. 2 EStG, 18 VStG, 28 ErbStG; ferner § 201 EAO 1974, BT-Drucksache VII/79.

[11] Ebenso § 16 Abs. 1 FGG, dem § 91 Abs. 1 Satz 1 RAO nachgebildet ist; § 33 Abs. 1 EVerwVerfG, BT-Drucksache VI/1173; § 15 Abs. 2 BerlVerwVerfG; § 24 Abs. 2 VerwVerfG — KOV; § 130 EAO 1974; ferner BVerwG, DöV 1961, 121 (124); *Wolff*, VerwR I, § 50 III a, S. 366.

wirkung, welche der Erlaß eines Verwaltungsakts habe, bestehe darin, eine Frist in Lauf zu setzen, innerhalb deren der Adressat die Bestandskraft durch Anrufung des Gerichts verhindern könne. Erst wenn der Betroffene diese Frist habe verstreichen lassen und damit konkludent sein Einverständnis mit der behördlichen Regelung gegeben habe, werde der Verwaltungsakt wirksam. Die Behörde sei nach modernem Verständnis nicht in der Lage, einseitig Rechtswirkungen hervorzurufen. Diese Auffassung ist aus zwei Gründen abzulehnen: Würde der Verwaltungsakt erst mit Ablauf der Rechtsbehelfsfrist wirksam, so könnte der Kläger ihn vorher nicht anfechten, weil er nicht beschwert wäre. Die Beschwer setzt voraus, daß der Verwaltungsakt auf die Rechtsposition des Klägers nachteilig einwirkt[13]. Einwirken kann aber nur eine Maßnahme, die Wirkungen hervorruft. Zum anderen ist die Auffassung von Martens mit §§ 242 Abs. 1 RAO, 69 Abs. 1 FGO nicht vereinbar. Selbst durch die Einlegung eines Rechtsbehelfs wird die Vollziehung des Steuerbescheides nicht gehindert[14]. Die Möglichkeit der Vollziehung des Steuerbescheides setzt jedoch seine Wirksamkeit voraus. Diese kann also nicht erst durch das konkludente Einverständnis der Adressaten eintreten, sondern muß bereits vorher, nämlich mit Bekanntgabe des Bescheides, eingetreten sein. Art. 19 Abs. 4 Satz 1 GG steht dem nicht entgegen. Er garantiert lediglich das Recht, beschwerende hoheitliche Maßnahmen gerichtlich überprüfen zu lassen, sagt aber nichts darüber, wann diese Maßnahmen für den Adressaten bindend werden.

III. Anfechtbarkeit der Steuerfestsetzung

1. Beschwer und Rechtswidrigkeit

Der Steuerpflichtige kann den Steuerbescheid mit Einspruch und Anfechtungsklage angreifen, §§ 229 Nr. 1 RAO, 40 Abs. 1 FGO. Der Einspruch ist nach § 231 RAO zulässig, wenn der Adressat oder der sonstige Betroffene geltend macht, „beschwert", nach § 40 Abs. 2 FGO, wenn er geltend macht, „in seinen Rechten verletzt" zu sein. Beide Vorschriften gebrauchen die Begriffe „Beschwer" und „Rechtsverletzung" synonym[15]. Diese Gleichsetzung, die auch in § 54 Abs. 1 Satz 2 SGG ent-

---

[12] DBVl 1968, 322 (324); StuW 1968, Sp. 53 (57); DöV 1970, 476 (478).

[13] Unten Abschn. III 1 a.

[14] Für den Bereich der VwGO ist umstritten, ob die Einlegung eines Rechtsbehelfs nur die Vollziehbarkeit (§ 80 Abs. 1 VwGO) oder auch die Wirksamkeit des Verwaltungsakts suspendiert. Beide Ansichten setzen jedoch voraus, daß er zunächst mit Bekanntgabe wirksam wird (zum Streitstand *Eyermann — Fröhler*, VwGO, § 80 Rdnr. 4; *Redeker — v. Oertzen*, VwGO, § 80 Anm. 1).

[15] § 231 RAO in der Fassung vom 6. 10. 1965, BGBl I, 1477, soll nach seiner Entstehungsgeschichte den Inhalt des § 40 Abs. 2 FGO für das Einspruchsver-

halten ist[16], werde ich im folgenden aus Gründen der Klarheit nicht übernehmen. Ich werde vielmehr — im Anschluß an Bettermann[17] — unterscheiden zwischen der „Beschwer" als Rechtsbeeinträchtigung (als nachteiliger Berührung der Rechtsposition des Betroffenen ohne Rücksicht auf die Rechtmäßigkeit oder Rechtswidrigkeit der Maßnahme) einerseits und der „Rechtsverletzung" als *rechtswidriger* Rechtsbeeinträchtigung andererseits.

a) Beschwer

Beschwert ist jemand, wenn von einer Maßnahme der Behörde Rechtswirkungen ausgehen, die ihn nachteilig in seinen Rechten berühren. Eine solche Beeinträchtigung setzt nur voraus, daß von der Maßnahme überhaupt Rechtswirkungen ausgehen und daß die Rechtswirkungen für ihn lästig sind. Ob die Maßnahme rechtmäßig oder rechtswidrig ist, spielt für die Beschwer keine Rolle. Ein rechtmäßiger Eingriff kann beschweren, bei einem rechtswidrigen Eingriff kann die Beschwer fehlen. Durch eine Polizeiverfügung ist z. B. der Adressat auch dann beschwert, wenn sie rechtmäßig ist, und umgekehrt ist ein Dritter im Regelfall auch dann nicht beschwert, wenn die Verfügung rechtswidrig ist. Nicht anders ist es bei Steuerbescheiden. Auch hier muß man zwischen Beschwer, Rechtswidrigkeit und Rechtsverletzung unterscheiden. Ist die Steuerfestsetzung zu hoch, d. h. weicht sie zum Nachteil des Steuerpflichtigen vom materiellen Recht ab, so ist sie zugleich rechtswidrig und beschwert den Adressaten, verletzt ihn also in seinen Rechten. Ist die Steuerfestsetzung zutreffend, entspricht sie dem materiellen Recht, so beschwert sie zwar den Steuerpflichtigen, weil auch ein rechtmäßiger Steuerbescheid lästig ist. Sie verletzt ihn aber nicht in seinen Rechten. Denn ein rechtmäßiger Verwaltungsakt kann nicht rechtsverletzend sein.

---

fahren wiederholen. Der Regierungsentwurf enthielt ursprünglich nur eine Verweisung auf § 40 Abs. 2 FGO (vgl. § 165 Nr. 42 zu § 234 Abs. 1 des Entwurfs, BT-Drucksache IV/1446). § 231 n. F. ist erst im Rechtsausschuß eingefügt worden. In der Begründung (BT-Drucksache IV/3523 zu § 165 Nr. 42 S. 14) heißt es: „Damit hat das außergerichtliche Vorverfahren der RAO eine neue, der FGO angepaßte und den jetzigen Erkenntnissen Rechnung tragende Gestaltung gefunden."

[16] Vgl. *Peters — Sautter — Wolff*, SGG, § 54 Anm. 2 d.

[17] Staatsbürger und Staatsgewalt, II, 449 (461); *ders.*, Gedenkschrift für Imboden, 46; *ders.*, Die Beschwer als Klagevoraussetzung, S. 9, 20; anders *Lüke*, AöR 84 (1959), 185 (211 ff.) für den Rechtszustand vor Inkrafttreten der VwGO. Lüke unterscheidet zwischen Betroffensein = Beschwer einerseits und Rechtsbeeinträchtigung = rechtswidriges Betroffensein = Rechtsverletzung andererseits. Im Prozeßrecht ist nahezu unbestritten, daß die Beschwer als Anfechtungsvoraussetzung nicht von der Unrichtigkeit der angefochtenen Entscheidung abhängt, vgl. dazu *Hahn*, Beschwer, S. 33 ff. mit weiteren Nachweisen.

Fraglich kann nur sein, ob der Steuerpflichtige auch dann beschwert ist, wenn die Steuerfestsetzung zu niedrig, also zu seinen Gunsten rechtswidrig ist. In Rechtsprechung[18] und Lehre[19] wird diese Frage im Grundsatz verneint. Ausnahmsweise wird eine Beschwer durch die zu niedrige Festsetzung der Steuer dann bejaht, wenn die Festsetzung für die folgenden Besteuerungsabschnitte bindend ist und dem Steuerpflichtigen „per Saldo" Nachteile entstehen, die den Vorteil aus dem ersten Jahr übersteigen. Diese Ansicht bedarf nach der Neufassung des § 231 RAO von 1965[20] und der Einführung des § 40 Abs. 2 FGO einer Überprüfung:

Nach der bisherigen Fassung des § 232 Abs. 1 Satz 1 RAO von 1931[21] konnte der Steuerpflichtige den Steuerbescheid nur deshalb anfechten, weil er sich durch die „Höhe" der festgesetzten Steuer oder dadurch beschwert fühlte, daß die Steuerpflicht dem Grunde nach „bejaht" worden war. Diese Fassung hatte der Gesetzgeber gegenüber § 221 RAO von 1919[22] bewußt gewählt, um die Anfechtung eines zu geringen Betrages durch den Steuerpflichtigen mit dem Ziel der Heraufsetzung auszuschließen[23]. Nach §§ 231 RAO 1965 und 40 Abs. 2 FGO kommt es nunmehr nur noch auf die Beschwer, also darauf an, ob der Steuerpflichtige durch den zu niedrigen Steuerbescheid nachteilig betroffen ist. Das läßt sich nur entscheiden, wenn man vom Antrag des Anfechtenden ausgeht und danach differenziert, ob er eine Aufhebung oder Herabsetzung der Steuerfestsetzung oder aber eine Höherfestsetzung erreichen will. Die zu niedrige Steuerfestsetzung enthält ein lästiges und ein günstiges Element[24]: Lästig für den Steuerpflichtigen ist, daß das Finanzamt überhaupt einen Steuerbetrag festgesetzt hat; günstig ist, daß der Betrag nicht höher ausgefallen ist. Die Beschwer hängt davon ab, welches dieser Elemente der Kläger bekämpft.

---

[18] BFH 72, 98 = BStBl 1961 III, 38; BFH, HFR 1963, 245; BFH, HFR 1965, 283; BFH 87, 432 = BStBl 1967 III, 215; BFH 93, 378 = BStBl 1968 II, 801 (803); FG München, EFG 1963, 225; FG Düsseldorf, EFG 1969, 304.

[19] Vgl. statt aller: *Gräber*, DStR 1967, 271 ff.; *Weidemann*, Verw. Arch. 63 (1972), 55 ff.; *Tipke — Kruse*, AO, § 231 A 2; *Ziemer — Birkholz*, FGO, § 40 Rdnr. 88 a, aber auch *Niemeyer*, FR 1970, 194.

[20] Durch § 162 Nr. 40 FGO vom 6. 10. 1965, BGBl I, 1477, 1501; die Neufassung wird im folgenden als RAO 1965 bezeichnet.

[21] RAO in der Fassung vom 22. 5. 1931, RGBl I, 161, im folgenden als RAO 1931 bezeichnet.

[22] RAO in der Fassung vom 13. 12. 1919, RGBl I, 1993, im folgenden als RAO 1919 bezeichnet.

[23] Begründung des Reichsministers der Finanzen in Reichsratsdrucksache 1930 zu Nr. 181, Art. I Nr. 50, S. 56 r.BFH 64, 404 = BStBl 1957 III, 151, der sich mit der Anfechtbarkeit von Freistellungsbescheiden befaßt, setzt sich zwar mit der Entstehungsgeschichte des § 232 Abs. 1 Satz 1 RAO 1931 auseinander, geht jedoch auf die amtliche Begründung nicht ein.

[24] Vgl. zu der Frage, ob eine zu niedrige Gebührenfestsetzung ein belastender oder begünstigender Verwaltungsakt ist, BVerwGE 30, 132 und *Schröder*, JuS 1970, 615 ff.

Durch die Festsetzung der Steuer, auch wenn sie objektiv zu niedrig ist, wird der Steuerpflichtige nachteilig betroffen. Betroffen ist er schon deshalb, weil der Steuerbescheid an ihn adressiert ist. Nachteilig ist die zu niedrige Steuerfestsetzung, weil der Steuerpflichtige nach dem Erlaß des Steuerbescheides schlechter dasteht als vorher. Er muß den festgesetzten Betrag als endgültig hinnehmen, ihn bei Fälligkeit bezahlen oder mit Vollstreckungsmaßnahmen rechnen, während vor Festsetzung der Steuer keine akute Zahlungsverpflichtung bestand. Ficht der Steuerpflichtige diese lästige, wenn auch zu niedrige Festsetzung *mit dem Ziel weiterer Herabsetzung* an, so scheitert seine Klage daher nicht am Fehlen der Beschwer. Die Klage ist vielmehr abzuweisen, weil der Bescheid zwar rechtswidrig ist, aber nicht in der vom Kläger gewünschten Richtung. Genauer: Die Rechtswidrigkeit rechtfertigt nicht die vom Kläger gewünschte Änderung. Das Gericht ist an der Festsetzung der rechtmäßigen höheren Steuer nur deshalb gehindert, weil es nicht in peius reformieren darf. Wollte es der Klage auf weitere Herabsetzung stattgeben, so müßte es die Rechtswidrigkeit noch vergrößern.

Anders ist es, wenn der Steuerpflichtige den zu niedrigen Bescheid anficht, weil er eine *höhere* Festsetzung erreichen will. Sieht man hier zunächst von der Bindung in den Folgejahren ab[25], so fehlt es an einer Beschwer. Der Steuerpflichtige wendet sich hier gegen die Nichtfestsetzung einer höheren Steuer, also gewissermaßen gegen ein Unterlassen des Finanzamts. Das Unterlassen ist für den Steuerpflichtigen nicht lästig, sondern günstig. Schon deshalb kann es ihn nicht beschweren[26]. Ob die Beschwer bei einem Antrag auf Heraufsetzung nicht auch daran scheitert, daß der Steuerpflichtige im Regelfall keinen Anspruch auf Festsetzung der — rechtmäßigen — höheren Steuer hat und daher durch die zu niedrige Festsetzung nicht „in seinen Rechten"[27] verletzt sein kann, mag offen bleiben.

Als Ergebnis läßt sich festhalten: Der Steuerpflichtige ist durch die Steuerfestsetzung regelmäßig beschwert. Eine die Anfechtung rechtfertigende Beschwer fehlt — im Regelfall — nur dann, wenn er die Heraufsetzung einer zu niedrigen Festsetzung begehrt.

b) Rechtswidrigkeit

Neben der Beschwer des Klägers ist die Rechtswidrigkeit des angefochtenen Steuerbescheides Erfolgsvoraussetzung der Anfechtungsklage.

---

[25] Dazu unten Teil 2 C II 2 Beispiel III.

[26] Deshalb bestimmte § 232 Abs. 1 Satz 1 RAO 1931 zu Recht, daß der Steuerpflichtige den Steuerbescheid nur dann anfechten darf, wenn er sich „durch die Höhe" der Steuer beschwert fühlt.

[27] Dazu *Bettermann*, Gedenkschrift für Imboden, 48; *Eyermann — Fröhler*, VwGO, § 42 Rdnr. 96.

Die Frage, wann der Steuerbescheid rechtswidrig ist — ob schon dann, wenn eine bestimmte, vom Kläger als fehlerhaft bezeichnete Vorfrageentscheidung tatsächlich unrichtig ist oder erst dann, wenn das Ergebnis des Steuerbescheides falsch ist — ist von zentraler Bedeutung für diese Arbeit. Sie wird in einem besonderen Abschnitt erörtert[28].

2. Zulässigkeit und Begründetheit der Anfechtungsklage

Die Anfechtungsklage gegen einen Steuerbescheid ist zulässig, wenn der Kläger geltend macht, in seinen Rechten verletzt zu sein, § 40 Abs. 2 FGO = § 42 Abs. 2 VwGO. Der Kläger muß danach zweierlei „geltend machen": Einmal, daß er selbst durch den Bescheid beschwert, und zum anderen, daß der Bescheid rechtswidrig sei[29]. Erst beide Behauptungen zusammen ergeben die Behauptung einer Rechtsverletzung. Daß beides vom Kläger behauptet werden muß — Beschwer und Rechtswidrigkeit — zeigt die Korrespondenz zwischen §§ 40 Abs. 2 FGO bzw. 42 Abs. 2 VwGO und 100 Abs. 1 Satz 1 FGO bzw. 113 Abs. 1 Satz 1 VwGO.

Die Klage ist zulässig, wenn die Beschwer des Klägers nicht offensichtlich ausgeschlossen ist[30]. Sie ist begründet, wenn der Kläger tatsächlich in seinen Rechten verletzt ist.

IV. Teilbarkeit und Teilanfechtbarkeit der Steuerfestsetzung

1. Teilbarkeit

Ob Steuerbescheide teilbar und teilanfechtbar sind, ist eine viel erörterte Streitfrage. Der Streit ist zum großen Teil darauf zurückzuführen, daß man unter „Teilbarkeit" zwei verschiedene Arten der Zerlegung des Steuerbescheides versteht, ohne daß die Begriffsvertauschung

---

[28] Unten Teil 3.

[29] Ebenso *Becker — Riewald — Koch*, AO, § 40 FGO, Anm. 6 a (4) und 6 b (1); *Bettermann*, Staatsbürger und Staatsgewalt II, 449 (453); *ders.*, Beschwer als Klagevoraussetzung, S. 20; *Eyermann — Fröhler*, VwGO, § 42 Rdnr. 101; *Hahn*, Beschwer, S. 35; *Tipke — Kruse*, AO, § 40 FGO A 13; a. A. *Redeker — v. Oertzen*, VwGO, § 42 Rdnr. 14, die sich wohl zu Unrecht auf *Menger*, Verw. Arch. 52, 196 (199) und *Ule*, Verwaltungsgerichtsbarkeit, § 42 III 1 a, S. 122, berufen. Menger und Ule lehnen es nur ab, bereits im Rahmen der Zulässigkeit zu prüfen, ob der Verwaltungsakt tatsächlich rechtswidrig oder ob die Rechtswidrigkeit schlüssig vorgetragen ist.

[30] Vgl. BVerwG, DVBl 1964, 191; BVerwGE 28, 131 = DöV 1967, 856 m. Anm. Schefold; BVerwG, DVBl 1971, 404 (406); BFH 100, 295 = BStBl 1971 II, 30; BSG, NJW 1968, 1109; *Bettermann*, Beschwer als Klagevoraussetzung, S. 20 ff.; *Eyermann — Fröhler*, VwGO, § 42 Rdnr. 85; *Redeker — v. Oertzen*, VwGO, § 42 Rdnr. 15; a. A. noch *Tipke — Kruse*, AO, § 40 FGO A 14 (Schlüssigkeitsprüfung), dagegen bereits *Bettermann*, Staatsbürger und Staatsgewalt II, S. 449 (464); weitere Nachweise über den Streitstand bei *Hahn*, Beschwer, S. 20 ff.

deutlich würde. Es sind zwei Arten von Teilung des Steuerbescheides zu unterscheiden[31].

Einmal die betragsmäßige, quantitative Teilung einer Gesamtsteuerforderung in mehrere Teilbeträge, z. B. die Teilung einer Steuerfestsetzung von 10 000 DM in zwei Teilbeträge von je 5000 DM[32]. Zum anderen die Aufspaltung des Steuerbescheides im Sinne der Individualisierungstheorie, also die qualitative Zerlegung in einzelne Besteuerungsgrundlagen, z. B. die Aufspaltung eines Einkommensteuerbescheides in Einkünfte aus Gewerbebetrieb und die darauf entfallende Steuer und in Sonderausgaben und die daraus resultierende Steuerermäßigung. Wer der Saldierungstheorie folgt, muß die Möglichkeit einer „Teilbarkeit" des Steuerbescheides im zweiten Sinne verneinen[33], während die Anhänger der Individualisierungstheorie sie bejahen[34]. Die zweite Art einer Aufteilung des Steuerbescheides — seinen Grundlagen nach — werde ich später erörtern[35]. Zunächst soll nur die Teilbarkeit des Steuerscheides dem Steuerbetrage nach untersucht werden. Sie ist Voraussetzung für eine Teilanfechtung des Steuerbescheides und für die Festsetzung der Steuerschuld in Teilbeträgen.

Die Teilbarkeit der Steuerfestsetzung dem Betrage nach ergibt sich zunächst aus der Natur des Steuerbescheides als Festsetzung einer Geldforderung. Geldforderungen sind von Natur aus teilbar[36]. Auch im allgemeinen Verwaltungsrecht werden Verwaltungsakte über Geldleistungen als „klassische Fälle" teilbarer Verwaltungsakte angesehen[37]. Die Teilbarkeit läßt sich zudem der RAO und FGO entnehmen: §§ 232 Abs. 1 RAO, 42 Abs. 1 FGO lassen die teilweise Anfechtung geänderter Steuerbescheide zu. Eine derartige Teilanfechtung setzt die Teilbarkeit der Steuerfestsetzung in einen anfechtbaren und einen nicht anfecht-

---

[31] So zutreffend *Döllerer*, StbJb 1966/67, 451 (466); *Spanner,* Jahrbuch der Fachanwälte für Steuerrecht 1967/68, 173 (178); *v. Wallis*, StbJb 1967/68, 407 (415, 428); *Ziemer*, FR 1969, 232 (234); *Ziemer — Haarmann*, Einspruch, Beschwerde, Klage II, Tz. 2689 ff.

[32] *Söhn*, Verw. Arch. 60 (1969), 64 (66 ff.) spricht von der Teilbarkeit „der Höhe nach".

[33] *Vogel*, Gutachten zum 46. DJT, Band I, Teil 5, 47; *ders.*, DStR 1966, 387 (388); *v. Wallis*, StbJb 1967/68, 407 (415); *Tipke — Kruse*, AO, § 100 FGO A 4; Bundesminister der Finanzen in der Stellungnahme zu BFH (Gr. S.) 91, 393 (395) = BStBl 1968 II, 344 (345 r.).

[34] *Müffelmann*, Objektive Grenzen, S. 143 ff.; *Söhn*, Verw. Arch. 60 (1969), 64 (66 ff.) und StuW 1969, Sp. 217 (225 FN 24).

[35] Unten Abschn. B III 3 und Teil 3.

[36] RGZ 67, 260 (261); 75, 308 (310); *Staudinger (Werner)*, BGB, § 266 Rdnr. 2; *Palandt (Heinrichs)*, BGB, § 266 Anm. 2 b für bürgerlich-rechtliche Geldforderungen.

[37] OVG Lüneburg, AS 23, 391 = NJW 1968, 125; OVG Lüneburg, DVBl 1972, 584, sowie die Rechtsprechung des BVerwG zu den Pensionsfestsetzungsbescheiden, vgl. unten Teil 2 B II 2; *Söhn*, Verw. Arch. 60 (1969), 64 (67 ff.); *Schimmel*, FR 1967, 294 (295); *Czermak*, DVBl 1967, 417.

baren Teil voraus. Wenn ferner § 40 Abs. 1 FGO die Klage auf „Änderung" eines Steuerbescheides und § 223 RAO die „Nachforderung" von
Steuern zulassen, so deutet das ebenfalls auf die Teilbarkeit der Steuerfestsetzung hin. Nachgefordert werden kann nur ein Teilbetrag[38], und
geändert werden kann nur etwas, was teilweise aufhebbar ist[39].

Als Ergebnis ist daher festzuhalten, daß Steuerbescheide dem Betrage
nach teilbar sind[40].

2. Teilanfechtbarkeit

Die erste Voraussetzung für die Teilanfechtbarkeit: die objektive
Teilbarkeit des Verwaltungsakts, ist also bei Steuerbescheiden erfüllt.
Darüber hinaus wird die Teilanfechtung häufig davon abhängig gemacht, ob der Verwaltungsakt nach dem „Willen" der Behörde nur als
Einheit Bestand haben soll[41]. Dieses subjektive Kriterium kann jedoch
allenfalls dort von Bedeutung sein, wo es im Ermessen der Behörde
steht, mehrere selbständige Verwaltungsakte oder mehrere Teile eines
Verwaltungsakts zu einer Einheit zu verbinden. Im Bereich der gebundenen Verwaltung — um den es hier geht — hat die Behörde kein
Wahlrecht, ob sie einen Gesamttatbestand einheitlich oder in mehreren
selbständigen Teilen regeln will. Es steht nicht im Ermessen des Finanzamts, den rechtswidrigen Teil des Steuerbescheides mit dem rechtmäßigen so zu verbinden, daß das Gericht den Bescheid nur in toto aufheben oder ihn bestehen lassen darf. Auf den „Willen" des Finanzamts
kann es daher nicht ankommen[42]. Der Steuerbescheid ist mithin schon
deshalb teilanfechtbar, weil er objektiv teilbar ist[43]. Ein etwa entgegen-
stehender Wille des Finanzamts ist unbeachtlich.

Dieses Ergebnis wird wiederum durch §§ 232 Abs. 1 RAO, 42 Abs. 1
FGO bestätigt. Wenn außerdem nach § 40 Abs. 1 FGO gegen Steuerbe-

---

[38] RFH 8, 301 (303) läßt Teilsteuerbescheide ausdrücklich zu; ebenso *Bühler*
Steuerrecht I, 1. Aufl., § 70 III 2, S. 396; a. A. *Tipke — Kruse*, AO, § 100 FGO
A 4, aber wohl nur in bezug auf einzelne Besteuerungsgrundlagen; vgl. dazu
unten Abschn. B III 3.
[39] Zum Verhältnis von Reformation und Teilkassation *Bettermann*, Festschrift für Wacke, 233 (240 f.).
[40] Ebenso *Döllerer*, StbJb 1966/67, 451 (466); *Schimmel*, FR 1967, 294 (295);
Söhn, Verw. Arch. 60 (1969), 64 (70); *v. Wallis*, StbJb 1967/68, 407 (415); *Ziemer*, FR 1969, 232 (259); a. A. *Loose*, BB 1966, 243 (244); *Paulick*, FGO, Rdnr.
281, ohne Begründung; wohl auch *Tipke — Kruse*, AO, § 100 FGO A 4, möglicherweise aber nur für die Teilbarkeit den Besteuerungsgrundlagen nach;
unklar auch *Hübschmann — Hepp — Spitaler* (*v. Wallis — List*), AO, § 100
FGO Rdnr. 37 a. E.
[41] *Skouris*, Teilnichtigkeit, S. 23 ff.; *Eyermann — Fröhler*, VwGO, § 113
Rdnr. 35 und Anh. § 42 Rdnr. 14; *Wolfgang Martens*, DVBl 1965, 428 (429 f.).
[42] *Söhn*, Verw. Arch. 60 (1969), 64 (67); weitergehend *Wolfgang Martens*,
DVBl 1965, 428 (429 f.).
[43] Ebenso im Ergebnis BFH 96, 510 = BStBl 1970 II, 15 und diejenigen,
welche die Teilbarkeit „der Höhe nach" bejahen, vgl. FN 40.

scheide die Anfechtungsklage auch mit dem Ziel der Änderung erhoben
werden kann, so setzt das die Möglichkeit der Teilanfechtung voraus,
denn bei einem Steuerbescheid kann eine Änderung nur in einer Herab-
oder Heraufsetzung der Steuer bestehen, wenn man einmal von den
Fällen der Änderung der Begründung absieht[44]. Ein Antrag auf Herabsetzung der Steuer ist nichts anderes als eine Teilanfechtung des Steuerbescheides „dem Betrage nach".

V. Zusammenfassung

Wesentlicher Bestandteil des Steuerbescheides ist die Steuerfestsetzung. Sie stellt die „Regelung" des Einzelfalls, des für die Besteuerung
maßgeblichen Sachverhalts, dar. Sie wird für den Steuerpflichtigen mit
Erlaß des Steuerbescheides bindend. Von ihr gehen Rechtswirkungen
aus, die dem Adressaten nachteilig sind, ihn beschweren. Der Steuerpflichtige ist durch die Steuerfestsetzung in seinen Rechten verletzt,
wenn und soweit sie rechtswidrig und er beschwert ist. Die Steuerfestsetzung ist dem Betrage nach teilbar und teilanfechtbar.

B. Die Besteuerungsgrundlagen

I. Begriff

Der Begriff „Besteuerungsgrundlage" wird z. B. in §§ 18, 78 Abs. 2
Satz 2, 131 Abs. 1 Satz 2 und 3, 166 Abs. 1, 211 Abs. 2 Nr. 1, 213, 217
Abs. 1, 220 Nr. 2, 229 Nr. 2 RAO verwendet. §§ 245 RAO, 75 FGO sprechen von den „Unterlagen der Besteuerung". Gemeint sind die Grundlagen der Steuerfestsetzung. Die Grundlagen eines Verwaltungsakts
sind nicht identisch mit dem Einzelfall, den die Behörde regeln will.
Dieser Einzelfall — bei Steuerbescheiden der „Steuerfall" — ist der
Gegenstand der Regelung. Er wird — im Bereich der gebundenen Ein-
griffsverwaltung — allein durch die materiell-rechtlichen Normen abgegrenzt, die bestimmen, welche tatsächlichen Vorgänge welche Rechtsfolgen auslösen, nicht auch durch das Ermessen der Behörde. Aus den
gesamten tatsächlichen Umständen des Einzelfalls wählt die Behörde
diejenigen aus, die sie für rechtlich bedeutsam hält und legt sie der
Regelung zugrunde. Diese Auswahl ist mehr oder weniger vollständig,
je nachdem, wie weit der zu regelnde Einzelfall der Behörde bekannt
geworden ist und wie weit die Behörde die maßgebenden Normen zutreffend ausgelegt hat[45]. Nur im Idealfall erfaßt die Auswahl der Behörde den ganzen Einzelfall. Im übrigen ist die Auswahl entweder un-
vollständig oder zu weitgehend. „Grundlage" des Verwaltungsakts sind
also in tatsächlicher Hinsicht die Umstände des Einzelfalls, welche die

---

[44] Unten Teil 2.
[45] *Reuß*, DVBl 1954, 593 (594).

Behörde als rechtlich relevant ausgewählt hat, nicht der Einzelfall selbst.

Diese mehr oder weniger vollständig ausgewählten tatsächlichen Umstände muß die Behörde unter die einschlägigen Rechtsnormen subsumieren und im Wege des logischen Schlusses eine bestimmte Feststellung, Anordnung usw. treffen[46]. Im einfachsten Fall ist für einen bestimmten Verwaltungsakt nur eine einzige Schlußfolgerung erforderlich: Der Steuerpflichtige A ist Halter eines Hundes, also muß er nach § y der Gemeindesatzung 60 DM Hundesteuer zahlen. Besteuerungsgrundlage ist hier allein die Haltereigenschaft. Im Regelfall sind die Grundlagen jedoch komplizierter. Bevor das Finanzamt das Schlußergebnis, die Steuerfestsetzung, errechnen kann, muß es eine Fülle von Vorfragen entscheiden. Es muß etwa die zu einem Betrieb gehörenden Wirtschaftsgüter „bewerten", d. h. rechtlich beurteilen, die Abzugsfähigkeit bestimmter Ausgaben bejahen oder verneinen und ihre Höhe beziffern, die Höhe der Freibeträge feststellen etc. Diese Vorfragenentscheidungen enthalten im Regelfall[47] Wertfeststellungen, d. h. die einzelnen tatsächlichen Umstände werden in Zahlen ausgedrückt, bewertet, weil nur aus einer Gesamtsumme, etwa dem Gesamtbetrag des zu versteuernden Einkommens oder dem Gesamtumsatz in einem bestimmten Zeitabschnitt, der letzte Schluß, die Festsetzung der Steuer, gezogen werden kann. Diese Bewertungen sind ihrerseits das Ergebnis eines Subsumtionsschlusses. Sie können prinzipal in einem besonderen Verwaltungsakt getroffen werden — so in den Fällen der §§ 213 Abs. 2, 214, 215 RAO[48] — sie können aber auch inzident in den Entscheidungsgründen des Steuerbescheides enthalten sein. Ihr Charakter als präjudizielle Rechtsfolgefeststellung wird dadurch nicht verändert[49].

Die Besteuerungsgrundlagen bestehen also, je nach der Art des Bescheides, aus einer oder mehreren präjudiziellen Rechtsfolgefeststellungen, die ihrerseits Vorfragenentscheidungen unter Anwendung von Rechtsnormen auf Sachverhaltsausschnitte enthalten und Grundlage des letzten Subsumtionsschlusses, der Festsetzung der Steuer, sind.

II. Besteuerungsgrundlagen und Begründung des Steuerbescheides

Jeder Verwaltungsakt, also auch jeder Steuerbescheid, hat irgendwelche „Grundlagen", mögen sie von der Behörde auch nur irrtümlich

---

[46] Vgl. dazu *Engisch*, Einführung, S. 43 ff.; *Larenz*, Methodenlehre, S. 228 ff.
[47] Es gibt auch andere Rechtsfolgefeststellungen: So etwa die Zuordnung zu einer bestimmten Steuerklasse, die Einordnung bestimmter Einkünfte in eine bestimmte Einkunftsart, die Bejahung der Steuerpflicht „dem Grunde nach". Vgl. dazu *Geist*, DStR 1967, 723 und 764 ff.
[48] Vgl. dazu *Geist*, DStR 1967, 723 und 764 ff.
[49] Ebenso *Martens*, StuW 1966, Sp. 689 (692).

zugrunde gelegt oder nur vorgeschoben sein. Nicht jeder Verwaltungsakt enthält dagegen eine Begründung. Von den Besteuerungsgrundlagen
sagt z. B. § 211 Abs. 2 Nr. 1 RAO[50], daß sie dem Steuerpflichtigen nur
mitgeteilt werden „sollen". Die „Begründung" des Steuerbescheides und
die „Besteuerungsgrundlagen" sind also nicht identisch. Die Besteuerungsgrundlagen werden zur Begründung des Steuerbescheides, wenn
das Finanzamt sie dem Steuerpflichtigen mitteilt[51].

Gibt das Finanzamt dem Steuerpflichtigen die Besteuerungsgrundlagen im Steuerbescheid — oder vor oder nach seinem Erlaß — bekannt,
so haben sie die gleiche Funktion wie auch sonst die Begründung eines
Verwaltungsakts[52]: Sie sollen dem Adressaten die getroffene Regelung
einsichtig machen und ihm die Nachprüfung erleichtern. Ferner können
sie zur Auslegung und — was bei Geldleistungsbescheiden besonders
wichtig ist — zur Abgrenzung des durch den Verwaltungsakt geregelten
Einzelfalls von anderen Fällen herangezogen werden. Schließlich erleichtern sie der Rechtsmittel- und der Aufsichtsbehörde sowie den Gerichten die Überprüfung der Rechtmäßigkeit des Steuerbescheides.

III. Die besondere Bedeutung der Besteuerungsgrundlagen

Die Besteuerungsgrundlagen weisen gegenüber den Gründen sonstiger Verwaltungsakte einige Besonderheiten auf:

1. Die Besteuerungsgrundlagen als Rechnungselemente

Die Besteuerungsgrundlagen enthalten regelmäßig Wertfeststellun-
gen. Diese Wertfeststellungen sind zugleich Rechnungselemente, Berech-
nungsfaktoren für die Steuerfestsetzung. Die Zahl der Berechnungs-
faktoren kann eng begrenzt sein. Sie kann aber auch — je nach der
Steuerart und dem Umfang des Steuerfalls — in die Tausende gehen.
Bevor z. B. das Finanzamt die Körperschaftsteuer des Volkswagen-
Werkes für ein bestimmtes Jahr errechnen kann, muß es unzählige
Wirtschaftsgüter bewerten, die Steuerpflicht oder Steuerfreiheit be-

---

[50] Vgl. ferner §§ 245, 247 Satz 2 RAO, 75 FGO; nach §§ 127, 131 Nr. 2 EAO
1974, BT-Drucksache VII/79 ist der schriftliche Steuerbescheid zu begründen,
der Mangel einer fehlenden Begründung kann jedoch durch Nachschieben
geheilt werden; wann allgemein für einen Verwaltungsakt Begründungszwang besteht, soll hier offen bleiben, vgl. dazu BVerfGE 6, 32 (44); BVerwGE
10, 37 (43); *Kopp*, Verw. Arch. 61 (1970), 219 (246, 247); *Schick*, JuS 1971, 1;
Ule, Verw. Arch. 62 (1971), 114 (130).
[51] Ähnlich unterscheidet *Reuß*, DVBl 1954, 593 (594) zwischen den „Gründen" des Verwaltungsakts und der „Begründung".
[52] RFH 13, 186; *Kopp*, Verfassungsrecht und Verwaltungsverfahrensrecht,
S. 47, 90, 225, 244; *Schick*, JuS 1971, 1; *Reuß*, DVBl 1954, 593 (595); *Ule*, Verw.
Arch. 62 (1971), 114.

stimmter Einnahmen feststellen usw. Jeder Wertfaktor läßt sich in einzelne Unterfaktoren aufspalten — etwa die Bewertung einer Maschine in die Herstellungskosten und die Nutzungsdauer —, aber auch zu höherrangigen Wertfeststellungen zusammenfassen — etwa die Bewertung aller Wirtschaftsgüter eines Betriebes zum Betriebsvermögen oder die Einnahmen und Ausgaben zu den Einkünften aus einer bestimmten Einkunftsart in einem bestimmten Zeitraum.

2. Saldierbarkeit der Besteuerungsgrundlagen

Da sich die Besteuerungsgrundlagen regelmäßig in positiven oder negativen Zahlen ausdrücken, sind sie rechnerisch beliebig austauschbar oder ersetzbar. Während bei Verwaltungsakten, die keine Geldleistungsbescheide sind, nur selten eine Grundlage durch eine andere ersetzt werden kann[53], ist das bei Steuerbescheiden anders: Für das Ergebnis des Steuerbescheides, die Steuerfestsetzung, ist es gleichgültig, ob ihm der Berechnungsfaktor a oder b zugrunde liegt, solange beide nur gleich hoch sind. Gleichgültig ist auch, ob der eine Berechnungsfaktor ermäßigt wird, wenn dafür ein anderer entsprechend erhöht werden kann. Fehler, die sich bei der Ermittlung der Besteuerungsgrundlagen eingeschlichen haben, sind daher in größerem Umfang miteinander ausgleichbar — saldierbar — als bei sonstigen Verwaltungsakten.

3. Teilbarkeit der Besteuerungsgrundlagen

Die einzelnen Berechnungsfaktoren enthalten je in sich sinnvolle und abgrenzbare Vorfragenentscheidungen, die das Finanzamt auch in einem gesonderten Verwaltungsakt treffen könnte. So könnte es z. B. theoretisch den für die Besteuerung maßgebenden Wert für jedes Wirtschaftsgut in einem besonderen Verwaltungsakt feststellen. Die Festsetzung der Steuer könnte in einem zusammenfassenden Schlußakt nachfolgen, der die bereits vorher festgestellten Besteuerungsgrundlagen übernimmt. Jede Besteuerungsgrundlage könnte als selbständige Regelung eines Einzelfalls — eines Teilsachverhalts — festgesetzt werden. Insofern kann man — mit Söhn[54] — formulieren, der Steuerbescheid sei „dem Grunde nach" teilbar. Es ist daher mindestens mißverständlich, wenn überwiegend gelehrt wird, die Besteuerungsgrundlagen seien unteilbar[55]. Theoretisch besteht die Möglichkeit einer Aufspaltung der Besteuerungsgrundlagen in einzelne prinzipale Verwaltungsakte durchaus.

---

[53] Zum Nachschieben von Gründen unten Teil 3 B III 1.
[54] Verw. Arch. 60 (1969), 64 (70 ff.); wie *Söhn* im Ergebnis auch *Martens*, StuW 1966, Sp. 689 (701).
[55] *Döllerer*, StbJb 1966/67, 451 (466); *Vogel*, Gutachten zum 46. DJT, Band I, Teil 5, 47 und DStR 1966, 387 (388); *Tipke — Kruse*, AO, § 100 FGO A 4.

Aus der Möglichkeit der Teilbarkeit folgt jedoch nicht, daß de lege lata sämtliche Besteuerungsgrundlagen in der Art von Teil-Grundurteilen in prinzipalen Verwaltungsakten festgesetzt werden dürften. Söhn[56], der eine derartige Zerlegung des Steuerbescheides rechtlich für zulässig, aber aus praktischen Gründen für unzweckmäßig hält, übersieht, daß die RAO eine prinzipale Feststellung von Besteuerungsgrundlagen für den Regelfall ausgeschlossen hat: § 213 Abs. 2 bestimmt, daß nur „in den Fällen der §§ 214, 215" die Besteuerungsgrundlagen gesondert und prinzipal festgestellt werden sollen. In den übrigen Fällen bilden die Besteuerungsgrundlagen einen unselbständigen Teil des Steuerbescheides, § 213 Abs. 1 RAO. Nur auf Grund besonderer „Bestimmungen" durch den „Reichsminister der Finanzen" können die Fälle prinzipaler Feststellung von Besteuerungsgrundlagen über §§ 214, 215 RAO hinaus ausgedehnt werden, § 220 Nr. 2 RAO[57]. Deutlicher kann der Gesetzgeber gar nicht zum Ausdruck bringen, daß er eine weitere Ausdehnung prinzipaler Feststellung von Besteuerungsgrundlagen unterbinden will. Dieser Ausschluß ist auch im Entwurf der AO 1974 vorgesehen. In der amtlichen Begründung zu § 160 EAO 1974[58] heißt es: „Sie (sc. die Besteuerungsgrundlagen) werden *nur*[59] in den Fällen des § 161 (= §§ 214, 215 RAO) und in den sonst in den Steuergesetzen bestimmten Fällen gesondert festgestellt."

Die Besteuerungsgrundlagen sind also zwar unterscheidbar und damit logisch „teilbar". Sie könnten ihrer Struktur nach jeweils in gesonderten Verwaltungsakten festgesetzt werden. Rechtlich, d. h. kraft positiven Rechts, ist eine solche prinzipale Feststellung im Regelfall jedoch unzulässig.

4. Unüberprüfbarkeit aller Besteuerungsgrundlagen

Bevor eine Behörde einen Verwaltungsakt erläßt, prüft sie im Regelfall alle maßgeblichen Umstände in tatsächlicher und rechtlicher Hinsicht. Das ist bei der Steuerfestsetzung anders. Das Finanzamt muß sich — jedenfalls bei den wichtigsten Steuerarten, der Einkommensteuer in allen Spielarten, der Umsatzsteuer, der Vermögensteuer, aber auch bei der Festsetzung des Gewerbesteuermeßbetrages nach § 212 a Abs. 1 RAO — meistens darauf beschränken, die Angaben des Steuerpflichtigen in seiner Steuererklärung ungeprüft zu übernehmen und sie zur

---

[56] Verw. Arch. 60 (1969), 64 (74).
[57] Vgl. die VO vom 27. 11. 1937, RGBl I, 1317 und vom 3. 1. 1944, RGBl I, 11 sowie §§ 64 ff. BewDV vom 2. 2. 1935, RGBl I, 81; auch im Fall des § 212 a Abs. 1 RAO handelt es sich um die prinzipale Feststellung einer Besteuerungsgrundlage.
[58] BT-Drucksache VI/1982, S. 156.
[59] Hervorhebung von mir.

Grundlage der Steuerfestsetzung zu machen. Es kann und wird regelmäßig nur einzelne Punkte herausgreifen und näher untersuchen[60]. Faktisch präjudiziert und prädisponiert also der Steuerpflichtige die meisten Vorfragenentscheidungen, auch wenn sie rechtlich erst durch die Übernahme seitens des Finanzamts zu Besteuerungsgrundlagen werden. Der Steuerpflichtige „programmiert" gewissermaßen die Besteuerungsgrundlagen. Diese Beschränkung der Überprüfung hat ihre Ursache zu einem geringen Teil in der Vielzahl der zu bearbeitenden Steuerfälle, zum überwiegenden Teil jedoch in der Unübersehbarkeit[61] der für die Besteuerung maßgebenden Tatsachen. Die Betriebsprüfung eines Großbetriebes z. B., die allein eine gründliche Durchleuchtung aller Vorgänge ermöglicht, dauert oft mehrere Monate, ja Jahre. Sie kann nur von besonders qualifizierten und spezialisierten Fachkräften durchgeführt werden. Selbst in „kleinen" Fällen — etwa bei der Einkommensteuerfestsetzung für einen Hauseigentümer, der sonst keine Einkünfte hat — kann das Finanzamt nicht alle Einzelheiten überprüfen, bevor es die Steuer festsetzt. Es kann sich nicht sämtliche Quittungen über die Ausgaben für das Haus und sämtliche Belege über die Sonderausgaben vorlegen lassen und prüfen, es kann nicht alle Mieter befragen, wieviel Miete sie bezahlt haben etc. Wollte es diese Prüfung durchführen, so wäre der Staatsbankrott unausweichlich, ganz abgesehen von den politischen Folgen, die eine solche „Schnüffelei" hätte.

In vielen — nicht in allen! — Fällen führt also die Unübersehbarkeit des zu regelnden Lebenssachverhalts dazu, daß das Finanzamt Besteuerungsgrundlagen verwendet, die es nicht überprüft hat, weil es sie nicht überprüfen kann.

5. Vorrangigkeit der Besteuerungsgrundlagen

Die Gründe eines Verwaltungsakts haben regelmäßig nur Hilfsfunktionen[62]. Im Mittelpunkt des Interesses der Behörde und des Adressaten oder eines betroffenen Dritten steht die Regelung des Verwaltungsakts, sein Ergebnis. Bei Steuerbescheiden ist das anders. Hier bestehen die größten Schwierigkeiten in der Tätigkeit des Finanzamts darin, die Besteuerungsgrundlagen zutreffend zu ermitteln, soweit es sie nicht ungeprüft übernimmt. Die Errechnung des Steuerbetrages ist ein vergleichsweise einfacher Arbeitsgang. Er erfordert lediglich eine Rechenoperation (Prozentrechnung) oder das Ablesen einer Tabelle. Entsprechend verhält es sich auf der Seite des Steuerpflichtigen. Für ihn ist es

---

[60] Vgl. § 139 EAO 1974.
[61] Nicht: Unbegrenztheit. Dazu unten Teil 3 C III 2.
[62] Oben Abschn. B II.

selbstverständlich wichtig zu erfahren, wie hoch die Steuerfestsetzung ist. Ob diese Festsetzung für ihn annehmbar ist oder nicht, kann er aber erst beurteilen, wenn er festgestellt hat, welche Vorfragenentscheidungen das Finanzamt getroffen hat und in welchem Umfang die Behörde dabei von seiner Steuererklärung abgewichen ist. Psychologisch gewinnt so die einzelne Besteuerungsgrundlage Vorrang vor der Steuerfestsetzung. Den Steuerpflichtigen interessiert, ob das Finanzamt eine bestimmte Ausgabe „anerkannt" hat; die Folge, die diese Anerkennung oder Nichtanerkennung für die Steuerfestsetzung hat, tritt in den Hintergrund. Als „casus belli" empfindet er daher, wenn es zum Streit kommt, nicht die Höhe der Steuer, sondern die Vorfragenentscheidung, die einzelne Besteuerungsgrundlage.

Die entscheidende Frage ist, ob der Gesetzgeber diese besondere tatsächliche Bedeutung der Besteuerungsgrundlagen honoriert hat, indem er ihnen rechtliche Wirkungen verliehen hat, die über die Wirkungen der Gründe sonstiger Verwaltungsakte hinausgehen. Nur wenn das der Fall wäre, könnte, wie noch im einzelnen dargelegt werden soll, der Streitgegenstand der Anfechtungsklage gegen Steuerbescheide im Sinne der Individualisierungstheorie begrenzt sein.

IV. Zusammenfassung

Die Besteuerungsgrundlagen enthalten Vorfragenentscheidungen für den letzten Subsumtionsschluß des Steuerbescheides, die Steuerfestsetzung. Diese Vorfragenentscheidungen haben in tatsächlicher Hinsicht größere Bedeutung als die Gründe sonstiger Verwaltungsakte. Sie sind logisch teilbar, könnten also je für sich in gesonderten Verwaltungsakten festgestellt werden. Die RAO läßt jedoch im Regelfall eine solche gesonderte Feststellung nicht zu. Wegen der großen Zahl der Vorfragenentscheidungen, die beliebig miteinander saldierbar sind, kann das Finanzamt sie nicht alle prüfen, sondern muß sie zu einem großen Teil ungeprüft aus der Steuererklärung übernehmen.

Zweiter Teil

Die „selbständige" Anfechtbarkeit der Besteuerungsgrundlagen

Die erste Gruppe der Vertreter der Individualisierungstheorie[1] ist der Auffassung, Streitgegenstand sei die Behauptung des Klägers, das Finanzamt habe einen bestimmten Sachverhalt oder eine bestimmte Besteuerungsgrundlage fehlerhaft festgestellt. Berger[2] führt z. B. aus:

> Nach § 65 Abs. 1 FGO muß (!) die Anfechtungsklage den ‚Streitgegenstand' und den angefochtenen Verwaltungsakt (Entscheidung) bezeichnen und sie soll auch einen bestimmten Antrag enthalten. Hieraus wird im Hinblick auf die auch für den Steuerprozeß geltenden Besonderheiten des verwaltungsgerichtlichen Verfahrens mit Recht gefolgert, daß unter dem Streitgegenstand der dem Gericht zur Entscheidung unterbreitete *Sachverhalt*[3] zu verstehen ist und nicht das Begehren auf die im Klageantrag bezeichnete gerichtliche Entscheidung. Hiernach erfahren *die Besteuerungsgrundlagen als Streitgegenstand eine weitgehende prozessuale Verselbständigung*[3], was unter anderem im Hinblick auf die Frage der Rechtshängigkeit (§ 66 FGO), der Klageänderung (§ 67 FGO) und die Urteilsbindung der Beteiligten (§ 110 FGO) von Bedeutung ist."

Martens[4] ist der Ansicht, bei einer Anfechtungsklage gegen Steuerbescheide gehe es stets nur um die Abänderung einzelner Besteuerungsgrundlagen. Die Änderung der Steuerfestsetzung sei nur „die rechnerische Konsequenz aus der anderweitigen Feststellung der Besteuerungsgrundlagen". Das Finanzgericht soll daher nach Martens im Urteilstenor nicht den Steuerbetrag festsetzen, sondern nur die umstrittene Besteuerungsgrundlage — von Martens als Rechtsfolgefeststellung bezeichnet — abändern[5]. Beide Autoren sind also der Ansicht, Gegenstand der Anfechtungsklage sei unmittelbar die angegriffene Besteuerungsgrundlage oder der umstrittene Sachverhalt. Sie setzen die tatsächliche Bedeutung der Besteuerungsgrundlagen mit ihrer rechtlichen Bedeutung gleich.

Allerdings ist zu berücksichtigen, daß beide Äußerungen aus dem Jahr 1966 stammen, also aus einer Zeit, in der die Streitgegenstands-

---

[1] *Berger*, DStR 1966, 3 (8); *Martens*, StuW 1966, Sp. 689 (698); *Müller*, DB 1966, 1329; *Werner*, DStR 1966, 412 (414); wohl auch *Niemeyer*, DStR 1967, 180.
[2] DStR 1966, 3 (8).
[3] Im Original fett gedruckt.
[4] StuW 1966, Sp. 689 (698).
[5] StuW 1966, Sp. 689 (704).

diskussion für das finanzgerichtliche Verfahren noch in den Anfängen steckte. Der Streitgegenstand war erst durch die Einführung der FGO im Jahr 1965 für das finanzgerichtliche Verfahren relevant geworden. So ist zu erklären, daß Berger irrtümlich den Streitgegenstand mit dem Anfechtungsgegenstand gleichsetzt[6]. Es ist daher auch unklar, ob Berger nicht in Wahrheit der zweiten Spielart der Individualisierungstheorie[7] zugerechnet werden muß, weil er möglicherweise nur eine Anfechtung des Ergebnisses des Steuerbescheides, „individualisiert" durch einzelne Besteuerungsgrundlagen, meint. Eindeutig ist dagegen Martens. Ihm geht es nicht um die Anfechtung der Steuerfestsetzung, sondern einzig und allein um die Anfechtung der Besteuerungsgrundlage(n). Die Steuerfestsetzung selbst hält er für rechtlich bedeutungslos. Streitgegenstand ist nach seiner Ansicht unmittelbar das Klagebegehren auf richterliche Feststellung der Besteuerungsgrundlagen[8].

Man könnte diese Spielart der Individualisierungstheorie mit einem schlichten Hinweis auf § 213 Abs. 1 RAO abtun. Sie ist jedoch deshalb einer näheren Untersuchung wert, weil sie Gelegenheit gibt, sich mit der Frage zu befassen, wann ein Verwaltungsakt ausschließlich wegen seiner Begründung angefochten werden kann, also nicht wegen seines Ergebnisses. Vom Streitgegenstand her lautet die Frage: Gibt es Fälle, in denen der Streitgegenstand der Anfechtungsklage die Behauptung des Klägers sein kann, er werde allein durch die Begründung des Verwaltungsakts — bei Steuerbescheiden also durch eine bestimmte vom Finanzamt bejahte oder angenommene Besteuerungsgrundlage — in seinen Rechten verletzt? Diese Frage soll zunächst für Verwaltungsakte im allgemeinen und sodann für Steuerbescheide im besonderen untersucht werden.

Vorweg will ich jedoch auf die von Berger verwendete Formulierung eingehen, Streitgegenstand sei der „dem Gericht zur Entscheidung unterbreitete Sachverhalt."

A. Der umstrittene Sachverhalt
als Gegenstand der Anfechtungsklage

Berger meint, Streitgegenstand der Anfechtungsklage gegen Steuerbescheide könne die Behauptung des Klägers sein, ein bestimmter tatsächlicher Vorgang — ein Ausschnitt des Steuerfalles — habe sich anders zugetragen, als von der Behörde angenommen[9]. Aber ein solcher Streit über tatsächliche Vorgänge ist nach allen verwaltungsgericht-

---

[6] Auf die Notwendigkeit dieser Unterscheidung hatte schon *Bettermann*, DVBl 1953, 163 hingewiesen.

[7] Vgl. unten Teil 3.

[8] StuW 1966, Sp. 689 (706).

[9] So auch die Schriftleitung der DStR in einer Anmerkung zu *Vogel*, DStR 1966, 389.

lichen Prozeßordnungen unzulässig. Gestritten und entschieden werden kann nur über die Aufhebung und Änderung oder den Erlaß abgelehnter Verwaltungsakte, das Bestehen oder Nichtbestehen von Rechtsverhältnissen, um Leistungen oder das Unterlassen bestimmter Maßnahmen, schließlich um die Nichtigkeit eines Verwaltungsakts oder die Rechtswidrigkeit eines erledigten Verwaltungsakts. Über das Vorliegen oder Nichtvorliegen bestimmter Tatsachen kann dagegen kein Verwaltungsgericht[10] prinzipaliter entscheiden. Eine entsprechende Behauptung des Klägers kann daher nicht Streitgegenstand sein[11].

Daran ändert die von § 82 Abs. 1 Satz 1 VwGO abweichende Fassung des § 65 Abs. 1 Satz 1 FGO nichts: Nach § 65 Abs. 1 Satz 1 FGO muß der Kläger bei einer Anfechtungsklage *neben* dem Streitgegenstand auch den angefochtenen Verwaltungsakt bezeichnen, während er nach § 82 VwGO[12] (u. a.) nur den Streitgegenstand nennen muß. Das Finanzgericht Berlin[13] folgert daraus, daß Streitgegenstand und angefochtener Verwaltungsakt nicht identisch seien[14] und — vor allem — daß Streitgegenstand nur der Klagegrund sein könne, durch den der Kläger seinen Klageantrag individualisieren müsse. Streitgegenstand sei daher der die Klage individualisierende Sachverhalt, den der Kläger als vom Finanzamt nicht zutreffend gewürdigt bezeichne. Ähnlich argumentieren auch andere Finanzgerichte[15]. Sie meinen, das Finanzgericht könne eine Anfechtungsklage, bei der nicht angegeben sei, welche Besteuerungsgrundlagen der Kläger als unrichtig ansehe, nicht ordnungsgemäß bearbeiten. Zur Bezeichnung des Streitgegenstandes im Sinne von § 65 Abs. 1 Satz 1 FGO gehöre daher auch die Angabe der angegriffenen Besteuerungsgrundlage. Das gleiche Ergebnis leitet Gräber[16] daraus ab, daß § 65 Abs. 1 Satz 1 FGO merkwürdigerweise in bezug auf den Antrag nur eine Sollvorschrift darstellt, dagegen die Angabe des Streit-

---

[10] Nach § 256 ZPO kann zwar ausnahmsweise über die Echtheit oder Unechtheit einer Urkunde gestritten werden, aber in der VwGO und FGO fehlt eine entsprechende Regelung. Auch der Strafprozeß kennt keine Entscheidung über Tatsachen, sondern nur über (strafrechtliche) Rechtsfolgen.

[11] *Bettermann*, DVBl 1953, 163 (168); *Eisenberg*, DB 1967, 1238; *Huppertz*, Streitgegenstand, S. 251; *Tipke — Kruse*, AO, § 65 FGO A 3 b, cc.

[12] § 92 SGG verlangt wie die FGO neben der Bezeichnung des angefochtenen Verwaltungsakts auch die Angabe des Streitgegenstandes, ist jedoch insgesamt nur Sollvorschrift.

[13] EFG 1969, 246; ebenso *Martens*, StuW 1966, Sp. 689 (698).

[14] Das ist heute unstreitig. Der Verwaltungsakt ist Gegenstand der Klage und des Verfahrens, nicht Streitgegenstand.

[15] FG Hamburg, EFG 1966, 571; Hess. FG, EFG 1967, 182; FG Schleswig-Holstein, EFG 1967, 466 und EFG 1968, 467; FG Düsseldorf, EFG 1970, 508; FG Bremen, EFG 1971, 389; FG München, EFG 1972, 129; FG Düsseldorf, EFG 1972, 245; FG Schleswig-Holstein, EFG 1972, 295.

[16] DStR 1968, 491 (492); wie *Gräber* im Ergebnis auch *Müller*, DB 1966, 1329; *Eisenberg*, FR 1971, 299; *Ziemer — Haarmann*, Einspruch, Beschwerde, Klage II, Tz. 2560.

gegenstandes zwingend vorschreibt. Die Vertreter dieser Auffassung, die der Bundesfinanzhof inzwischen abgelehnt hat[17], legen den Begriff „Streitgegenstand" in § 65 Abs. 1 Satz 1 FGO also in etwa ebenso aus wie den „Grund des erhobenen Anspruchs" in § 253 Abs. 2 Nr. 2 ZPO, wobei der Grund des erhobenen Anspruchs durch die umstrittene Besteuerungsgrundlage oder den umstrittenen Sachverhalt ausgefüllt werden soll.

Ob diese Auslegung für den Begriff des „Streitgegenstandes" in § 65 Abs. 1 Satz 1 FGO zutrifft, kann dahinstehen. Selbst wenn sie zuträfe, läßt sich daraus für den hier erörterten Begriff des Streitgegenstandes, wie er in § 110 Abs. 1 FGO und § 121 VwGO verwendet wird, nichts herleiten. Daß Streitgegenstand im eigentlichen Sinne nicht der umstrittene Sachverhalt sein kann — wie noch die Verfasser des Entwurfs der FGO annahmen[18] — habe ich soeben dargelegt. Wenn daher — in Anlehnung an § 253 Abs. 2 Nr. 2 ZPO — der Begriff „Streitgegenstand" in § 65 FGO tatsächlich als der umstrittene Sachverhalt oder als die umstrittene Besteuerungsgrundlage verstanden werden müßte, so könnte es sich nicht um den Streitgegenstand im Sinne der §§ 121 VwGO, 110 Abs. 1 FGO, 141 Abs. 1 SGG handeln. Das wird auch überwiegend erkannt[19].

Es war ein folgenreicher Irrtum, daß Berger[20] — die Kommentierung von Eyermann-Fröhler zu § 82 VwGO mißverstehend — den dort entwickelten Streitgegenstandsbegriff verallgemeinerte und als Streitgegenstand schlechthin den umstrittenen Sachverhalt bezeichnete. Dem gleichen Irrtum ist das Finanzgericht Berlin[21] unterlegen, das im übrigen wohl der Individualisierungstheorie in der unten in Teil 3 erörterten zweiten Spielart anhängt. Auch aus § 65 Abs. 1 Satz 1 FGO läßt sich mithin nicht entnehmen, daß Streitgegenstand der Anfechtungsklage gegen Steuerbescheid der „umstrittene Sachverhalt" sei.

---

[17] BFH 100, 429 (430) = BStBl 1971 II, 112; BFH 103, 400 (402) = BStBl 1972 II, 59 für Feststellungsbescheide.
[18] Vgl. unten Teil 4 F III 2 b.
[19] FG Schleswig-Holstein, EFG 1968, 467; FG Bremen, EFG 1971, 389; *Eyermann — Fröhler*, VwGO, § 82 Rdnr. 3 und § 121 Rdnr. 10 ff.; *Eisenberg*, FR 1966, 163 (165) und FR 1971, 299; *Menger*, Staatsbürger und Staatsgewalt II, 427 (437); *Müffelmann*, Objektive Grenzen, S. 138; *Redeker — v. Oertzen*, VwGO, § 82 Rdnr. 3; *Ziemer — Birkholz*, FGO, § 65 Rdnr. 4, 5 a; *v. Wallis*, StbJb 1967/68, 410 (415); *Ziemer — Haarmann*, Einspruch, Beschwerde, Klage II, Tz. 2580; dagegen setzen Streitgegenstand im Sinne von § 65 Abs. 1 Satz 1 FGO und prozessualen Anspruch gleich BFH 100, 429 (430) = BStBl 1971 II, 112; BFH 103, 400 (402) = BStBl 1972 II, 59; *Koehler*, VwGO, § 82 Anm. II 3; *Hübschmann — Hepp — Spitaler* (*v. Wallis/List*), AO, § 65 FGO Rdnr. 5 ff.; *Tipke — Kruse*, AO, § 65 FGO A 3; ebenso für das SGG *Peters — Sauter — Wolff*, SGG, § 92 Anm. 2 unter Hinweis auf *Brackmann*, Ortskrankenkasse 1965, 465.
[20] DStR 1966, 3 (8).
[21] EFG 1969, 246; ebenso *Martens*, StuW 1966, Sp. 689 (698).

B. Die Anfechtung der Gründe
eines Verwaltungsakts im allgemeinen

Nicht von vornherein durch die Prozeßordnungen ausgeschlossen ist dagegen ein Streit um die Gründe eines Verwaltungsakts, sofern man sie als Vorfragenentscheidung der Behörde, als präjudizielle Rechtsfolgefeststellung, versteht. Diese Vorfragenentscheidungen können für den Betroffenen derartige rechtliche Bedeutung haben, daß er ein Interesse daran hat, sie allein — unabhängig vom Ergebnis des Verwaltungsakts — geändert zu sehen. Zu prüfen ist, wann der Betroffene dieses Interesse an einer Aufhebung oder Änderung der Begründung gerichtlich durchsetzen kann, wann also die Behauptung, eine bestimmte Vorfragenentscheidung der Behörde verletze ihn in seinen Rechten[22], Streitgegenstand sein kann.

I. Voraussetzungen

Voraussetzung für die selbständige Anfechtbarkeit des Verwaltungsakts wegen seiner Begründung ist, daß von ihr Rechtswirkungen ausgehen, die sich nicht in der bloßen Unterstützung seines Ergebnisses erschöpfen[23]. Ohne solche Rechtswirkungen können die Gründe des Verwaltungsakts den Betroffenen nicht selbständig beschweren. Ohne sie kann er daher weder eine unmittelbare Anfechtungs- oder Verpflichtungsklage mit dem Ziel der Abänderung der Gründe noch eine entsprechende Feststellungsklage erheben. Auf den Zusammenhang zwischen selbständiger Rechtswirkung, Beschwer und Anfechtbarkeit der Gründe einer Entscheidung ist in letzter Zeit im Zivilprozeßrecht wiederholt hingewiesen worden[24]. Bettermann[25] führt z. B. aus:

„Eine auf die Entscheidungsgründe beschränkte Anfechtung ist aber zulässig, soweit der Anfechtende durch die von ihm gewünschte andersartige Begründung seine materielle oder prozessuale Rechtslage verbessert, was insbesondere dann der Fall ist, wenn die angegriffenen Gründe in Rechtskraft erwachsen oder eine sonstige Bindungs- oder Rechtswirkung entfalten." „Ohne Rechtswirkungen der Gründe, ohne Bindung an die Gründe und ohne Präklusion oder Präjudizierung durch die Gründe gibt es keine Beschwer durch die Gründe und keine Anfechtung der Gründe."

---

[22] Oder entsprechend eine der anderen Streitgegenstandsdefinitionen, unten Teil 3 B I.
[23] Ebenso *Weidemann*, Verw. Arch. 63 (1972), 55 (66).
[24] Die Anfechtbarkeit der Begründung eines Urteils bejahen BGHZ 39, 179 (182); BGH, NJW 1972, 1710 für Scheidungsurteile; weitergehend *Bettermann*, ZZP 82 (1969), 24 (56 ff.); *Arwed Blomeyer*, ZPR, § 97 II, S. 513; *Grunsky*, ZZP 76 (1963), 165 (172 f.); *ders.*, in Stein—Jonas, ZPO, Allgm. Einl. V 2, Rechtsmittel, vor § 511; *Götz*, JZ 1959, 681 (686); ablehnend *Schwab*, Festschrift für Bötticher, S. 321 (335); *Jürgen Blomeyer*, NJW 1969, 587 (591); *Thomas — Putzo*, ZPO, § 511 Vorbem. IV 2 b.
[25] ZZP 82 (1969), 24 (57 und 66).

Das gilt auch für Verwaltungsakte. Allerdings wird durchweg die Auffassung vertreten, die Gründe eines Verwaltungsakts könnten weder selbständig angefochten werden[26], noch würden sie für die Behörde verbindlich[27]. Diese Faustregel ist jedoch, wie sich erweisen wird, nicht stets zutreffend. Sie ist schon deshalb zu grob, weil ein Verwaltungsakt sich nicht so exakt wie ein Urteil nach „Tenor" und „Entscheidungsgründen" gliedern läßt[28]. Die Behörde hat es — anders als das Gericht — in der Hand, bestimmte Einzelfälle im ersten Zugriff[29] zu regeln. Sie kann mehrere verbindliche Anordnungen in einem einzigen Staatsakt treffen, selbst wenn diese Regelungen zueinander im Verhältnis von Zwischen- und Endentscheidungen stehen[30]. Schon Bernatzik[31] führt zutreffend aus, es sei „kein Hindernis für die materielle Rechtskraft des das bedingende Rechtsverhältnis fixirenden Ausspruches, daß letztere in den Entscheidungsgründen niedergelegt zu werden pflegt. Nur muß ... die Behörde dazu sachlich zuständig gewesen sein und es muß sich das Verfahren und die erweisliche Feststellungsabsicht der Behörde auch auf den Präjudizialpunkt erstreckt haben."

II. Arten der Rechtswirkungen

Welcher Art müssen die Rechtswirkungen der Gründe eines Verwaltungsakts sein, damit der Betroffene ihre Abänderung verlangen kann?

1. Verbindlichkeit für andere Verwaltungsakte

Es muß sich um Rechtswirkungen handeln, die über das Schlußergebnis des Verwaltungsakts hinausreichen. Erschöpft sich die Bedeutung der Gründe darin, das Ergebnis des Verwaltungsakts, in dem sie enthalten sind, zu stützen, so haben sie keine selbständigen Rechtswirkungen. Anfechtbar ist dann nur das Schlußergebnis des Verwaltungsakts, wobei diese Anfechtung möglicherweise durch Hinweis auf die Fehlerhaftigkeit einzelner Teile der Begründung „individualisiert" wer-

---

[26] BVerwG, NJW 1959, 213 (214); Bay VGH n. F. 3, 156; OVG Münster, AS 10, 43 (44); *Koehler*, VwGO, § 42 C VII.

[27] BVerwGE 24, 175; BSGE 9, 196 (197); 14, 154 (159); *Forsthoff*, VerwR I, § 13, 1, S. 250; *Hauteisen*, DVBl 1959, 228 (229); *Jellinek*, Fehlerhafte Staatsakte, S. 46 ff.; *Kormann*, System, S. 200; *Lübbing*, StuW 1969, Sp. 95 (100); *Schröcker*, NJW 1968, 2035 (2038); *Peters—Sautter—Wolff*, SGG, § 77 Anm. 4 b; *Wolff*, VerwR I, § 52 III b 2, S. 388; wegen der abweichenden Meinung von *Martens* unten Abschn. C I 2.

[28] Gegen eine starre Trennung sprechen sich auch aus: BVerwG, DöD 1968, 236; *Bachof*, VerfR I, S. 249 (C 8); auf die Möglichkeit einer selbständigen Anfechtung der Gründe eines Verwaltungsakts weisen auch hin: *Bettermann*, Festschrift für Schima, S. 71 (82 FN 24); *Schick*, JuS 1971, 1 (7).

[29] Vgl. dazu *Bettermann*, Gedächtnisschrift für Jellinek, 378; *Lorenz*, DVBl 1971, 165 (166).

[30] Vgl. § 213 Abs. 2 Satz 2 RAO.

[31] Rechtsprechung und materielle Rechtskraft, 1886, S. 178.

den kann, so, wie es die zweite Gruppe der Vertreter der Individualisierungstheorie befürwortet[32]. Es handelt sich dann jedoch nicht um die hier erörterte Anfechtung der Gründe um ihrer selbst willen, sondern nur um eine Anfechtung des Ergebnisses des Verwaltungsakts, die der Kläger mit der Behauptung, bestimmte Vorfragenentscheidungen seien fehlerhaft, begründet. Über das Schlußergebnis des Verwaltungsakts hinaus reicht die Wirkung der Gründe eines Verwaltungsakts, wenn diese Gründe für den Adressaten oder einen Dritten bei der Regelung *anderer* Einzelfälle bindend werden, derart, daß er in dem anderen Fall, für den die Behörde die Vorfragenentscheidung aus dem ersten Verwaltungsakt übernimmt, mit Einwendungen präkludiert ist. Die Vorfragenentscheidung muß also für andere Entscheidungen der Behörde „Feststellungswirkung"[33] haben.

Das Gesagte sei an zwei Beispielen erläutert: Lehnt die Behörde die Erlaubnis zur Durchführung einer bestimmten Veranstaltung ab mit der Begründung, der Antragsteller sei nicht geeignet, so kann die inzidente Entscheidung über die Ungeeignetheit den Bewerber nur dann selbständig beschweren, wenn er künftig, bei der Bewerbung um die Erlaubnis zur Durchführung *anderer*, aber gleichartiger Veranstaltungen, mit der Behauptung, er sei doch geeignet, präkludiert ist. Dann hat die inzidente Entscheidung Rechtswirkungen, die über den „Stamm"-Verwaltungsakt — Ablehnung der Erlaubnis im ersten Fall — hinausreichen. Der Bewerber muß daher die inzidente Feststellung, er sei ungeeignet, vor Gericht angreifen können, auch wenn er das Ergebnis des Verwaltungsakts, die Versagung der Erlaubnis im ersten Fall, hinnehmen will, etwa, weil ihm an der Durchführung der ersten Veranstaltung nichts mehr liegt oder weil das Ergebnis aus anderen Gründen rechtmäßig ist.

Das BSG[34] hat — das ist das zweite, wirklichkeitsnähere Beispiel — die im Rentenbescheid ausgesprochene Nichtanerkennung eines Leidens als Schadensfolge eines Kriegsereignisses im Sinne von § 1 BVG[35] als selbständigen „Verfügungssatz"[36] des Rentenbescheides gewertet und ihre selbständige Anfechtung zugelassen. Denn die inzidente Entscheidung des Versorgungsamtes über die Anerkennung oder Nichtanerken-

---

[32] Unten Teil 3.
[33] Dazu grundlegend *Kormann*, AöR 30 (1913), 253 (256 ff.); *ders.*, JöR VII (1913), 1 (13 ff.); ferner *Forsthoff*, VerwR I, § 6, S. 101; *Jesch*, Bindung des Zivilrichters, S. 65 ff.; *Volkmann*, Problematik der Rechtskraft, S. 20; *Wagner*, Bindung der Finanzbehörden, S. 40 ff.; *Wolff*, VerwR I, § 20 V c.
[34] Vgl. BSGE 7, 53 (56); 9, 80 (84); 11, 161 (164); 12, 25 (26); 16, 198; 27, 22 = SGb 1968, 484 mit abl. Anm. *Neugebauer*.
[35] Gesetz über die Versorgung der Kriegsopfer (Bundesversorgungsgesetz) vom 20. 12. 1950, i. d. F. vom 20. 1. 1967, BGBl I, 142.
[36] Zur Terminologie oben Teil 1 FN 6.

nung eines Leidens ist nach der ständigen Rechtsprechung des Bundessozialgerichts[37] für den Rentner und die Behörde, die über die Folgeleistungen zu entscheiden hat, bei der Gewährung von Heilbehandlung
nach § 10 Abs. 1, Bestattungsgeld nach § 36 Abs. 1 Satz 3 und Hinter-
bliebenengeld nach § 38 Abs. 1 Satz 2 BVG verbindlich. Das Kriegsopfer
erhält die Folgeleistungen nur, wenn das Leiden im Rentenbescheid —
oder in einem besonderen Bescheid — anerkannt ist. Die inzidente Anerkennung hat also Rechtswirkungen, die über den Rentenbescheid hinausreichen. Der Betroffene muß sie deshalb nach Ansicht des Bundessozialgerichts selbständig anfechten können, um eine die Behörde in
dieser Vorfrage bindende Gerichtsentscheidung zu erhalten[38].

2. Bindung bei ändernder Regelung des gleichen Einzelfalls

Von der soeben behandelten Bindungswirkung einer Vorfragenentscheidung für andere Fälle ist die Bindung bei der nachträglichen Abänderung des gleichen Verwaltungsakts zu unterscheiden. Eine derartige
Bindung bejaht das Bundesverwaltungsgericht bei Pensionsfestsetzun-
gen. Nach ständiger Rechtsprechung soll der Pensionär bei einer Änderung nach Unanfechtbarkeit des Pensionsbescheides die unverändert
gebliebenen Berechnungsfaktoren nicht erneut in Frage stellen können[39].
In diesem Zusammenhang führt das Bundesverwaltungsgericht aus, der
Pensionsfestsetzungsbescheid sei „bezüglich jeder dieser Komponenten
selbständig anfechtbar"[40]. Ändert z. B. die Behörde den Bescheid nach
Unanfechtbarkeit in dem Punkt „ruhegehaltsfähige Dienst*zeit*", läßt sie
dabei aber den Berechnungsfaktor „Dienst*bezüge*" unverändert, so soll
der Pensionär den Änderungsbescheid nicht mehr mit der Begründung
anfechten können, die Dienstbezüge seien falsch errechnet. Insoweit soll
der Bescheid unanfechtbar sein. Danach muß also der Pensionär, wenn
er die Unanfechtbarkeit der einzelnen Berechnungsfaktoren verhindern
will, den Pensionsfestsetzungsbescheid auch dann anfechten, wenn er
zwar mit dem Ergebnis, der Pensionsfestsetzung, zufrieden ist, nicht
aber mit der Begründung. Andernfalls läuft er Gefahr, bei einer Änderung des Bescheides präkludiert zu sein.

---

[37] BSGE 7, 53 (55); 9, 80 (84); 12, 25 (26); 27, 22 (23).
[38] Den Gesichtspunkt der Rechtskraft betont das BSG in E 9, 17 = NJW
1959, 262; E 9, 80 (82); 11, 161.
[39] BVerwG vom 22. 11. 1962, *Buchholz*, 232 § 110 BBG Nr. 8, S. 19/20;
BVerwGE 23, 175 = VerwRspr. 18, 164 = DVBl 1966, 691 m. abl. Anm.
Czermak, DVBl 1967, 417; BVerwG, DöD 1968, 236; ebenso BVerwGE 12, 257
für § 343 LAG; vgl. *Söhn*, Verw. Arch. 60 (1969), 64 (69). Den Gedanken der
Bindung an einzelne Berechnungsfaktoren bei einer Änderung des Verwaltungsakts nach Unanfechtbarkeit hat das BVerwG auch bei Gewerbesteuer-
bescheiden anklingen lassen: vgl. BVerwG, NJW 1968, 2073 (2074 l) und
BStBl 1968 II, 513.
[40] BVerwGE 23, 175.

Diese Rechtsprechung ist bedenklich. Im Regelfall werden Verwaltungsakte nur in bezug auf ihre Regelung, ihren Ausspruch, unanfechtbar[41]. Im Steuerrecht, in dem dieses Problem seit Einführung der RAO im Jahre 1919 erörtert wird, stehen die Rechtsprechung und das Schrifttum[42] im Anschluß an Enno Becker[43], den Verfasser des Entwurfs der RAO 1919, nahezu einhellig auf dem Standpunkt, Steuerbescheide würden „nur im Ergebnis, nicht auch in der Begründung rechtskräftig". Es hätte einer sorgfältigen Begründung — nicht nur eines allgemeinen Hinweises auf Rechtssicherheit und Rechtsfrieden — bedurft, um für Pensionsfestsetzungsbescheide eine Ausnahme nachzuweisen[44]. Folgt man allerdings dem Bundesverwaltungsgericht in seiner Ausgangsthese von der selbständigen Bindung an die einzelnen Berechnungsfaktoren, so ist die Folgerung unausweichlich: Der Pensionär muß den Pensionsfestsetzungsbescheid wegen der einzelnen Vorfragenentscheidungen selbständig anfechten können. Denn die Bindung kann den Betroffenen beschweren und muß daher nach Art. 19 Abs. 4 GG gerichtlich überprüfbar sein.

Die selbständige Anfechtung des Verwaltungsakts wegen seiner Begründung ist mithin auch dann zulässig, wenn der Betroffene bei einer Änderung des gleichen Verwaltungsakts nach Unanfechtbarkeit an sie gebunden ist.

III. Grundlagen der Bindung an die Gründe

Die unmittelbare und selbständige Bindung des Betroffenen und der Behörde hinsichtlich einzelner Vorfragen kann einmal auf ausdrücklicher gesetzlicher Anordnung beruhen. Das ist z. B. verschiedentlich im Steuerrecht der Fall[45]. Ebenso entnimmt das Bundessozialgericht die Bindung an die inzidente Anerkennung eines Leidens unmittelbar aus §§ 10, 36, 38 BVG. Zum anderen kann sich die Bindung an die Gründe aber auch aus allgemeinen Rechtsgrundsätzen ergeben, etwa dem Verbot des venire contra factum proprium oder aus Erfordernissen der Rechtssicherheit und des Rechtsfriedens, die das Bundesverwaltungsgericht bei Pensionsfestsetzungsbescheiden heranzieht[46].

---

[41] *Schröcker*, NJW 1968, 2035 (2038) und oben Abschn. B I mit Nachw. in FN 26.

[42] RFH 12, 133 (139); 15, 156 (158) und seitdem ständig, zuletzt BFH 99, 90 (93) = BStBl 1970 II, 538; weitere Nachw. bei *Deselaers*, StuW 1956, Sp. 379 (380); *Tipke — Kruse*, AO, § 42 FGO A 1; anders *Martens*, unten Abschn. C I 2; vgl. auch BVerwG, DöV 1971, 319.

[43] AO, 1. Aufl., § 222 Anm. 1, S. 376.

[44] Ebenso *Czermak*, DVBl 1967, 417.

[45] Vgl. unten Abschn. C II.

[46] Zu eng diejenigen, die für die Feststellungswirkung eines Verwaltungsakts stets eine gesetzliche Grundlage verlangen, so *Forsthoff*, VerwR I, S. 101, der sich zu Unrecht auf BVerwGE 4, 317 (331) beruft; *Jesch*, Bindung des

IV. Beschwer

Es genügt nicht, daß von der Begründung eines Verwaltungsakts selbständige Rechtswirkungen ausgehen. Es muß hinzukommen, daß diese Rechtswirkungen für den Betroffenen lästig sind. Nur dann kann er durch die Begründung beschwert sein. Lästig ist die Vorfragenentscheidung schon dann, wenn die Gefahr besteht, daß sie sich in Zukunft nachteilig auswirken wird.

V. Klageart und Streitgegenstand

Mit welcher Klageart der Betroffene die Begründung, die ihn beschwert, bekämpfen und wie der Klageantrag lauten soll, ist davon abhängig, ob man die bindende Vorfragenentscheidung als selbständigen „Zwischen"-Verwaltungsakt ansieht oder nur als vorbereitende Maßnahme der Behörde ohne den Charakter eines Verwaltungsakts. Das Bundessozialgericht sieht die inzidente Anerkennung des Kriegsleidens im Rentenbescheid als selbständigen „Verfügungssatz", also als Verwaltungsakt an. Das Kriegsopfer, das sich durch die Nichtanerkennung beschwert fühlt, muß daher sowohl die Rentenfestsetzung — mit der kombinierten Klage nach § 54 Abs. 4 SGG — als auch die Nichtanerkennung — mit einer kombinierten Anfechtungs- und Feststellungsklage nach §§ 54 Abs. 1 und 55 Abs. 1 Nr. 3 SGG — angreifen[47]. Es liegt also eine objektive Klagenhäufung mit zwei Streitgegenständen vor. Die gleiche Ansicht vertritt Weidemann[48] für den Bereich der VwGO und FGO. Er sieht die bindende Inzidententscheidung als selbständigen Verwaltungsakt an. Er meint daher, der Betroffene müsse unmittelbar gegen die Vorfragenregelung eine Anfechtungs- oder Verpflichtungsklage erheben, je nachdem, ob er eine Aufhebung oder eine Abänderung der Vorfragenentscheidung erreichen wolle. Nach Weidemann müßte der Pensionär, der seine Pensionsfestsetzung allein wegen eines bestimmten Berechnungsfaktors angreifen will, Verpflichtungsklage erheben mit dem Antrag, die Behörde zu verpflichten, den Berechnungsfaktor abzuändern. Will sich der Pensionär auch gegen das Ergebnis des Bescheides, die Höhe der Pensionsfestsetzung, wenden, so müßte er zusätzlich eine Anfechtungsklage[49] erheben mit dem Antrag, diese Festsetzung nach § 113 Abs. 2 VwGO abzuändern.

Ich habe Bedenken gegen diese Ansicht. Sie führt zu einer unnötigen Ausweitung des Begriffs der „Regelung". Es wäre nur dann geboten,

---

Zivilrichters, S. 68; FG Hannover, EFG 1959, 183. Fragen der Bindung sind selten gesetzlich geregelt, ergeben sich vielmehr meist aus allgemeinen Erwägungen.

[47] BSGE 9, 80 (85); 11, 161 (165); vgl. auch BSGE 5, 121 (123).

[48] Verw. Arch. 63 (1972), 55 (63 FN 40).

[49] *Bettermann,* DVBl 1973, 375 (376).

die bindende Vorfragenentscheidung als „Regelung" zu behandeln,
wenn andernfalls der Rechtsschutz des Betroffenen verkürzt würde. Das
ist jedoch nicht der Fall, wie ein Blick auf den Zivilprozeß zeigt. Will
dort z. B. der siegreiche Beklagte das Urteil wegen seiner Begründung
angreifen — weil etwa das Gericht die Klage wegen Aufrechnung statt
wegen Verjährung abgewiesen hat — so muß er gegen das Urteil als
solches, nicht isoliert gegen die Begründung Berufung einlegen[50]. Gibt
das Berufungsgericht der Berufung statt, so ändert es das Urteil in
seiner Begründung ab. Entsprechendes gilt für Verwaltungsakte. Will
der Betroffene nur eine Änderung der bindenden Vorfragenentscheidung eines Verwaltungsakts erreichen, nicht eine Änderung seines Ergebnisses, so genügt es, wenn er gegen den Verwaltungsakt als solchen
Anfechtungs- oder Verpflichtungsklage erhebt mit dem Antrag, ihn in
dem umstrittenen Punkt aufzuheben oder abzuändern. Ist z. B. der
Pensionär zwar mit dem Ergebnis des Pensionsfestsetzungsbescheides
einverstanden, nicht aber mit der inzidenten Berechnung der ruhegehaltsfähigen Dienstzeit, so muß er eine Verpflichtungsklage mit dem
Antrag erheben, die Behörde zu verpflichten, den Verwaltungsakt in
diesem Punkt abzuändern, falls man nicht § 113 Abs. 2 VwGO anwenden will. Streitgegenstand ist hier die Behauptung des Klägers, er habe
einen Anspruch auf Änderung oder Aufhebung des Verwaltungsakts[51]
in seiner Begründung.

Die Besonderheit dieses Streitgegenstandes besteht darin, daß er auf
die Behauptung begrenzt ist, der Verwaltungsakt sei nur in einem bestimmten Punkt seiner Begründung rechtsverletzend und daher abzuändern. Diese Begrenzung des Streitgegenstandes ist möglich und erforderlich, weil der Kläger durch den angefochtenen Verwaltungsakt
nur insoweit beschwert ist, als die umstrittene Vorfragenentscheidung
reicht. An diese Begrenzung des Streitgegenstandes ist das Gericht gebunden. Es darf also andere als die vom Kläger gerügten Punkte nicht
prüfen und abändern. Der Verwaltungsakt ist schon deshalb rechtswidrig und beschwert den Kläger, weil die umstrittene Vorfragenentscheidung fehlerhaft ist. In dem Fall der Pensionsfestsetzung müßte
das Gericht mithin, wenn es die Klage für begründet hält, in der Urteilsformel die Verpflichtung der Behörde aussprechen, die ruhegehaltsfähige Dienstzeit antragsgemäß abzuändern, wenn man das Gericht
nicht für berechtigt hält, diese Abänderung nach § 113 Abs. 2 VwGO
selbst vorzunehmen. An diesen Ausspruch ist die Behörde nach § 121
VwGO gebunden.

---

[50] *Bettermann*, ZZP 82 (1969), 24 (34); vgl. auch *Grunsky*, ZZP 76 (1963), 165
(169).
[51] Oder eine der anderen Definitionen, die insoweit sachlich auf das gleiche
hinauslaufen, vgl. unten Teil 3 B I.

Will sich der Kläger nicht nur gegen die bindende Vorfragenentscheidung wenden, sondern auch gegen das Ergebnis des Verwaltungsakts, so muß er in erster Linie gegen das Ergebnis des Verwaltungsakts Anfechtungs- oder Verpflichtungsklage erheben. Dieser Klage kann das Gericht nur stattgeben, wenn das *Ergebnis* des Verwaltungsakts rechtswidrig ist und den Kläger beschwert. Wegen der bindenden Vorfragenentscheidung muß der Kläger in entsprechender Anwendung von § 280 ZPO außerdem eine Zwischen-Feststellungsklage erheben[52]. Das Gericht hat über beide Anträge in der Urteilsformel zu entscheiden. Durch die Zwischenfeststellungsklage stellt der Kläger sicher, daß sich das Gericht auch mit der Vorfragenentscheidung auseinandersetzt. Würde er nur das Ergebnis des Verwaltungsakts angreifen, so liefe er Gefahr, daß das Gericht der Klage aus anderen Gründen stattgibt, ohne sich zu der umstrittenen Vorfrage zu äußern. Außerdem erreicht der Kläger, wenn er eine zusätzliche Feststellungsklage erhebt, daß das Gericht in der Urteilsformel über die Vorfrage entscheidet. An diesen Ausspruch ist die Behörde nach §§ 121 VwGO, 110 Abs. 1 FGO, 141 Abs. 1 SGG gebunden. Will der Pensionär z. B. die Höhe der Pensionsfestsetzung *und* die inzidente Feststellung der ruhegehaltsfähigen Dienstzeit angreifen, so muß er gegen das Ergebnis des Pensionsfestsetzungsbescheides Anfechtungsklage nach § 113 Abs. 2 VwGO und wegen der ruhegehaltsfähigen Dienstzeit Feststellungsklage erheben.

VI. Ergebnis

Ein Streit um die Begründung eines Verwaltungsakts ist ausnahmsweise möglich, wenn von diesen Gründen selbständige Rechtswirkungen ausgehen. Das ist der Fall, wenn der Betroffene an sie in anderen Fällen oder bei einer Abänderung des gleichen Verwaltungsakts gebunden ist. Besteht eine solche Bindung, so kann der Verwaltungsakt allein wegen seiner Begründung angefochten werden. Die Begründung ist jedoch auch dann kein eigenständiger Verwaltungsakt.

C. Die „selbständige" Anfechtung der Besteuerungsgrundlagen[53]

I. Der Regelfall

1. Die gesetzliche Regelung

Die Gründe eines Verwaltungsakts entfalten nur ausnahmsweise selbständige Rechtswirkungen. Der Betroffene kann den Verwaltungsakt

---

[52] Die Zulässigkeit einer Zwischenfeststellungsklage analog § 280 ZPO bejahen *Eyermann — Fröhler*, VwGO, § 43 Rdnr. 1; Koehler, VwGO, § 43 IV; *Klinger*, VwGO, § 43 Anm. G; *Redeker — v. Oertzen*, VwGO, § 43 Rdnr. 26; einschränkend BSG, NJW 1971, 166; für die Zeit vor der VwGO bejahend BVerwGE 2, 229; *Bergmann*, DöV 1959, 570 (573); *Menger*, System, S. 247;

daher auch nur ausnahmsweise wegen seiner Begründung anfechten. Dies wird für Steuerbescheide durch § 213 Abs. 1 RAO[54] bestätigt: „Die Feststellung der Besteuerungsgrundlagen bildet regelmäßig einen unselbständigen (mit Rechtsbehelfen nicht selbständig anfechtbaren) Teil des Steuerbescheids". Die Vorschrift geht davon aus, daß die Besteuerungsgrundlagen regelmäßig keine selbständigen Rechtswirkungen haben — also den Steuerpflichtigen weder in anderen Steuerfällen noch bei der Änderung des Steuerbescheids nach Unanfechtbarkeit — binden. Weil eine solche Bindung fehlt und der Steuerpflichtige daher durch die Besteuerungsgrundlagen nicht beschwert wird, ist die Anfechtung des Steuerbescheides nur wegen seiner Begründung ausgeschlossen.

Das gleiche Ergebnis läßt sich e contrario aus §§ 213 Abs. 2, 214, 215, 220 Nr. 2 RAO ableiten. Nur in den dort genannten Fällen ist eine gesonderte Feststellung von Besteuerungsgrundlagen zulässig[55]. Nur in diesen Sonderfällen läßt der Gesetzgeber einen selbständigen Rechtsstreit um einzelne Besteuerungsgrundlagen zu[56], weil die Besteuerungsgrundlagen hier für mehrere Steuerarten und (oder) für mehrere Steuerpflichtige verbindlich und deshalb besonders bedeutsam sind. In den übrigen Fällen, in denen den Besteuerungsgrundlagen diese besondere Bedeutung nicht zukommt, soll der selbständige Streit um Vorfragen ausgeschlossen sein.

2. Die abweichende Ansicht Martens'[57]

Martens ist der Ansicht, § 213 Abs. 1 RAO sei Ausdruck der unklaren und überholten Vorstellung des Gesetzgebers über die Beziehungen zwischen Entscheidung und Entscheidungsgrundlagen[58]. Wie die Gründe eines Urteils seien auch die Entscheidungsgründe eines Verwaltungsakts im Rahmen objektiver Sinnzusammenhänge verbindlich[59]. Nur so könne

---

ders., Verw. Arch. 48 (1957), 172; für die FGO: *v. Wallis/List* in Hübschmann—Hepp — Spitaler, AO, § 41 Rdnr. 21 f.

[53] Dazu ausführlich *Weidemann*, Verw. Arch. 63 (1972), 55 ff. und *Hahn*, Beschwer, S. 84 und 94 ff.

[54] Ebenso § 138 Abs. 2 EAO 1974, BT-Drucksache VII/79.

[55] Oben Teil 1 B III 3.

[56] Vgl. §§ 213 Abs. 2 Satz 2, 220 Nr. 2 RAO.

[57] StuW 1965, Sp. 625 ff.; StuW 1966, Sp. 689 ff.

[58] StuW 1966, Sp. 689 (693).

[59] *Martens* geht also von der Rechtskraftlehre *Zeuners* aus: *Zeuner*, Objektive Grenzen, S. 42 ff. und ihm folgend *Götz*, JZ 1959, 681 (685 ff.); *Martens*, ZZP 79 (1966), 404 (437 ff.); weitgehend auch *Blomeyer*, ZPR, § 89 V 4, S. 460 ff.; *Bruns*, ZPR, § 44 I 3; BSGE 8, 185 (190) = NJW 1959, 743 = SGb 1959, 264 m. abl. Anm. *Glücklich*; gegen *Zeuner*: *Peters*, ZZP 76 (1963), 229; *Rimmelspacher*, Materiellrechtlicher Anspruch, S. 183 ff.; *Stein — Jonas* (*Schumann/Leipold*), ZPO, § 322 Anm. IX 3; *Teufel*, Bindung der Verwaltung, S. 87 f.

das Problem der widerstreitenden Steuerfestsetzung gelöst werden. Damit eine doppelte Besteuerung des gleichen Vorgangs vermieden werde, müsse die einzelne Besteuerungsgrundlage stets selbständig verbindlich werden. Folglich müsse sie stets auch selbständig anfechtbar sein.

a) Die „Vorstellungen" des Gesetzgebers

Dieser Ansicht ist zunächst entgegenzuhalten, daß § 213 Abs. 1 RAO keineswegs Ausdruck unklarer Vorstellungen des Gesetzgebers über die Beziehungen zwischen Entscheidung und Entscheidungsgrundlage ist. Wie die Entstehungsgeschichte der Vorschrift zeigt, hatte der Gesetzgeber sehr klare Vorstellungen, nur waren sie anders als die, denen Martens anhängt. § 213 Abs. 1 RAO ist zwar erst durch die Notverordnung vom 1. 12. 1930[60] in die RAO eingefügt worden. Er stellt jedoch lediglich eine Positivierung der bereits vorher allgemein herrschenden Auffassung dar[61]. Sie gibt Enno Becker[62] in seiner Kommentierung zu § 221 RAO 1919[63] wie folgt wieder:

„Schon die vorangehenden Vorschriften lassen erkennen, daß die Austragung mehr oder minder vorläufiger oder solcher Fragen, die zunächst nur theoretische Bedeutung haben, vermieden werden soll. Damit steht in Einklang, daß § 221 es verhindert, ausschließlich die Grundlagen der Besteuerung anzufechten, ohne daß der Betrag dadurch berührt würde. Dementsprechend werden auch bei Feststellungsbescheiden nur das Ergebnis, nicht aber die Grundlagen anfechtbar sein." An anderer Stelle[64] führt er aus: „Die AO kennt nur eine Anfechtung der Entscheidung, nicht auch eine solche ihrer Begründung. Voraussetzung ist stets eine Beschwer, d. h. ein Rechtsmittel kann nur einlegen, wer durch die angefochtene Verfügung, d. h. durch das in der Entscheidung zusammengefaßte Ergebnis beschwert ist. (RFH 4, S. 172/176)."

---

[60] Art. 1 Nr. 43 des Dritten Teils, Kapitel IV, der Verordnung des Reichspräsidenten zur Sicherung von Wirtschaft und Finanzen, RGBl 1930 I, 517 (545); auf Grund der Ermächtigung in Art. 5 § 4 dieser Notverordnung wurde die RAO mit neuer Paragraphenfolge versehen und unter dem 22. 5. 1931 (RGBl I, 161) neu bekanntgemacht. Diese Neufassung bezeichne ich als RAO 1931, die ursprüngliche Fassung als RAO 1919. Soweit durch § 161 FGO (BGBl 1965 I, 1477) Änderungen eingetreten sind, spreche ich von der RAO 1965.

[61] So die Begründung des RdF zu § 210 a des Entwurfs eines Steueranpassungsgesetzes (= § 213 RAO 1931), Reichsratsdrucksache 1930 zu Nr. 181, S. 47; bereits nach § 43 preuß. EStG i. d. F. vom 19. 6. 1906 (GS 1906, S. 259) waren Rechtsmittel nur gegen das „Ergebnis der Veranlagung" zulässig. Im Ausgangspunkt ebenso RFH 13, 227 (229); 14, 114 (115 f.); RFH vom 3. 5. 1927, Mrozek-Kartei, § 221 RAO 1919 R. 14; RFH vom 24. 2. 1927, Mrozek-Kartei, § 221 RAO 1919 R. 15; RFH 25, 270; RFH vom 27. 11. 1929, Mrozek-Kartei, § 221 RAO 1919 R. 20; RFH vom 5. 3. 1930, Mrozek-Kartei, § 221 RAO 1919 R. 22.

[62] RAO, 1. Aufl., 1922, Anm. 1 zu § 221, S. 375.

[63] § 221 RAO 1919 lautete: „Außer bei Feststellungsbescheiden (§ 220 Abs. 2) kann ein Steuerbescheid nur deshalb angefochten werden, weil sich der Steuerpflichtige durch die Höhe der Steuerforderung beschwert fühlt, oder weil die Steuerpflicht verneint oder eine zu geringe Steuer festgesetzt ist."

[64] RAO, 1. Aufl., § 217 Anm. 6, S. 368.

Nimmt man zu diesen Ausführungen die Rechtsprechung des Reichsfinanzhofs[65] aus der Zeit vor 1931 hinzu, der eine selbständige Anfechtung der Besteuerungsgrundlagen ausnahmsweise dann zuließ, wenn
diese Grundlagen für andere Steuerarten verbindlich waren, so daß der
Steuerpflichtige durch sie beschwert sein konnte, so erweist sich, daß
der Gesetzgeber bei der Fassung des § 213 Abs. 1 RAO von einer durchaus klaren Vorstellung über die Wechselwirkungen zwischen selbständigen Rechtswirkungen der Besteuerungsgrundlagen, Beschwer und Anfechtbarkeit ausgegangen ist. Man kann dem Gesetzgeber also allenfalls vorwerfen, er habe eine Bindung an die Besteuerungsgrundlagen
für den Regelfall zu Unrecht verneint, nicht jedoch, er habe die Konsequenzen einer fehlenden Bindung nicht bedacht und insoweit unklare
Vorstellungen gehabt.

b) Vorrang der Entscheidung des Gesetzgebers

Bei der Frage, ob die Entscheidungsgrundlagen über den entschiedenen Fall hinaus verbindlich sein sollen, geht es, wie stets bei dem Problem der Bindung, um den Konflikt zwischen Rechtssicherheit und
materieller Gerechtigkeit. Die Rechtssicherheit verlangt eine möglichst
weitgehende Bindung, die materielle Gerechtigkeit spricht gegen jede
Bindung. Den Konflikt zwischen diesen beiden Elementen des Rechtsstaatsprinzips zu lösen, ist in erster Linie Sache des Gesetzgebers. Wenn
er sich in § 213 Abs. 1 RAO für den Regelfall gegen die selbständige
Anfechtbarkeit und damit gegen die selbständige Verbindlichkeit der
Besteuerungsgrundlagen gegenüber dem Adressaten ausgesprochen hat,
so muß es dabei sein Bewenden haben. Es ist nicht statthaft, an die
Stelle der Entscheidung des Gesetzgebers eine andere zu setzen, nur
weil man seine Wahl zwischen den beiden Prinzipien nicht billigt.

c) Die „widerstreitende" Steuerfestsetzung

Es ist verfehlt, wenn Martens[66] den Fall der widerstreitenden Steuerfestsetzung[67] herausgreift und von ihm verallgemeinernd schließt, die
Besteuerungsgrundlagen müßten in jedem Fall selbständig verbindlich
und damit selbständig angreifbar sein. Martens geht zwar zutreffend
davon aus, daß es sich dabei nicht um ein Problem der Bindung an die
Steuerfestsetzung selbst handelt, sondern um ein Problem der Bindung

---

[65] RFH 13, 227 (229); 14, 114 (115); 25, 270; RFH vom 27. 11. 1929, Mrozek-
Kartei, § 221 RAO 1919 R. 20; unzutreffend RFH 16, 77 (78) und RFH vom
9. 3. 1926, Mrozek-Kartei, § 26 Abs. 1 RBewG R. 1: Selbständige Anfechtung
auch ohne Bindung; vgl. dazu *Weidemann*, Verw. Arch. 63 (1972), 55 ff. und
unten Anschn. II.
[66] StuW 1965, Sp. 625 (627, 631).
[67] Vgl. § 155 EAO 1974 — BT-Drucksache VII/79; *Lübbing*, StuW 1969, Sp.
95 ff.

an bestimmte Vorfragenentscheidungen[68]. Hat z. B. das Finanzamt im
Grunderwerbsteuerbescheid die Entgeltlichkeit einer Grundstücksübertragung unanfechtbar verneint und erhebt es deshalb anschließend
Schenkungssteuer, so ist fraglich, ob der Steuerpflichtige mit seiner Behauptung, die Übertragung sei doch entgeltlich gewesen, im Anfechtungsverfahren gegen den Schenkungssteuerbescheid präkludiert[69] und
ob das Finanzamt im umgekehrten Fall präjudiziert ist[70]. Es geht also
darum, ob Steuerpflichtiger und Finanzamt an die Vorfragenentscheidung, die Grundstücksübertragung sei entgeltlich oder unentgeltlich
erfolgt, gebunden sein sollen. Martens ist auch zuzugeben, daß die Bindung des Finanzamts — aus der Sicht des Steuerpflichtigen — wün-
schenswert ist, während andererseits die Bindung des Steuerpflichtigen
dem Finanzamt erwünscht sein muß. Aber nicht alles, was wünschens-
wert ist, muß deshalb auch rechtens sein. Wie die oben[71] erwähnte amtliche Begründung zur RAO 1931 ergibt, hat der Gesetzgeber jedenfalls
die Bindung *des Steuerpflichtigen* ausschließen wollen. Er soll also im
Anfechtungsverfahren gegen den zweiten Verwaltungsakt immer noch
einwenden können, die Vorfragenentscheidung im ersten Verwaltungsakt sei unrichtig gewesen. Was aber dem Steuerpflichtigen recht ist,
muß dem Finanzamt billig sein. Es darf also ebenfalls nicht gebunden,
d. h. präjudiziert, sein.

Selbst wenn man jedoch die Bindung in den Fällen der widerstreitenden Steuerfestsetzung bejahen wollte, könnte daraus nicht gefolgert
werden, die Besteuerungsgrundlagen seien *stets* selbständig verbindlich
und daher selbständig anfechtbar, soweit die Bindung für den Steuerpflichtigen lästig sei. Der Fall der widerstreitenden Steuerfestsetzung ist
derart exzeptionell, daß seinetwegen nicht der in § 213 Abs. 1 RAO nor-
mierte Grundsatz aus den Angeln gehoben werden muß.

d) Sinnlosigkeit einer selbständigen Anfechtung

Martens übersieht schließlich, daß dem Steuerpflichtigen im Regelfall,
also wenn die Vorfragenentscheidung für andere Steuerbescheide nicht

---

[68] Es geht also um die Feststellungswirkung von Steuerbescheiden, vgl. die
Nachw. oben FN 33.

[69] Verneinend die amtliche Begründung zu Art. I Nr. 50 des Entwurfs eines
Steueranpassungsgesetzes (jetzt § 231 RAO), Reichsratsdrucksache 1930 zu Nr.
181, S. 56 r für einen ähnlichen Fall (Einkommensteuer — Schenkungssteuer);
vgl. auch BFH 56, 752 (753) = BStBl 1952 III, 289.

[70] Vgl. § 155 EAO 1974. Die Bindung wird verneint von RFH 34, 137 (140);
37, 109 (112); 42, 249; BFH, BStBl 1955 III, 201; FG Nürnberg, EFG 1963, 223;
Friedlaender, StuW 1956, Sp. 233 (236); *Lübbing*, StuW 1969, Sp. 95 ff.; bejaht
von RFH 16, 25 (27); *Fuchs*, DStZ (A) 1956, 367 (369); *Hensel*, Steuerrecht,
2. Aufl., S. 138; *Martens*, StuW 1965, Sp. 625 (627, 631); *Tipke — Kruse*, AO,
§ 93 A 4; wohl auch *Becker — Riewald — Koch*, AO, § 152 Anm. 5 b.

[71] FN 69.

von Bedeutung ist, mit einer prinzipalen Gerichtsentscheidung über einzelne Besteuerungsgrundlagen gar nicht gedient ist[72]. Was nützt es, daß ihm das Gericht im Urteilstenor bescheinigt, er könne bestimmte Ausgaben in bestimmter Höhe „absetzen", wenn es nicht zugleich auch über die Höhe der Steuer entscheidet? Das Finanzamt könnte anschließend immer noch geltend machen, die Steuerfestsetzung im Steuerbescheid sei im Ergebnis richtig, weil andere saldierungsfähige Fehler vorlägen. An einer Entscheidung über bestimmte Vorfragen kann ihm nur dann gelegen sein, wenn die Gefahr besteht, daß er bei der Regelung *anderer* Steuerfälle oder bei einer Abänderung nach Unanfechtbarkeit präkludiert ist. Diese Gefahr besteht jedoch im Regelfall nicht.

e) Ergebnis

Die Ansicht von Martens ist mit § 213 Abs. 1 RAO nicht vereinbar. Die Besteuerungsgrundlagen sind im Regelfall nicht selbständig bindend und können daher auch nicht selbständig angefochten werden.

II. Der Ausnahmefall: Selbständige Anfechtbarkeit von Besteuerungsgrundlagen

1. *Voraussetzungen*

Der Steuerpflichtige kann die inzident festgestellten Besteuerungsgrundlagen — ebenso wie die Gründe sonstiger Verwaltungsakte[73] — dann selbständig anfechten, wenn sie ihn über den Steuerbescheid, dem sie zugrunde liegen, hinaus binden und diese Bindung für ihn lästig ist. Ist er auf Grund gesetzlicher Bestimmungen oder nach allgemeinen Grundsätzen gebunden, so kommt es — entgegen einer verbreiteten Meinung[74] — nicht darauf an, ob sich die Vorfragenentscheidung nur auf steuerrechtlichem Gebiet oder auch auf anderen Rechtsgebieten auswirkt[75].

---

[72] Das meint *Becker*, RAO, 1. Aufl., § 221 Anm. 1, S. 375, wenn er ausführt, die Austragung mehr oder minder vorläufiger oder theoretischer Fragen solle vermieden werden.

[73] Vgl. oben Abschn. B.

[74] RFH vom 26. 6. 1930, Mrozek-Kartei § 221 R. 25; RFH, RStBl 1935, 320; BFH 72, 98 = BStBl 1961 III, 38 (39); grundsätzlich auch BFH 73, 199 = BStBl 1961 III, 340; BFH vom 9. 7. 1964, StRK § 232 R. 34; zustimmend *Gräber*, DStR 1967, 271 (272).

[75] Ebenso RFH 34, 318 (319) = RStBl 1933, 1308; RFH 45, 241 = RStBl 1938, 1155 für Einheitswertbescheide; allgemein RFH 13, 227; RFH 14, 114; RFH vom 24. 2. 1927, Mrozek-Kartei § 221 RAO 1919 R. 15; FG Hannover, EFG 1959, 183; *Becker — Riewald — Koch*, AO, § 40 FGO Anm. 6 b (7), S. 150; *Becker*, AO, 1. Aufl., § 221 Anm. 2, S. 375; *Hahn*, Beschwer, S. 140 ff.; wohl auch *Hübschmann — Hepp — Spitaler* (v. Wallis/List), AO, § 40 FGO Rdnr. 29; *Kühn*, AO, § 231 Anm. 3 a (dd), S. 359; *Tipke — Kruse*, AO, § 231 A 2; *Weidemann*, Verw. Arch. 63 (1972), 55 (69).

Jede Maßnahme von hoher Hand, die den Kläger in seinen Rechten verletzt, ist gerichtlich angreifbar, Art. 19 Abs. 4 Satz 1 GG. Zu diesen Maßnahmen gehören auch nachteilige, bindende Vorfragenentscheidungen. Auf welchen Rechtsgebieten sich die Rechtsverletzung auswirkt, ist für die Anfechtbarkeit gleichgültig. Fraglich kann nur sein, welcher Rechtsweg gegeben ist[76]. Diese Frage kann hier offen bleiben. Soweit die Rechtsprechung gelegentlich[77] eine selbständige Anfechtung einzelner Besteuerungsgrundlagen auch ohne Bindung zugelassen hat, kann ihr nicht gefolgt werden[78].

Voraussetzung für die selbständige Anfechtbarkeit einer Besteuerungsgrundlage ist neben der selbständigen Bindung die Beschwer des Steuerpflichtigen. Die bindende Inzidentfeststellung muß für ihn lästig sein[79]. Im allgemeinen ist ein feststellender Verwaltungsakt dann lästig, wenn die auf ihm aufbauenden Rechtsfolgen für den Betroffenen ungünstig sind. Das ist bei zu niedriger Steuerfestsetzung nicht immer mit Sicherheit zu bejahen oder zu verneinen. Ob sich ein bestimmter Bilanzansatz in Zukunft per Saldo günstig oder ungünstig auswirken wird, hängt von der wirtschaftlichen Entwicklung des Unternehmens, der künftigen Steuergesetzgebung und ähnlichen ungewissen Faktoren ab. Es ist unter diesen Umständen zweifelhaft, welcher Grad von Wahrscheinlichkeit einer nachteiligen Auswirkung für die Bejahung der Beschwer erforderlich ist. Der Reichsfinanzhof hat zunächst gefordert, daß die künftige Benachteiligung mit einer gewissen Sicherheit feststehen müsse[80]. Der Bundesfinanzhof[81] hat die Anforderungen herabgesetzt: Es soll genügen, wenn der Steuerpflichtige durch die zu niedrige Bewertung des Bilanzansatzes in Zukunft benachteiligt sein *könne*. Ich halte dies für zutreffend. Bereits dann, wenn die Möglichkeit besteht, daß dem Steuerpflichtigen durch eine Vorfragenentscheidung im Er-

---

[76] Der BFH befürchtet, daß „der gesetzliche Rahmen der Zuständigkeiten des steuerlichen Rechtsmittelverfahrens gesprengt würde": BFH 72, 98 (102) = BStBl 1961 III, 38.

[77] RFH 16, 77 (78); RFH vom 9. 3. 1926, Mrozek-Kartei § 26 Abs. 1 RBewG R. 1; auch eine Anfechtung eines zu niedrigen Einheitswertes oder einer zu niedrigen Steuerfestsetzung zur Anhebung der Kreditwürdigkeit, wie sie RFH 34, 318 = RStBl 1933, 1308 und RFH 45, 241 zulassen, ist ausgeschlossen. Bedenklich daher auch die Rechtsprechung des BFH zur Anfechtung von Freistellungsbescheiden nach der Neufassung des § 231 RAO 1965 — BFH 97, 281 (283) = BStBl 1970 II, 133 und BFH 96, 108 (110) = BStBl 1970 II, 67 — solange er nicht nachgewiesen hat, daß der Steuerpflichtige durch die Bejahung der Steuerpflicht später gebunden ist. Vgl. auch *Hahn*, Beschwer, S. 86 ff.

[78] So zutreffend BFH 105, 1 = BStBl 1972 II, 465.

[79] Abschn. B III.

[80] RFH, RStBl 1934, 441; RFH, RStBl 1935, 320; Ebenso noch BFH vom 22. 8. 1963, StRK § 232 R. 27.

[81] BFH, HFR 1965, 283 und BFH 87, 431 (432) = BStBl 1967 III, 215; vgl. *Gräber*, DStR 1967, 271 (272).

gebnis Nachteile entstehen werden, muß er die Chance einer selbständigen gerichtlichen Entscheidung über die Vorfrage erhalten. Wollte man anders verfahren, so müßte man in Kauf nehmen, daß der Steuerpflichtige sich im Fall einer ungünstigen Entwicklung z. B. mit einem Bilanzansatz abfinden müßte, über dessen Rechtmäßigkeit er keine gerichtliche Entscheidung erhalten kann. Das wäre mit Art. 19 Abs. 4 GG nicht vereinbar. Im Zweifel ist daher eine Beschwer zu bejahen[82].

2. Beispiele

Für die gesetzliche Anordnung einer Bindung des Steuerpflichtigen und des Finanzamts an inzident festgestellte Besteuerungsgrundlagen seien folgende Beispiele genannt:

Beispiel I: Bindung auf außersteuerrechtlichem Gebiet

Nach § 8 Abs. 1 der Verordnung zur Durchführung des § 33 BVG[83] gelten die Gewinne, die der Veranlagung zur Einkommensteuer zugrunde gelegt worden sind, als Bruttoeinkommen im Sinne des § 33 Abs. 1 BVG. Das Finanzgericht Hannover[84] hat entschieden, daß in dieser Vorschrift eine Bindung an die Vorfragenentscheidung „Höhe des Gewinns aus Gewerbebetrieb" angeordnet sei. Folgerichtig hat es die selbständige Anfechtung der inzidenten Feststellung des Gewinns zugelassen, obwohl die Steuerfestsetzung selbst auf 0 DM lautete, den Kläger also nicht beschwerte.

Beispiel II: Bindung auf steuerrechtlichem Gebiet

Nach § 1 Abs. 4 des Gesetzes über die Erhöhung der Vorauszahlungen auf die Einkommen- und Körperschaftsteuer vom 9. 7. und 11. 8. 1923 (RGBl. I S. 556 und 773) hatten Steuerpflichtige, deren Einkommen hauptsächlich aus gewerblichen Einkünften bestand, erhöhte Vorauszahlungen auf die Einkommensteuer für 1923 zu zahlen. Der Steuerpflichtige war bei der Festsetzung der Vorauszahlungen mit dem Einwand, er habe keine gewerblichen, sondern sonstige Einkünfte erzielt, nach Unanfechtbarkeit des Einkommensteuerbescheides präkludiert. Der Reichsfinanzhof[85] hat daher zu Recht die Anfechtung wegen der inzidenten Einordnung der Einkünfte im Einkommensteuerbescheid zugelassen, auch wenn die Höhe der Steuer von der Einordnung unabhängig war.

---

[82] Ebenso *Hahn*, Beschwer, S. 108; Weidemann, Verw.Arch. 63 (1972), 55 (68). Die Entscheidung des FG Düsseldorf, EFG 1970, 131 ist zwar enger, aber im Ergebnis zutreffend, weil es dort bereits an einer Bindung fehlte.

[83] I. d. F. vom 9. 11. 1967, BGBl I, 1140.

[84] EFG 1959, 183; vgl. auch BFH 73, 199 = BStBl 1961 III, 340 bei Bindung zwischen Hypothekengewinnabgabe und Entschädigung nach dem LAG.

[85] RFH 14, 114 (117); weitere Beispiele enthalten RFH 13, 227; RFH 25, 270.

Beispiel III: Die bindende, zu niedrige Steuerfestsetzung

Der Steuerpflichtige ist auf Grund der §§ 4, 5 und 6 EStG und des daraus abgeleiteten Wertzusammenhangs der Bilanzen gezwungen, einen einmal gewählten Bilanzansatz in den Folgejahren fortzuführen. Hat er z. B. einen PKW in der Steuerbilanz per 31. 12. 1970 verhältnismäßig niedrig bewertet, so wird die Einkommensteuer 1970 zwar entsprechend geringer festgesetzt. In den Folgejahren ist dieser niedrige Bilanzansatz jedoch bindend. Von ihm sind die Abschreibungen nach § 7 EStG zu berechnen. Das kann, wenn die Gewinne in den Folgejahren unerwartet hoch sind, per Saldo zu einer höheren Steuerbelastung führen, als sie bei einem ursprünglich höheren Bilanzansatz gewesen wäre. Der gleiche Effekt kann bei Bildung einer überhöhten Rückstellung auftreten, die in den Folgejahren gewinnerhöhend aufgelöst werden muß. Steuerpflichtige, die vor Ablauf der Rechtsbehelfsfrist erkennen, daß der zu niedrige Bilanzansatz sich per Saldo ungünstig auswirken wird, sind bestrebt, im Rechtsbehelfsverfahren gegen den ersten Steuerbescheid den zu niedrigen Bilanzansatz zu erhöhen. In diesen Fällen haben Rechtsprechung und Schrifttum eine Beschwer „durch die zu niedrige Steuerfestsetzung" bejaht[86]. Dagegen sind Hahn[87], Martens[88] und Weidemann[89] der Ansicht, es handele sich hier nicht um eine Anfechtung der zu niedrigen Steuerfestsetzung, sondern um eine selbständige und unmittelbare Anfechtung der Vorfragenentscheidung über den umstrittenen Bilanzansatz. Sie meinen, der Steuerpflichtige sei nicht an die Steuerfestsetzung, sondern an die Vorfragenentscheidung gebunden, folglich könne auch nur diese Vorfragenentscheidung ihn beschweren. Sie sagen allerdings nicht, was mit der Steuerfestsetzung geschehen soll, wenn das Finanzgericht die Bewertung des umstrittenen Wirtschaftsgutes abgeändert hat. Mit der Abänderung des Bilanzansatzes ist es ja nicht getan; erforderlich ist vielmehr auch die Heraufsetzung der Steuer. Man müßte, wenn man den genannten Autoren folgt, wohl annehmen, das Finanzamt müsse anschließend an das Urteil die Steuerfestsetzung analog § 218 Abs. 4 RAO ändern.

Dieser Umweg ist jedoch überflüssig. Es trifft nicht zu, daß der Steuerpflichtige ausschließlich durch den Bilanzansatz beschwert sei. Beschwert ist er vielmehr durch die zu niedrige Steuerfestsetzung selbst. Allerdings ist richtig, daß im Normalfall die Beschwer zu verneinen ist, wenn der Kläger eine Heraufsetzung der Steuer begehrt[90]. Hier besteht jedoch

---

[86] Vgl. oben Teil 1 FN 18 und 19.
[87] Beschwer, S. 102 ff.
[88] StuW 1965, Sp. 625 (632).
[89] Verw. Arch. 63 (1972), 55 (63 ff.), folgerichtig vom oben in Abschn. B V geschilderten Ausgangspunkt aus.
[90] Oben Teil 1 A III 1 a.

die Besonderheit, daß sich — aufs Ganze gesehen — die Nichtfestsetzung einer höheren Steuer nachteilig auswirkt. Betrachtet man alle
Jahre, in denen sich der ungünstige Bilanzansatz auswirken wird, als
Einheit, summiert man alle Steuerfestsetzungen, so ergibt sich ein
höherer Steuerbetrag als bei der Wahl des günstigeren Bilanzansatzes.
Beschwert ist der Steuerpflichtige, weil er die niedrigere Steuerfestsetzung im ersten Jahr durch einen per Saldo höheren Betrag in den
Folgejahren erkauft. Der Nachteil entsteht zwar erst in Zukunft. Dieser
zukünftige Nachteil beschwert den Steuerpflichtigen aber bereits jetzt,
im ersten Jahr, weil er eine zwangsläufige Folge der zu niedrigen Festsetzung im Erstjahr ist. Eine spätere Abwehr des Nachteils ist nicht
mehr möglich. Die zu niedrige Festsetzung der Steuer im ersten Jahr ist
also nur eine scheinbare Wohltat. In Wahrheit ist sie — nicht nur die
Vorfragenentscheidung — lästig und beschwert den Steuerpflichtigen.
Deshalb muß der Steuerpflichtige sie, nicht die Vorfragenentscheidung,
anfechten und eine Heraufsetzung beantragen[91]. Mit dem Antrag auf
Abänderung der Steuerfestsetzung muß der Kläger eine Zwischenfeststellungsklage analog § 280 ZPO über den Bilanzansatz verbinden, um
auch insoweit eine rechtskraftfähige Gerichtsentscheidung zu erwir-
ken[92].

Das Gericht kann allerdings dem Heraufsetzungsantrag nur stattgeben, wenn neben der Beschwer des Klägers auch die zweite Voraussetzung des § 100 Abs. 2 Satz 1 FGO vorliegt: die Rechtswidrigkeit des
vom Finanzamt festgesetzten Betrages. Ist die vom Finanzamt festgesetzte Steuer im Ergebnis rechtmäßig, weil zwar der umstrittene
Bilanzansatz tatsächlich fehlerhaft ist, aber zugleich andere Fehler in
den Besteuerungsgrundlagen vorliegen, die sich per Saldo ausgleichen,
so muß das Gericht, wenn man der Saldierungstheorie folgt[93], die Klage
auf Heraufsetzung der Steuer abweisen. Es muß also, bevor es dem
Heraufsetzungsantrag stattgibt, saldieren. Es darf die im Ergebnis
rechtmäßige Steuerfestsetzung nicht durch eine höhere, rechtswidrige
ersetzen.

Die Saldierung ist jedoch nur insoweit zulässig, als dadurch die Beschwer des Klägers nicht vergrößert wird. Die zu niedrige Steuerfestsetzung beschwert den Steuerpflichtigen nur, weil er sie in den Folgejahren durch höhere Steuern erkaufen muß. Nur deshalb bedeutet die
Heraufsetzung ausnahmsweise eine Verminderung der Beschwer. Würde
das Finanzgericht die Steuer auf Grund eines Fehlers heraufsetzen, den
der Kläger nicht gerügt hat, so würde es die Beschwer noch vergrößern.

---

[91] Ebenso im Ergebnis *Mittelbach*, DStR 1971, 743 ff.
[92] Oben Abschn. B V.
[93] Dazu unten Teil 3.

4*

Eine derartige reformatio in peius ist ihm nicht gestattet, weil der Kläger sie nicht beantragt hat[94]. Die verschiedentlich geäußerten Befürchtungen[95], der Kläger laufe Gefahr, eine höhere Steuerfestsetzung hinnehmen zu müssen, ohne die erstrebten Vorteile in den Folgejahren zu erhalten, sind also grundlos.

An einem Beispiel[96] sei das Ergebnis erläutert: Das Finanzamt hat die Einkommensteuer 1971 auf 10 000 DM festgesetzt. Der Steuerpflichtige begehrt Heraufsetzung auf 10 500 DM, weil das Finanzamt in der Bilanz zum 31. 12. 1971 eine Forderung zu niedrig, nämlich statt mit 7000 DM mit 5000 DM, bewertet habe. Er muß eine Abänderungsklage nach § 40 Abs. 1 FGO erheben und beantragen, die Steuer nach § 100 Abs. 2 Satz 1 FGO auf 10 500 DM festzusetzen. Zugleich muß er Feststellungsklage erheben mit dem Antrag festzustellen, daß die Forderung mit 7000 DM zu bewerten sei. Kommt das Gericht zu der Auffassung, der Kläger habe in beiden Punkten recht, so gibt es den beiden Klagen statt. Ist es der Ansicht, die Forderung sei zwar tatsächlich 7000 DM wert, die Steuer aber im Ergebnis dennoch zutreffend auf 10 000 DM festgesetzt, weil saldierbare Fehler vorliegen, so weist es die Heraufsetzungsklage ab und gibt nur dem Feststellungsbegehren statt. Hält es zwar die Steuerfestsetzung für zu niedrig, aber nicht, weil die Forderung unrichtig bewertet sei, sondern weil das Finanzamt zu hohe Sonderausgaben abgezogen habe, so muß es die Heraufsetzungsklage und die Feststellungsklage abweisen. Es darf nicht die Steuer wegen der Sonderausgaben heraufsetzen und die Feststellungsklage abweisen, denn damit würde es die Beschwer des Klägers nicht beseitigen, sondern vergrößern.

D. Zusammenfassung

Die Behauptung des Klägers, ein bestimmter Sachverhalt habe sich anders zugetragen als von der Behörde angenommen, kann nicht Streitgegenstand sein, weil die Gerichte nach allen Prozeßordnungen nicht über Sachverhalte entscheiden. Möglich ist dagegen ein Streit um ein-

---

[94] Zur reformatio in peius unten Teil 3 C II. In der Heraufsetzung der zu niedrigen Steuer liegt keine reformatio in peius. Das Gericht beseitigt durch die Heraufsetzung antragsgemäß die Beschwer des Klägers, reformiert also den Verwaltungsakt in *melius*. Die Bedenken von *Niemeyer*, FR 1970, 194 sind daher unbegründet. Vgl. auch *Frenkel*, BB 1968, 1318; *Hahn*, Beschwer, S. 198; *Tipke—Kruse*, AO, § 100 FGO A 6 a. E.

[95] FG Schleswig-Holstein, EFG 1968, 33 und FG Berlin, EFG 1969, 246 (247) sowie *Niemeyer*, FR 1970, 194.

[96] Vgl. auch die Beispiele bei *Mittelbach*, DStR 1971, 743 (747 ff.). Er kommt im wesentlichen zu den gleichen Ergebnissen, ohne allerdings die Notwendigkeit einer Feststellungsklage zu erkennen. Ohne Zwischenfeststellungsklage erhält der Kläger jedoch keine rechtskraftfähige Entscheidung über den umstrittenen Bilanzansatz und läuft außerdem Gefahr, daß das Gericht über diesen Punkt gar nicht entscheidet, vgl. oben Abschn. B V.

zelne Vorfragenentscheidungen des Verwaltungsakts. Voraussetzung ist, daß von ihnen selbständige Rechtswirkungen ausgehen. Das ist der Fall, wenn sie den Betroffenen ausnahmsweise binden. Diese Grundsätze gelten auch für Steuerbescheide. Im Regelfall ist die Anfechtung eines Steuerbescheides wegen seiner Begründung zwar ausgeschlossen, § 213 Abs. 1 RAO. Ausnahmsweise kann der Steuerpflichtige aber an inzident festgestellte Besteuerungsgrundlagen gebunden sein. Dann darf er den Steuerbescheid allein wegen dieser Besteuerungsgrundlage angreifen. Streitgegenstand ist in diesem Ausnahmefall die Behauptung des Klägers[97], er habe einen Anspruch auf Abänderung der Begründung des Steuerbescheides. Ist der Steuerpflichtige ausnahmsweise durch eine zu niedrige Steuerfestsetzung beschwert, weil sich ein bestimmter Bilanzansatz in den Folgejahren ungünstig auswirkt, so muß er mit der Klage auf Heraufsetzung der Steuer eine Zwischenfeststellungsklage auf Feststellung des Bilanzansatzes verbinden.

---

[97] Oder eine der anderen Streitgegenstandsdefinitionen, vgl. unten Teil 3 B I.

Dritter Teil

Die Besteuerungsgrundlagen als Klagegrund

A. Allgemeines

I. Die zweite Spielart der Individualisierungstheorie

Die zweite, wichtigere Spielart der Individualisierungstheorie geht dahin, der Kläger könne seine Anfechtungsklage gegen die Steuerfestsetzung dadurch „individualisieren", daß er bestimmte Besteuerungsgrundlagen des Steuerbescheides als unrichtig bezeichnet[1]. An diese „Individualisierung"[2] sei das Gericht gebunden. Es müsse der Klage auf Herabsetzung oder Aufhebung des Steuerbescheides schon dann stattgeben, wenn die Behauptung des Klägers zutreffe. Es dürfe der Klage weder aus einem anderen Grunde stattgeben, noch dürfe es die Klage wegen Saldierung des gerügten Fehlers mit anderen Fehlern abweisen. Es dürfe die Sache auch nicht nach § 100 Abs. 2 Satz 2 FGO an das Finanzamt zurückverweisen[3]. Der Streitgegenstand soll nach dieser Ansicht also „zweigliedrig" sein. Das erste Glied wird vom Klageantrag auf Aufhebung oder Änderung der Steuerfestsetzung gebildet, das zweite Glied durch den Klagegrund, verstanden als Behauptung des Klägers, das Finanzamt habe im Steuerbescheid eine bestimmte Vorfrage unrichtig oder zu Unrecht überhaupt nicht beantwortet. Dieser Klagegrund soll den Streitgegenstand begrenzen.

Von der oben in Teil 2 erörterten Ansicht unterscheidet sich diese Meinung dadurch, daß die einzelne Besteuerungsgrundlage *nicht selbständig* Anfechtungsgegenstand ist, sondern nur zur Begrenzung des Klageantrags auf Herabsetzung oder Aufhebung der Steuerfestsetzung dient. Primär geht es hier um die Abänderung oder Aufhebung der

---

[1] Nachw. oben Einleitung FN 4.

[2] Es handelt sich also nicht nur um eine „Individualisierung" des Streitgegenstandes im Sinne einer *Abgrenzung*, wie sie *Nikisch* im Zivilprozeß zur Unterscheidung bestimmter Leistungsklageanträge, die nicht aus sich heraus von anderen Anträgen unterscheidbar sind, für erforderlich hält, vgl. *Nikisch*, Streitgegenstand, S. 29 ff.; *ders.*, ZPR § 42 III, S. 163 und AcP 154 (1955), 269 (281); dazu *Habscheid*, Streitgegenstand, S. 44, 192 f.; *Schwab*, Streitgegenstand, S. 43 f., 190. Vielmehr geht es hier um eine *Einschränkung* des Streitgegenstandes durch einzelne Besteuerungsgrundlagen.

[3] *Müffelmann*, Objektive Grenzen, S. 176; Schwarz, DStR 1966, 397 (399); *Söhn*, Verw. Arch. 60 (1969), 64 (84); *Spanner*, Jahrbuch der Fachanwälte für Steuerrecht 1967/68, 173 (180, 190).

Steuerfestsetzung durch das Gericht. Der Steuerbescheid wird nicht wegen seiner *Begründung* angegriffen — von dieser gehen keine Rechtswirkungen aus, die den Kläger beschweren könnten — sondern wegen seines *Ergebnisses*. Die Bezeichnung einer bestimmten Besteuerungsgrundlage als fehlerhaft dient hier nur zur Begründung und Einschränkung des Klageantrags auf Aufhebung oder Herabsetzung der Steuer, während in den oben in Teil 2 erörterten Fällen die Klage unmittelbar auf Abänderung der beschwerenden Begründung — ohne gleichzeitige Abänderung des Ergebnisses — gerichtet war.

II. Voraussetzungen für die „Individualisierung"

Eine „Individualisierung" des Streitgegenstandes durch bestimmte Vorfragenentscheidungen ist nur möglich, wenn das Gericht nach seiner Prozeßordnung über den so individualisierten Streitgegenstand entscheiden kann. Ein Streitgegenstand, über den das Gericht, die Richtigkeit der Klagebehauptung unterstellt, nicht zusprechend entscheiden kann, ist ein Unding. Nach §§ 113 Abs. 1 Satz 1 VwGO, 100 Abs. 1 Satz 1 FGO kann das Gericht der Anfechtungsklage nur stattgeben, wenn der angefochtene Verwaltungsakt ganz oder teilweise rechtswidrig und der Kläger beschwert ist[4].

Die Beschwer des Klägers ist bei der primären Anfechtung einer zu hohen Steuerfestsetzung — anders als in den in Teil 2 erörterten Fällen — unproblematisch. Durch eine zu hohe Steuerfestsetzung ist der Steuerpflichtige stets beschwert[5]. Die Beschwer ist auch nicht, wie bei der selbständigen Anfechtung einzelner Vorfragenentscheidungen, auf einzelne Besteuerungsgrundlagen beschränkt. Von den Besteuerungsgrundlagen gehen im Regelfall — den die Individualisierungstheorie im Auge hat — keine Rechtswirkungen aus; sie können daher weder selbst beschweren noch die Beschwer begrenzen, qualifizieren, wie bei der Anfechtung einer bindenden zu niedrigen Steuerfestsetzung[6]. Beschwert ist der Steuerpflichtige stets und ausschließlich durch die Steuerfestsetzung, gleichgültig, auf welcher Grundlage sie beruht.

Fraglich ist allein, wann der angefochtene Steuerbescheid rechtswidrig ist. Ist er schon dann im Sinne von § 100 Abs. 1 Satz 1 FGO rechtswidrig, wenn der Klagegrund sich als zutreffend erweist, die angegriffene Besteuerungsgrundlage also tatsächlich fehlerhaft ist, oder erst dann, wenn sein Ergebnis, die Steuerfestsetzung, dem Gesetz

---

[4] Oben Teil 1 A III.
[5] Oben Teil 1 A III 1 a. Wohl deshalb hat der Große Senat des BFH — 91, 393 (401) — in seiner Definition des Streitgegenstandes die Beschwer nicht erwähnt. Jedoch zu Unrecht.
[6] Vgl. oben Teil 2 C II 2, Beispiel III.

widerspricht? Muß das Gericht, bevor es die Rechtswidrigkeit bejahen kann, alle Fehler saldieren, kommt es also nicht nur auf den vom Kläger gerügten Fehler an, so ist die „Individualisierung" des Streitgegenstandes im hier erörterten Sinne unzulässig. Das Gericht könnte der Klage nicht stattgeben, obwohl der vom Kläger genannte Klagegrund zutrifft. Der Streit wäre noch nicht entscheidungsreif. Die Individualisierungstheorie steht und fällt also mit der Beantwortung der Frage nach der Rechtswidrigkeit des Steuerbescheides[7].

Daß die Rechtswidrigkeit des Steuerbescheides logisch „teilbar" ist und daß eine „qualifizierte Teilanfechtung"[8] theoretisch möglich ist, läßt sich nicht bestreiten. Denn die Besteuerungsgrundlagen stellen in sich abgegrenzte und unterscheidbare Vorfragenentscheidungen dar, um deren zutreffende Feststellung die Parteien streiten können und über die das Gericht entscheiden kann, ohne zwangsläufig den ganzen Fall „aufrollen" zu müssen[9]. Fraglich ist allein, ob die Individualisierung *rechtlich* zulässig, nicht, ob sie logisch möglich ist.

Zunächst will ich prüfen, wie das Problem in Rechtsprechung und Lehre zur allgemeinen Verwaltungsgerichtsbarkeit und zur Sozialgerichtsbarkeit gelöst wird (Abschn. B). Sodann werde ich untersuchen, ob im finanzgerichtlichen Verfahren Besonderheiten bestehen, die eine abweichende Beurteilung erfordern (Abschn. C).

B. Die Rechtswidrigkeit von Verwaltungsakten in der allgemeinen Verwaltungs- und der Sozialgerichtsbarkeit

I. Die Unergiebigkeit der Streitgegenstandstheorien

Wann ein Verwaltungsakt rechtswidrig ist, läßt sich aus §§ 113 Abs. 1 Satz 1 VwGO, 100 Abs. 1 Satz 1 FGO nicht entnehmen. Die Voraussetzungen für die Rechtswidrigkeit bestimmt das materielle Recht und das Verwaltungsverfahrensrecht. Die Prozeßordnungen ordnen nur an, was geschehen soll, *wenn* der angegriffene Verwaltungsakt rechtswidrig, nicht, *wann* er rechtswidrig ist.

Aus den zur Anfechtungsklage im verwaltungsgerichtlichen Verfahren vertretenen Streitgegenstandstheorien, die mehr oder weniger an dem Wortlaut der §§ 113 Abs. 1 Satz 1 VwGO, 100 Abs. 1 Satz 1 FGO orientiert sind, läßt sich daher für die Frage der Rechtswidrigkeit wenig entnehmen. Die Definitionen werden oft am jeweils gewünschten Ergebnis ausgerichtet. Bisher war hauptsächlich die Bindung der Behörde und des Zivilrichters an das kassierende Urteil des Verwaltungsgerichts

---

[7] BFH (Gr. S.) 91, 393 = BStBl 1968 II, 344 (347, 348).
[8] *Bettermann*, Festschrift für Wacke, 233 (251).
[9] Oben Teil 1 B III 3.

umstritten. Die Streitgegenstandsdefinitionen sind daher entsprechend gefaßt. So kommen z. B. die merkwürdigen Anhäufungen von angeblichen Begehren und Behauptungen des Klägers zustande, wie sie etwa Martens, Lüke und Siegmund-Schultze befürworten[10]. Da im allgemeinen Verwaltungsprozeßrecht Verwaltungsakte, die eine ähnliche Struktur wie Steuerbescheide aufweisen, nicht von Bedeutung sind, hat sich auch die Streitgegenstandslehre mit dem hier erörterten Problem nicht näher befaßt. Rechtsprechung und Lehre zum Streitgegenstand der Klagen nach §§ 54 Abs. 1 Satz 1 und Abs. 4 SGG sind ebenfalls unergiebig, weil es bei den dort vorherrschenden Rentenbescheiden um Leistungen des Staates, nicht des Bürgers, geht, und noch niemand auf die Idee gekommen ist, dem Rentner die Leistung schon dann zuzusprechen, wenn seine Behauptung bezüglich einer bestimmten Vorfrage zutrifft.

Die nachfolgende Übersicht[11] über die vorherrschenden Streitgegenstandsdefinitionen soll das Gesagte bestätigen:

1. Eingliedrige Streitgegenstandsdefinitionen

Überwiegend wird der Streitgegenstand eingliedrig, d. h. ohne Klagegrund, nur durch den Klageantrag abgegrenzt.

a) Rechtsbehauptungstheorien

Wohl herrschend ist die Auffassung, Streitgegenstand sei die Rechtsbehauptung[12] des Klägers, der angefochtene Verwaltungsakt sei rechtswidrig und verletze ihn in seinen Rechten[13]. Stark vertreten ist auch die zweite Spielart der „Rechtsbehauptungstheorie", nach der Streitgegenstand die Rechtsbehauptung des Klägers ist, er habe einen materiellrechtlichen Anspruch auf Aufhebung des angefochtenen Verwaltungsakts gegen die Behörde[14].

---

[10] Vgl. unten Abschn. B I 1 c.

[11] Ausführlich *Hesselberger* Streitgegenstand, S. 167 ff.; *Huppertz*, Streitgegenstand, S. 18 ff.

[12] Die „Rechtsbehauptungs"-theorie geht auf *Nikisch*, Streitgegenstand, S. 14 ff. zurück; vgl. auch *Habscheid*, Streitgegenstand, passim; *Lent*, ZPR, 5. Aufl., § 7 VIII, 2; ders., ZZP 65 (1952), 315 ff.; *Blomeyer*, Festschrift für Friedrich Lent, 43 (51, 52); ders., Festschrift der Juristischen Fakultät der Freien Universität Berlin, 51 (53).

[13] BVerwGE 29, 210 (211, 212); *Bachof*, JZ 1962, 663 (665); *Eyermann — Fröhler*, VwGO, § 121 Rdnr. 10 ff.; *Menger*, System, S. 158 ff.; ders., Grundrechte III, 2, 758; ders., Verw. Arch. 50 (1959), S. 387 (394) und Verw. Arch. 52 (1961), 92 (107); *Schunck — De Clerck*, VwGO, § 121 Anm. 3 c, S. 521; *Ule*, Verwaltungsgerichtsbarkeit, § 121 Anm. II und Verwaltungsprozeßrecht, § 35 II 3; ebenso zum SGG: *Brackmann*, Handbuch, S. 242 g; ders., Ortskrankenkasse 1965, 465 (470).

[14] *Bettermann*, DVBl 1953, 163 (165); *Gehring*, DöV 1954, 331/332; *Glücklich*, SGb 1959, 268; *Grunsky*, Grundlagen, § 5 IV, S. 35 ff.; *Müller — Tochtermann*, Verw. Arch. 53 (1952), 45 (46 FN 5); *Naumann*, DVBl 1952, 693 (695); *Rupp*, AöR 85 (1960), 149, 301 (313).

Daß diese beiden Theorien für unser Problem nichts hergeben, ist offensichtlich. Sie setzen, ebenso wie §§ 113 Abs. 1 Satz 1 VwGO, 100 Abs. 1 Satz 1 FGO, die Rechtswidrigkeit des Verwaltungsakts voraus, wobei für die erste Gruppe die Behauptung der Rechtswidrigkeit selbst Teil des Streitgegenstandes ist, während sie für die zweite Gruppe nur Vorfrage sein kann.

b) Klagebegehrenstheorie

Aber auch die zweite Gruppe, die von den Anhängern der „Klage-begehrenstheorie" gebildet wird, bietet wenig Trost. Nach dieser Ansicht ist Streitgegenstand der Anfechtungsklage gegen Verwaltungs-akte — im Anschluß an Bötticher[15], Rosenberg[16] und Schwab[17] — das Begehren auf die im Klageantrag bezeichnete kassierende oder reformierende Entscheidung[18]. Man sollte meinen, daß eine derartige Streitgegenstandsdefinition eine „Individualisierung" des Streitgegenstandes durch den Klagegrund derart, daß dieser nicht nur zur Auslegung dient, sondern selbst Teil des Streitgegenstandes ist, ausschließt[19]. Das ist jedoch nicht der Fall. Einmal gibt es Anhänger der Klagebegehrenstheorie, die als zweites Glied des Streitgegenstandes den Klagegrund bezeichnen[20]. Zum anderen vertritt gerade Müffelmann[21], der zunächst mit großem theoretischen Aufwand die allein auf den Klageantrag abstellende Klagebegehrenstheorie verteidigt, in dem speziell auf Steuerbescheide zugeschnittenen Teil seiner Arbeit die Individualisierungstheorie. Er will hier also den Streitgegenstand durch den Klagegrund begrenzen, ohne diesen Bruch in seiner Argumentation zu begründen.

c) Mischformen

Schließlich läßt sich auch mit Hilfe derjenigen Streitgegenstandsdefinitionen, die, um eine Bindung der Behörde und des Zivilgerichts an die rechtskräftige verwaltungsgerichtliche Entscheidung zu erreichen, Mischformen anbieten, das Problem der Rechtswidrigkeit nicht lösen. So wird etwa gelehrt, Streitgegenstand sei das Begehren auf Aufhebung

---

[15] Festgabe für Rosenberg, 73 (86).

[16] ZPR, 8. Aufl., § 88 II 2, S. 420.

[17] Streitgegenstand, S. 183 ff.

[18] BSGE 21, 13 (15); *Haustein*, Streitgegenstand, S. 163 (178); *Mellwitz*, SGG, § 123 Anm. 2; *Miesbach*, Abänderung, S. 58; *Müffelmann*, Objektive Grenzen, S. 174; *Peters — Sautter — Wolff*, SGG, § 123 Anm. 2 a; wohl auch *Warncke*, Festschrift für Heinrich Lehmann II, 869 (887).

[19] So insbesondere *Schwab*, Streitgegenstand, S. 190 und ihm folgend *Haustein*, Streitgegenstand, S. 161.

[20] *Bähr, Lüke*, vgl. unten 2.

[21] Objektive Grenzen, S. 127 ff. und S. 173 ff. Auf die Inkonsequenz dieser Auffassung weist *Vogel*, Gutachten zum 46. DJT, Band I, Teil 5, 47 mit Recht hin. Die Streitgegenstandslehre von Müffelmann ist daher für die Anfechtungsklage gegen Steuerbescheide unergiebig.

des angefochtenen Verwaltungsakts, verbunden mit den Rechtsbehauptungen, dem Kläger stehe ein Recht auf Aufhebung zu und die Regelung des Verwaltungsakts sei rechtswidrig[22], oder das Begehren des Klägers auf Beseitigung bestimmter Rechtsfolgen unter gleichzeitiger Feststellung ihrer Rechtswidrigkeit[23] oder die Behauptung des Klägers, der angefochtene Verwaltungsakt verletze ihn in seinen Rechten, und das Begehren, den Beklagten zu verpflichten, den zu beseitigenden Verwaltungsakt unter den gleichen tatsächlichen und rechtlichen Verhältnissen nicht nochmals zu erlassen[24].

Diese Definitionen — die widerlegten und nur noch honoris causa zitierten Definitionen, nach denen Streitgegenstand der angefochtene Verwaltungsakt[25] oder die Rechtmäßigkeit des angefochtenen Verwaltungsakts[26] ist, sollen hier außer Betracht bleiben — geben für das hier zu erörternde Problem ebenfalls nichts her; denn auch sie sagen nichts darüber aus, wann der angefochtene Verwaltungsakt rechtswidrig ist.

2. Zweigliedrige Streitgegenstandsdefinitionen

Mehr Aufklärung erhofft man sich von den im Verwaltungsprozeßrecht[27] die Mindermeinung repräsentierenden Autoren, die den Streitgegenstand zweigliedrig definieren, also als zweites Glied einen Klagegrund heranziehen[28]. Diese Hoffnung wird nicht ganz enttäuscht. Klagegrund ist nach diesen Autoren — im Anschluß an Habscheid[29] — der

---

[22] *Siegmund-Schultze*, Zum Streitgegenstand, 120 (134).
[23] *Martens*, DöV 1964, 365 (369); abgewandelt in StuW 1966, Sp. 689 (694).
[24] *Schmidt*, DöV 1962, 486. Einen behaupteten Unterlassungsanspruch nehmen in den Streitgegenstand auch auf *Lüke*, JuS 1967, 1 (4); *Bähr*, Maßgebliche Rechts- und Sachlage, S. 134; *Henke*, Das subjektive öffentliche Recht, S. 141; dagegen *Rupp*, AöR 85 (1960), 149 (314); *Teufel*, Bindung der Verwaltung, S. 106 ff.
[25] *Schoen*, DöV 1950, 100 (110); *Bachof*, Vornahmeklage, S. 39 und 49; anders JZ 1962, 663 (665); dagegen *Bettermann*, DVBl 1953, 163; *Geiger*, Jubiläumsschrift I. 183 (200); *Ule*, Verwaltungsgerichtbarkeit, § 121 Anm. II 2 a; *Lüke*, JuS 1967, 1 (4); *Müffelmann*, Objektive Grenzen, S. 113 f.
[26] BSGE 8, 185 (189); *Niese*, JZ 1952, 353; *Friedlander*, StuW 1968, Sp. 725 (728); und neuerdings der Große Senat des BFH, allerdings wohl nur als lapsus (BFH 91, 393 [401]); dagegen *Bettermann*, DVBl 1953, 163; *Müffelmann*, Objektive Grenzen, S. 115 ff.; vgl. auch oben FN 5.
[27] Anders wohl im Zivilprozeßrecht, vgl. die Nachw. bei *Hesselberger*, Streitgegenstand, S. 168; einen dreigliedrigen Streitgegenstand, wie ihn *Habscheid*, Streitgegenstand, passim, befürwortet (drittes Glied: Verfahrensbehauptung), habe ich im Verwaltungsprozeßrecht nicht gefunden, wohl, weil die Rechtsschutzform sich hier von selbst versteht.
[28] *Bähr*, Maßgebliche Rechts- und Sachlage, S. 126; *Lüke*, JuS 1967, 1 (6); *Kornblum*, JZ 1962, 654 (656); *Teufel*, Bindung der Verwaltung, S. 71 f.; *Wacke*, AöR 79 (1953), 158 (181). Gegen die Aufnahme eines „Klagegrundes" in die Streitgegenstandsdefinition bei der Anfechtungsklage vor allem *Haustein*, Streitgegenstand, S. 161.
[29] Streitgegenstand, S. 206 ff.

ganze durch den Verwaltungsakt geregelte Lebenssachverhalt, also der Einzelfall. Diese Autoren müßten jedenfalls eine Begrenzung des Streitgegenstandes durch einen Klagegrund, der nur einzelne Ausschnitte aus diesem Lebenssachverhalt oder nur einzelne Vorfragenentscheidungen der Behörde erfaßt, ausschließen. Mißlich ist nur, daß sie sich mit dem hier erörterten Problem nicht auseinandersetzen: vielleicht, weil sie eine Begrenzung als selbstverständlich unzulässig stillschweigend ablehnen — wahrscheinlich, weil sie das Problem nicht gesehen haben. Jedenfalls lassen sich überzeugende Argumente diesen Streitgegenstandsdefinitionen nicht entnehmen, weil nicht begründet wird, warum Klagegrund der *ganze*, durch den Verwaltungsakt geregelte Lebenssachverhalt sein muß.

3. Ergebnis

Die Streitgegenstandslehre zur Anfechtungsklage ist für die Frage, wann ein Steuerbescheid rechtswidrig ist, unergiebig[30]. Allenfalls läßt sich folgern, daß diejenigen Autoren, die als Klagegrund der Anfechtungsklage den Einzelfall bezeichnen, eine Individualisierung im hier erörterten Sinne ablehnen müßten. Für unser Problem ist es im übrigen gleichgültig, ob man der Klagebegehrens- oder der Rechtsbehauptungstheorie anhängt. Beide Theorien müssen die Beantwortung der Frage, wann ein Verwaltungsakt, insbesondere ein Steuerbescheid, rechtswidrig und daher ganz oder teilweise aufhebbar ist, dem materiellen Recht und dem Verwaltungsverfahrensrecht überlassen. Die Streitgegenstandslehre kann aus der gegebenen Rechtslage nur die Konsequenzen ziehen und den Streitgegenstand entsprechend formulieren.

II. Gesetzliche Grundlagen

Aus dem Entwurf eines Verwaltungsverfahrensgesetzes der Bundesregierung (EVerwVerfG)[31] sowie aus dem Allgemeinen Landesverwaltungsgesetz für Schleswig-Holstein (LVerwG Schl-Holst)[32] lassen sich keine eindeutigen Schlüsse ziehen:

Zwar bestimmt § 36 EVerwVerfG in Übereinstimmung mit § 115 LVerwG Schl-Holst und § 132 EAO 1974[33], daß Verfahrens- und Formfehler nicht zur Aufhebung eines Verwaltungsaktes führen sollen, wenn in der Sache keine andere Entscheidung getroffen werden könnte. Es

---

[30] Das bestätigen die Ausführungen von *Huppertz*. Er setzt sich in seiner Dissertation zwar auf mehr als 250 Seiten mit den verschiedenen Streitgegenstandstheorien auseinander (S. 18—280), begnügt sich aber zur Begründung der von ihm vertretenen Individualisierungstheorie mit einem Hinweis auf die Interessenlage (S. 313).

[31] BT-Drucksache VI/1173 = BRatsDrucksache 227/73.

[32] Vom 18. 4. 1967, GVBl 1967, 131.

[33] BT-Drucksache VII/79 = BT-Drucksache VI/1982.

kommt danach bei gebundenen Verwaltungsakten — nur diese interessieren hier — auf die Richtigkeit des *Ergebnisses* an, nicht darauf, ob die Behörde die vorgeschriebene Form und das vorgeschriebene Verfahren eingehalten hat. Die Vorschriften betreffen aber nur Verfahrens- und Formfehler. Die fehlerhafte Begründung des Verwaltungsakts, um die es hier geht, ist — wie ein Blick auf §§ 559 Satz 1 und 2, 563 ZPO, §§ 137 Abs. 3, 144 Abs. 4 VwGO sowie §§ 118 Abs. 3, 126 Abs. 4 FGO zeigt — weder ein Verfahrens- noch ein Formfehler. Nur das vollständige Fehlen einer Begründung stellt einen Formfehler dar, wenn Begründungszwang bestand: §§ 114 Abs. 1 Nr. 2 LVerwG Schl-Holst, 35 Abs. 1 Nr. 2 EVerwVerfG, 131 Abs. 1 Nr. 2 EAO 1974.

Man könnte daher § 36 EVerwVerfG und die gleichlautenden anderen Vorschriften bei fehlerhafter Begründung allenfalls entsprechend anwenden. Für den Analogieschluß spricht, daß sich die amtliche Begründung[34] zu § 36 EVerwVerfG auf §§ 563 ZPO, 144 Abs. 4 VwGO beruft, also gerade auf die Vorschriften, die sich mit den Folgen der fehlerhaften Begründung eines Urteils befassen. Für den Analogieschluß könnte man ferner ins Feld führen, daß es — wie bei Verfahrens- und Formfehlern[35] — unwirtschaftlich sei, den Verwaltungsakt nur wegen seiner unrichtigen Begründung aufzuheben, wenn im Ergebnis keine andere Entscheidung getroffen werden kann. Aber dieses Argument ist nicht zwingend: Bei Steuerbescheiden kann es — unter verfahrensökonomischen Gesichtspunkten — durchaus sinnvoll sein, wenn das Finanzgericht den Bescheid schon wegen einzelner Fehler aufhebt, ohne zuvor den ganzen Steuerfall prüfen zu müssen. Ob der Steuerbescheid im Ergebnis richtig ist, läßt sich häufig erst nach umfangreichen Untersuchungen feststellen, die das Gericht überfordern können[36]. Die erörterten Vorschriften lassen sich also jedenfalls nicht ohne weiteres auf den Fall der fehlerhaften Begründung übertragen.

Ergiebiger sind §§ 35 Abs. 1 Nr. 2 EVerwVerfG, 131 Abs. 1 Nr. 2 EAO 1974 und 114 LVerwG Schl-Holst. Sie bestimmen, daß die Behörde die erforderliche Begründung des Verwaltungsakts „nachliefern" darf, und zwar nach Absatz 2 der Vorschriften sogar noch *nach* Erhebung der Anfechtungsklage. Darf aber die Behörde die fehlende Begründung *vollständig* nachholen, so muß es ihr erst recht gestattet sein, fehlerhafte *Teile* der Begründung auszuwechseln und Fehler zu saldieren. Ist der gebundene Verwaltungsakt nicht schon deshalb rechtswidrig und auf-

---

[34] BT-Drucksache VI/1173, S. 53.
[35] In der amtlichen Begründung zu § 36 EVerwVerfG, BT-Drucksache VI/1173, S. 53, heißt es: „Eine Aufhebung durch die Verwaltungsbehörde würde ebenso wie ein vom Bürger eingeleitetes Rechtsmittelverfahren zu der unwirtschaftlichen Folge führen, daß erneut in der Sache entschieden werden müßte."
[36] Zur Aufklärungsmöglichkeit des Finanzgerichts unten Abschn. C III 2.

hebbar, weil die Behörde ihn ursprünglich überhaupt nicht begründet hatte, so darf das Verwaltungsgericht ihn erst recht nicht schon deshalb aufheben, weil die vorhandene Begründung fehlerhaft war und nachträglich durch die richtige ersetzt wird.

Vor allem sprechen gegen die „Individualisierung" des Streitgegenstandes durch einzelne Vorfragen die Vorschriften der Prozeßordnungen, die bestimmen, in welchem Umfang das Rechtsmittelgericht die Sache zu prüfen hat[37]. Nach §§ 559 ZPO, 137 Abs. 3 VwGO, 118 Abs. 3 FGO darf sich das Revisionsgericht — außer bei Verfahrensmängeln — nicht darauf beschränken, nur die vom Revisionskläger gerügten Gesetzesverstöße zu prüfen. Vielmehr muß es zu seinen Gunsten alle Rechtsfehler im angefochtene Urteil korrigieren. Umgekehrt muß es aber auch *zuungunsten* des Revisionsklägers im Rahmen des Revisionsantrags alle Fehler, die der Vorinstanz unterlaufen sind, berücksichtigen und „saldieren": §§ 563 ZPO, 144 Abs. 4 VwGO, 126 Abs. 4 FGO, 170 Abs. 1 Satz 2 SGG. Das gleiche gilt im Berufungsverfahren. § 563 ZPO und die ihm nachgebildeten Vorschriften gelten unbestritten auch im Berufungsverfahren[38], dort allerdings ohne die Beschränkung auf Rechtsfehler. Sowohl im Revisions- als auch im Berufungsverfahren kommt es also nur auf das Ergebnis des angefochtenen Urteils, nicht auf seine Begründung an. Die Rechtsmittelgerichte müssen deshalb im Rahmen der Anträge sämtliche Fehler der Begründung saldieren.

Nichts anderes kann für das Verwaltungsgericht bei seiner Entscheidung über die Anfechtungsklage gelten. Es muß — wie der Umkehrschluß aus § 128 VwGO ergibt — den Sachverhalt im gleichen Umfang prüfen wie das Berufungsgericht. Es muß daher bei der Beurteilung, ob der angefochtene Verwaltungsakt rechtswidrig ist, ebenfalls sämtliche Fehler, die der Behörde bei Vorfragenentscheidungen unterlaufen sind, berücksichtigen. Es darf den Verwaltungsakt erst dann aufheben, wenn sein Ergebnis rechtswidrig ist, nicht schon dann, wenn die vom Kläger gerügte Vorfragenentscheidung fehlerhaft ist. Wollte man anders entscheiden, so ergäbe sich das unhaltbare Ergebnis, daß zwar die Rechtsmittelgerichte sämtliche Fehler der Vorinstanz — auch solche, die sich zugunsten des Rechtsmittelführers ausgewirkt haben — saldieren müßten, nicht aber das Verwaltungsgericht als erste Instanz. Der Beklagte müßte stets Rechtsmittel einlegen, um Recht zu bekommen. Die Individualisierungstheorie widerspricht mithin der in §§ 559 Satz 2, 563 ZPO und in den entsprechenden Vorschriften der anderen Prozeßordnungen zum Ausdruck gekommenen Entscheidung des Gesetzgebers,

---

[37] *Bettermann*, Festschrift für Wacke, 233 (252 ff.).
[38] *Blomeyer*, ZPR, § 101 II 2 a, S. 542 und § 102 I 2, S. 543; *Stein — Jonas (Grunsky)*, ZPO, § 537 Anm. II 1.

nach der es allein auf die Richtigkeit des Ergebnisses des angefochtenen Rechtsakts ankommen soll.

Allerdings vertritt Grunsky[39] neuerdings für den Zivilprozeß die Ansicht, das Berufungsgericht könne die Revision auf einzelne Vorfragen beschränkt zulassen, das Rechtsmittelgericht brauche zudem das angefochtene Urteil nur in bezug auf einzelne fehlerhafte Vorfragen zu kassieren, wenn der Rechtsmittelkläger dies beantrage und — was hier vor allem von Bedeutung ist — der Rechtsmittelkläger könne sein Rechtsmittel auf bestimmte Vorfragen beschränken, es also „individualisieren", besser: qualifizieren[40]. Grunsky meint, aus § 559 Satz 2 ZPO ergebe sich nur, daß das Revisionsgericht *im Normalfall* alle Anspruchselemente prüfen müsse, nicht aber, daß der Revisionskläger die Revision nicht beschränken und damit das Revisionsgericht zu einer nur beschränkten Prüfung zwingen könne[41]. Letztlich spricht nach Grunsky für die Individualisierung des Rechtsmittels die Verfahrensökonomie[42].

Seine Ansicht überzeugt jedoch schon für den Zivilprozeß nicht. Sie steht zunächst im Widerspruch zu § 563 ZPO. Wollte man Grunsky folgen, so käme es, entgegen § 563 ZPO, nicht auf die Richtigkeit des Ergebnisses des angefochtenen Urteils, sondern auf die Richtigkeit einzelner Begründungselemente an. Damit würde die Revision — und entsprechend die Berufung — in eine Anrufung des Obergerichts zur Prüfung einzelner Vorfragen „umfunktioniert". Würde das Rechtsmittelgericht nur über einzelne Anspruchselemente entscheiden, so verstieße es, wie Reinicke zutreffend ausführt[43], außerdem gegen § 303 ZPO, der Zwischenurteile über einzelne Anspruchselemente ausschließt. Wenn Grunsky dem entgegenhält[44], § 303 ZPO — in der seit 1924 geltenden Fassung — solle der Prozeßbeschleunigung dienen, die seine Ansicht gerade fördere, so ist das nicht stichhaltig: § 303 ZPO schließt Zwischenurteile über Anspruchselemente auch dann aus, wenn sie im Einzelfall das Verfahren beschleunigen könnten. Der Gesichtspunkt der Verfahrensbeschleunigung darf § 303 ZPO nicht aus den Angeln heben. Schließlich ist Grunskys Ansicht sogar unter dem Gesichtspunkt der Verfahrensökonomie bedenklich: Wenn es dem Rechtsmittelkläger gestattet wäre, sein Rechtsmittel auf bestimmte, für ihn nachteilig entschiedene Vorfragen zu beschränken, so bliebe dem Rechtsmittel*beklagten* nichts anderes übrig, als seinerseits „auf Verdacht" ein Anschlußrechtsmittel einzulegen, damit das Rechtsmittelgericht auch die für ihn nachteiligen

---

[39] ZZP 84 (1971), 129 (137 ff.).
[40] ZZP 84, 147 f.
[41] ZZP 84, 137.
[42] ZZP 84, 142 f.
[43] NJW 1967, 513 (515).
[44] ZZP 84, 143.

Vorfragenentscheidungen überprüfen kann. Die Ansicht Grunskys kann also letztlich zu einer überflüssigen Häufung von Rechtsmitteln führen, ohne den gewünschten Effekt zu erzielen.

Ist schon im Zivilprozeß eine „Individualisierung" des Rechtsmittels nicht statthaft, so ist sie im Verwaltungsprozeß, in dem die Untersuchungsmaxime herrscht, vollends abzulehnen. Hier können die Parteien zwar über den Streitgegenstand, nicht aber über den Prozeßstoff verfügen. Damit entfällt für den Verwaltungsprozeß auch das letzte Argument Grunskys[45], seine Lösung entspreche der in jüngster Zeit zunehmend vertretenen Ansicht, die Parteien könnten das Gericht nicht nur an den übereinstimmenden Tatsachenvortrag, sondern auch an dessen Subsumtion binden. Hinzukommt, daß die beklagte Behörde im Anfechtungsprozeß keine Möglichkeit hätte, das Verwaltungsgericht zur Berücksichtigung solcher Fehler zu zwingen, die für sie nachteilig sind. Denn eine „Anschlußklage" gibt es ebensowenig wie eine Widerklage, § 89 Abs. 2 VwGO[46]. Die Ansicht Grunskys würde also zu einer durch nichts gerechtfertigten Benachteiligung der beklagten Behörde führen.

Für die Individualisierungstheorie läßt sich schließlich auch aus §§ 318, 352 StPO nichts herleiten. Nach diesen Vorschriften kann zwar der Rechtsmittelführer sein Rechtsmittel auf einzelne „Beschwerdepunkte" beschränken. Diese Beschränkungsmöglichkeit erstreckt sich jedoch nach nahezu einhelliger Ansicht[47] nur auf Teile der *in der Urteilsformel* enthaltenen Entscheidung, nicht auf Vorfragen.

Als Ergebnis ist danach festzuhalten: Aus den Verwaltungsverfahrensgesetzen, insbesondere aber aus den Prozeßordnungen läßt sich folgern, daß das Verwaltungsgericht den Verwaltungsakt erst dann als rechtswidrig aufheben darf, wenn sein Ergebnis unrichtig, nicht schon dann, wenn die Begründung fehlerhaft ist.

III. Die herrschende Meinung in Rechtsprechung und Schrifttum

Die Frage, wann ein belastender Verwaltungsakt im Sinne von § 113 Abs. 1 Satz 1 VwGO rechtswidrig ist, wird im allgemeinen Verwaltungsrecht verhältnismäßig selten erörtert. Das liegt wohl daran, daß Verwaltungsakte, die ähnlich strukturiert sind wie Steuerbescheide, selten sind und jedenfalls bisher keinen Anlaß zu Diskussionen gegeben haben. Meist finden sich im Schrifttum nur Definitionen, die für das hier er-

---

[45] ZZP 84, 148.
[46] Diese Vorschrift ist im Finanzprozeß entsprechend anzuwenden, *Bettermann*, Festschrift für Wacke, 236 FN 4.
[47] *Grünwald*, Teilrechtskraft, S. 357 ff.; *Löwe — Rosenberg*, StPO, § 318 Anm. 1 und 5 c, cc; *Schmidt*, StPO, § 318 Rdnr. 11; a. A. *Beling*, GoltdA Bd. 63 (1917), 163 (178).

örterte Problem keine Lösung bieten. Es wird z. B. formuliert, ein Verwaltungsakt sei rechtswidrig, wenn er „sachlich im Widerspruch mit einer gebietenden Rechtsvorschrift ergangen"[48] oder „wenn er erlassen worden sei, obwohl die Voraussetzungen, die das Gesetz verlangt, nicht vorgelegen haben"[49].

Es gibt jedoch zwei vielerörterte Fragenkomplexe, die für unser Problem von Bedeutung sind: Das Nachschieben von Gründen (1.) und der Umfang der Sachverhaltsaufklärung durch das Gericht (2.).

1. Nachschieben von Gründen durch die Behörde

Die zum Nachschieben von Gründen in Rechtsprechung und Lehre entwickelten Grundsätze sind bekannt. Sie brauchen daher hier nicht im einzelnen erörtert zu werden. Nach herrschender Meinung[50] kann die beklagte Behörde, wenn kein gesetzlicher Begründungszwang besteht, im Grundsatz tatsächliche und rechtliche Gründe nachschieben. Voraussetzung ist, daß diese Gründe bereits bei Erlaß des Verwaltungsakts bzw. des Widerspruchsbescheides vorgelegen haben, das Nachschieben der Gründe den „Wesensgehalt" des Verwaltungsakts nicht verändert[51] und die Rechtsverteidigung des Klägers nicht beeinträchtigt. Weitere Einschränkungen werden bei Ermessensentscheidungen sowie in anderen Sonderfällen, die im Bereich der gebundenen Verwaltung nicht von Bedeutung sind, gemacht[52]. Zur Begründung wird vor allem darauf hingewiesen, es sei prozeßökonomisch untragbar, den Verwaltungsakt allein wegen der fehlerhaften Begründung aufzuheben[53].

---

[48] VGH München, VerwRspr 4, S. 144.

[49] *Haueisen*, NJW 1960, 1881 (1882); *Klinger*, VwGO, § 42 Anm. C 2a, S. 167.

[50] Vgl. PrOVGE 56, 308 (314); 102, 182 = JW 1938, 3321 m. Anm. Reuß; PrOVGE 106, 55 (57); BVerwGE 1, 12; 1, 311 (313); 8, 46 (54); 19, 252 (257); BVerwG, DöV 1967, 62 (63); BVerwG, DöV 1971, 744 (745); BSGE 3, 209 (216); 7, 8 (12); 7 257 (261); 11, 236 (239) = NJW 1960, 1125; 14, 44 (47); 29, 129 (132); BSG, MDR 1965, 331; BayVGH, ZMR 1953, 91 (93); OVG Münster, VerwRspr 5 (1953) Nr. 29, S. 157; *Bähr*, Maßgebliche Rechts- und Sachlage, S. 130 f.; *Bender*, DVBl 1957, 278; *Eyermann - Fröhler*, VwGO, § 113 Rdnr. 15 ff.; *Jellinek*, VerwR, S. 264; *Kellner*, MDR 1968, 965 (968); *Hübschmann - Hepp - Spitaler (v. Wallis/List)*, AO, § 100 FGO Rdnr. 7 ff.; *Redeker - v. Oertzen*, VwGO, § 108 Erl. 27 ff.; *Reuß*, DVBl 1954, 593; *Schütz*, MDR 1954, 459; *Ule*, Verwaltungsprozeßrecht, § 57 III, S. 224; *Wacke*, AöR 79 (1953, 1954), 158 (178 ff.); *Wolff*, VerwR I, § 50 II d 2.

[51] Gemeint ist wohl, daß das Nachschieben von Gründen keine Änderung des Ausspruchs, der Regelung des Verwaltungsakts, zur Folge haben darf und die Gründe nicht einem anderen Einzelfall entnommen sein dürfen, vgl. *Eyermann - Fröhler*, VwGO, § 113 Rdnr. 22 ff.

[52] Vgl. dazu im einzelnen *Kopp*, Verw.Arch. 61 (1970), 219 (249 ff.); *Eyermann - Fröhler*, VwGO, § 113 Rdnr. 22 ff.

[53] So insbesondere BVerwGE 1, 12 (13). Vgl. auch die amtliche Begründung zu § 36 EVerwVerfG; *Czermak*, DRiZ 1964, 38 (40); *Thierfelder*, DöV 1967, 300 (303).

2. Umfang der Sachverhaltsaufklärung durch das Gericht

Ganz überwiegend wird unter Hinweis auf § 86 Abs. 1 Satz 2 VwGO die Auffassung vertreten, daß Gericht müsse bei einer Anfechtungsklage die Rechtmäßigkeit des Verwaltungsakts auch unter solchen Gesichtspunkten prüfen, welche die Parteien nicht vorgetragen haben[54]. Dabei brauche das Gericht zwar nicht wie ein Untersuchungsrichter ohne Anhaltspunkte alle, also auch die unumstrittenen Sachverhaltsteile, zu prüfen[55]. Soweit sich jedoch Anhaltspunkte für die weitere Aufklärungsbedürftigkeit ergäben, d. h. die ernsthafte Möglichkeit eines anderen Sachverhalts vorliege, müsse das Gericht den Zweifeln von Amts wegen nachgehen[56]. Das Gericht muß also auch von Amts wegen „Gründe nachschieben". Es darf sich nicht darauf beschränken, die im Wege des Parteivortrags nachgeschobene Begründung der Behörde zu überprüfen.

Im Grundsatz gilt das auch bei einer Verpflichtungsklage. Nach herrschender Meinung muß das Gericht die Sache bei gebundenen Verwaltungsakten selbst „spruchreif" machen, d. h. den Sachverhalt so weit aufklären, daß es über den Streitgegenstand entscheiden kann[57]. Allerdings soll sich das Gericht aus Gründen der Prozeßökonomie mit der Prüfung des von der Behörde genannten Ablehnungsgrundes begnügen und die Sache zur Prüfung der übrigen Gesichtspunkte an die Behörde zurückverweisen dürfen, wenn es ausnahmsweise bei eigener Sachverhaltsaufklärung „in unangemessener Weise die Funktion der Verwaltungsbehörde übernehmen" müßte[58]. Eine Zurückverweisung an die Behörde ist danach z. B. zulässig, wenn für die Erteilung einer Baugenehmigung noch umfangreiche technische Berechnungen durchzuführen sind. Die Zurückverweisung an die Behörde zur weiteren Sachaufklärung ist aber auch nach dieser weniger strengen Ansicht der Ausnahmefall. Grundsätzlich muß das Gericht den Sachverhalt von sich aus, auch ohne Mitwirkung der Parteien, voll aufklären.

---

[54] BVerwGE 2, 135 zu § 61 MRVO Nr. 165; BVerwGE 10, 202 (204); BSGE 9, 277 (279 f.); 18, 278 (282); *Kellner*, MDR 1968, 965 (968); *Wacke*, AöR 79 (1953/54), 158 (178); *Redeker - v. Oertzen*, VwGO, § 86 Rdnr. 7; *Ule*, Verwaltungsgerichtsbarkeit, § 86 Anm. I 2.

[55] *Redeker*, Staatsbürger und Staatsgewalt II, 475 (480).

[56] *Bettermann*, Referat zum 46. DJT, Teil II E, 32 ff.; *Grunsky*, Grundlagen, § 19 II, S. 146; *Redeker - v. Oertzen*, VwGO, § 86 Rdnr. 11 mit weit. Nachw.

[57] BVerwGE 10, 202 (204); *Bettermann*, NJW 1960, 649 (654); *ders.*, Referat zum 46. DJT, Teil II E, 32 ff.; dort auch zum Verhältnis der Mitwirkungspflichten der Parteien zur Aufklärungspflicht des Gerichts.

[58] BayVGH, BayVerwBl 1966, 210 (für die Einbürgerung); *Bachof*, VerfR I, 1. Teil, B 17; *ders.*, DVBl 1961, 128 (131); *Eyermann - Fröhler*, VwGO, § 113 Rdnr. 62a; *Kellner*, MdR 1968, 965 (968); *Meyer*, DVBl 1961, 75 (76); *Redeker - v. Oertzen*, VwGO, § 113 Rdnr. 19; *Richter*, DVBl 1960, 885 (887); *Schnuck - De Clerck*, VwGO, § 113 Anm. 3b cc; *Ule*, Verwaltungsgerichtsbarkeit, § 133 Anm. II; ähnlich jetzt *Bettermann*, Festschrift für Wacke, 233 (249) zu § 100 Abs. 2 Satz 2 FGO; offen gelassen in BVerwGE 11, 95 (100).

3. Folgerungen

Das Nachschieben von Gründen durch die Behörde nach Rechtshängigkeit setzt voraus, daß der Verwaltungsakt nicht schon deshalb rechtswidrig ist, weil seine ursprüngliche Begründung fehlerhaft war. Die herrschende Meinung muß also auf die Rechtswidrigkeit des Ergebnisses des Verwaltungsakts, seiner Regelung, abstellen, nicht auf die Richtigkeit seiner ursprünglichen Begründung[59]. Erst wenn sein Ergebnis sich auch unter den neuen, von der Behörde nachgeschobenen Gesichtspunkten nicht halten läßt, muß das Gericht ihn aufheben. Die herrschende Meinung muß daher auch eine Begrenzung des Streitgegenstandes im Sinne der Individualisierungstheorie ablehnen. Wäre eine solche Individualisierung zulässig, so dürfte die Behörde die vom Kläger als unrichtig gerügte Begründung nicht mit einer neuen auswechseln. Denn damit würde sie den Streitgegenstand verändern[60]. Die gleiche Folgerung ergibt sich aus der Rechtsauffassung, das Gericht müsse die Rechtmäßigkeit des Verwaltungsakts auch unter solchen Gesichtspunkten prüfen, die von den Parteien nicht vorgetragen worden sind. Könnte der Kläger den Streitgegenstand im Sinne der Individualisierungstheorie begrenzen[61], so müßte sich das Gericht darauf beschränken, den Sachverhalt im Rahmen dieses engen Klagegrundes aufzuklären.

Diese herrschende Meinung, die ein Nachschieben von Gründen durch die Behörde zuläßt und das Gericht für verpflichtet hält, die Rechtmäßigkeit des angefochtenen Verwaltungsakts unter allen Gesichtspunkten zu prüfen, ist mit der Individualisierungstheorie nicht vereinbar. Denn das Nachschieben von Gründen durch die Behörde und die Heranziehung aller tragfähigen Grundlagen durch das Gericht ist gleichbedeutend mit der im Steuerrecht so genannten „Saldierung".

IV. Die abweichende Ansicht Kopps

Gegen die Zulässigkeit des Nachschiebens von Gründen durch die Behörde während des Anfechtungsprozesses und gegen die Pflicht zur Aufklärung des Sachverhalts durch die Verwaltungsgerichte von Amts

---

[59] PrOVGE 102, 181 (182); *Teufel*, Bindung der Verwaltung, S. 72 f.; *Reuß*, DVBl 1954, 593 (595) unter Berufung auf *Schütz*, MdR 1954, 459.
[60] Auf den Zusammenhang zwischen Streitgegenstand und Nachschieben von Gründen weisen auch hin: *Bähr*, Maßgebliche Rechts- und Sachlage, S. 130; *Grunsky*, Grundlagen, § 5 IV, S. 40; *Lerche*, NJW 1953, 1897 (1898); *Wacke*, AöR 79 (1953/1954), 138 (178 ff.); *Ziemer - Haarmann*, Einspruch, Beschwerde, Klage II, Tz. 2674.
[61] Vgl. zum Verhältnis von Untersuchungsmaxime und Streitgegenstand im übrigen unten Abschn. C III 1.

wegen hat sich in jüngster Zeit Kopp gewandt[62, 63]. Er hält aus verfassungsrechtlichen Erwägungen die Heilung von Verfahrensfehlern, die sich bereits bei Erlaß des Verwaltungsakts eingeschlichen haben, nach Rechtshängigkeit für ausgeschlossen. Zu den unheilbaren Verfahrensfehlern rechnet er sowohl die völlig fehlende Begründung, die hier außer Betracht bleiben soll, als auch die fehlerhafte Begründung. Kopp meint, rechtswidrig im Sinne von § 113 Abs. 1 Satz 1 VwGO sei der Verwaltungsakt schon dann, wenn die Behörde ihn ursprünglich fehlerhaft begründet habe. Das Gericht müsse den überhaupt nicht oder fehlerhaft begründeten Verwaltungsakt ohne weitere Prüfung kassieren und die Sache zur erneuten Prüfung und Entscheidung an den magistratus a quo zurückverweisen. Folgt man dieser Ansicht und überträgt sie auf das Anfechtungsverfahren gegen Steuerbescheide, so muß das Finanzgericht den Steuerbescheid ohne weiteres kassieren und die Sache nach § 100 Abs. 2 Satz 2 FGO an das Finanzamt zurückverweisen, wenn es feststellt, daß der vom Kläger genannte Klagegrund zutrifft, die Begründung des Steuerbescheides also teilweise fehlerhaft ist. Denn die eigene Prüfung des Sachverhalts durch das Gericht verstößt nach Kopp, ebenso wie das Nachschieben von Gründen durch die Behörde, gegen verschiedene verfasungsrechtliche Grundsätze.

Dieses Ergebnis liegt sicher nicht im Sinne der Vertreter der Individualisierungstheorie. Sie wollen, daß das Finanzgericht den Steuerbescheid endgültig nach § 100 Abs. 1 Satz 1 FGO aufhebt oder nach § 100 Abs. 2 Satz 1 FGO reformiert, wenn die vom Kläger gerügte Besteuerungsgrundlage tatsächlich fehlerhaft ist[64]. Die Zurückverweisung an das Finanzamt zur erneuten Prüfung und Entscheidung ist ihnen wahrscheinlich noch unangenehmer als die Gefahr einer Saldierung durch das Finanzgericht. Denn das Finanzamt wird sich im Zweifel intensiver um eine nachträgliche Rechtfertigung des Steuerbescheides bemühen als das Finanzgericht, zumal es dafür weitaus besser gerüstet ist. Folgt man der Ansicht Kopps, so kommt der klagende Steuerpflichtige sozusagen vom Regen in die Traufe: Statt des Gerichts saldiert die Behörde. Das Ergebnis, zu dem die Auffassung Kopps führt, ist also für den Bürger, den Kopp gerade schützen will, höchst unerfreulich. Die Verfassungs-

---

[62] Verfassungsrecht und Verwaltungsverfahrensrecht (zit.: Habilschrift) und Verw.Arch. 61 (1970), 219 (insbesondere 244 ff., 255).

[63] Gegen ein Nachschieben von Gründen haben sich auch ausgesprochen: BayVGH, DV 1949, 72; *Lang*, Verw.Arch. 52 (1961), 175 (188); einschränkend auch *Huppertz*, Streitgegenstand, S. 298 ff.; *Lerche*, NJW 1953, 1897. Im französischen Verwaltungsrecht wird das Nachschieben von Gründen durch die Behörde ebenfalls für unstatthaft gehalten, vgl. *Theis*, AöR 77 (1951/1952), 1 (13 ff.); *Steindorff*, Nichtigkeitsklage, S. 54 ff.

[64] *Schwarz*, DStR 1966, 397 (399); *Spanner*, Jahrbuch der Fachanwälte für Steuerrecht 1967/68, 173 (180, 190); *Söhn*, Verw.Arch. 60 (1969), 64 (84).

grundsätze erleichtern dem Fiskus den Griff in die Brieftasche des Steuerpflichtigen, statt ihn zu erschweren.

Ich halte seine Ansicht auch im übrigen nicht für überzeugend. Der Kern[65] seiner Argumentation ist folgender: Der Grundsatz der Gesetzmäßigkeit der Verwaltung und andere Verfassungsgrundsätze erfordern es, daß die Behörde Verwaltungsmaßnahmen nur trifft, nachdem sie ihre Entscheidung in einem ordnungsgemäßen, die Interessen des Bürgers wahrenden Verfahren vorbereitet hat. Läßt sie dieses Gebot außer acht, indem sie den Sachverhalt vor Erlaß des Verwaltungsakts nicht genügend aufklärt und deshalb ihre Entscheidung fehlerhaft begründet, so kann zwar die Nachholung der versäumten Verfahrenshandlung im Prozeß „allenfalls den Erfordernissen des Rechtsschutzes noch zum Teil genügen, nicht mehr jedoch den eigentlichen Zweck erfüllen, den die verschiedenen Verfahrensgarantien für die Gesetzmäßigkeit der Verwaltung haben, nämlich sicherzustellen, daß die Entscheidung der Verwaltung schon in ihrem Entstehen im Interesse ihrer objektiven Richtigkeit den zahlreichen Impulsen und Kontrollen eines geordneten Verwaltungsverfahrens ausgesetzt wird, die Fehlerquellen auszuschließen"[66]. Mit dem Wegfall wirksamer Sanktionen, wie sie allein die gerichtliche Aufhebung der verfahrensfehlerhaften Verwaltungsentscheidung darstelle, verliere, so meint Kopp[67], das Verfahrensrecht seine Bedeutung.

Schon auf den ersten Blick erweckt diese Argumentation Bedenken. Es ist stets wenig befriedigend, mit den Generalklauseln des Grundgesetzes Detailfragen lösen zu wollen. Das führt meistens nur zu gut gemeinten Thesen, die sich ebenso(wenig) zwingend aus den Verfassungsgrundsätzen ableiten lassen wie ihr Gegenteil. Die von Kopp genannten Verfassungsgrundsätze müßten dem Bürger doch mindestens ebenso einen Anspruch auf richtige Begründung eines *Urteils* geben. § 563 ZPO und die ihm nachgebildeten Vorschriften verbieten aber gerade die Kassation des angefochtenen Urteils nur wegen seiner fehlerhaften Begründung. Zudem ist die unrichtige Begründung eines Verwaltungsakts kein Verfahrensfehler. Nur dann, wenn sie — aus der Sicht der Verwaltungsbehörde — auf einer unzureichenden Sachaufklärung beruht, kann ein Verfahrensfehler vorliegen[68]. Ob *dieser* Mangel ohne weiteres zur Aufhebung des Verwaltungsakts durch das Gericht führt, ist nach einfachem Prozeßrecht zu entscheiden, nicht nach Verfassungsrecht. Jedenfalls läßt sich die Kassation nicht damit begrün-

---

[65] Habilschrift, S. 94 ff., 124, 145; Verw.Arch. 61 (1970), 219 (221 f.).
[66] Habilschrift, S. 95; ähnlich das französische Verwaltungsrecht, oben FN 63.
[67] Verw.Arch. 61 (1970), 219 (221); Habilschrift, S. 94.
[68] *Bettermann*, Festschrift für Wacke, 233 (250); oben Abschn. II.

den, die Behörde müsse zu einem ordnungsmäßigen Verfahren „erzogen" werden. Das ist nicht Aufgabe des Gerichts. Die Sicherung der generellen Rechtmäßigkeit des Verwaltungshandelns über den vom Gericht zu entscheidenden Einzelfall hinaus ist Sache der Aufsichtsbehörden und der sonstigen Kontrollinstanzen (Parlament, Rechnungshof). Die Anfechtungsklage ist nach den geltenden Prozeßordnungen keine Beanstandungsklage[69]. Es ist außerdem lebensfremd anzunehmen, die Behörden ließen sich stets durch eine Aufhebung eines fehlerhaft begründeten Verwaltungsakts zu sorgfältigerer Prüfung veranlassen. Jedenfalls im Bereich der Finanzverwaltung läßt sich dieser erwünschte Nebeneffekt nicht erzielen: Die Aufhebung eines einzelnen Steuerbescheides wird das Finanzamt kaum beeindrucken, wenn man bedenkt, daß es jährlich Tausende von Bescheiden erläßt, zumal die fehlerhafte Begründung nicht auf seinem Verschulden zu beruhen braucht.

Für ebenso unrichtig halte ich den zweiten Hauptpunkt der Beweisführung von Kopp: Er meint[70], die Verwaltungsgerichte seien zur schnellen und gründlichen Sachverhaltsaufklärung nicht so geeignet wie die moderne, hochqualifizierte und arbeitsteilige Verwaltung. Die Stärke des Verwaltungsrichters liege nicht im Bereich der originären (erstmaligen) Ermittlung der maßgeblichen Tatsachen und ihrer originären rechtlichen Beurteilung, sondern in der Nachprüfung der Verwaltungsentscheidungen. Daher bedeute eine eigene Sachverhaltsaufklärung durch das Gericht eine Benachteiligung des Bürgers, die gegen das Rechtsstaatsprinzip in seinen verschiedenen Ausprägungen[71], gegen Art. 19 Abs. 4 Satz 1 GG[72] sowie gegen das Gebot einer leistungsfähigen und wirksamen vollziehenden Gewalt[73] verstoße. Kopp ist Verwaltungsrichter und kennt daher die Stärken und Schwächen der Verwaltungsgerichte. Jedenfalls für den Bereich der Finanzgerichtsbarkeit sind seine Ausführungen in tatsächlicher Hinsicht zutreffend: Die Finanzgerichte sind den Finanzämtern bei der „originären" Aufklärung des Sachverhalts im Regelfall unterlegen. Das Finanzamt ist dazu besser ausgerüstet, schon weil es einen eigenen Betriebsprüfungsdienst hat[74]. Aber

---

[69] Vgl. *Bettermann*, DVBl 1953, 163; *Grunsky*, Grundlagen, § 1 III 1 b, S. 7; *Haustein*, Streitgegenstand, S. 38 ff.; *Henke*, Das subjektive öffentliche Recht, S. 120; *Menger*, Grundrechte III 2, 717 (730); *Müffelmann*, Objektive Grenzen, S. 115; anders früher *Niese*, JZ 1952, 353 (355); weit. Nachw. bei *Haustein*.

[70] Habilschrift, S. 72, 96, 129, 153, 164, 221, 231; Verw.Arch. 61 (1970), 219 (223); ähnlich *Tipke - Kruse*, AO, § 100 FGO A 7.

[71] Habilschrift S. 96, 129.

[72] Habilschrift, S. 153, 163.

[73] Habilschrift, S. 231.

[74] Entsprechendes gilt wohl für den Bereich der Baubehörden, für den die h. M. den Gerichten aus prozeßökonomischen (nicht: verfassungsrechtlichen) Gründen gewisse Erleichterungen gewähren will, vgl. oben Abschn. III 2.

folgt daraus unter *verfassungsrechtlichen* Aspekten, daß den Gerichten eine eigene Sachverhaltsaufklärung verboten ist? Das Gegenteil ist richtig. Art. 19 Abs. 4 Satz 1 GG gebietet, wie das Bundesverfassungsgericht[75] mehrfach ausgesprochen hat, eine vollständige Aufklärung des entscheidungserheblichen Sachverhalts durch das Gericht. Wozu das Gericht nach Art. 19 Abs. 4 Satz 1 GG verpflichtet ist, daran kann es durch andere Rechtsstaatsprinzipien nicht gehindert sein. Denn die gerichtliche Entscheidung in der Sache selbst hat für den Bürger einen Vorteil, den auch die beste Verwaltungsentscheidung nicht haben kann: die materielle Rechtskraft. Die Zurückverweisung aus formellen Gründen nimmt dem Bürger die Möglichkeit, eine rechtskräftige Entscheidung in der Sache zu erhalten, und verfehlt damit das Ziel des gerichtlichen Verfahrens[76].

Schließlich läßt sich auch aus dem Gewaltenteilungsprinzip nichts für die Ansicht Kopps[77] herleiten. Gewiß leistet das Gericht, wenn es den entscheidungserheblichen Sachverhalt selbst aufklärt, die gleiche Arbeit, welche die Behörde hätte leisten müssen. Das Gericht wird also, worauf auch im Steuerrecht einige Vertreter der Individualisierungstheorie[78] vorwurfsvoll hinweisen, bei der originären Sachverhaltsaufklärung wie eine Behörde tätig. Es holt das nach, was die Behörde versäumt hat. Aber damit greift es nicht in den Kernbereich der Exekutive[79] ein. Die Sachverhaltsaufklärung gehört zum Kernbereich beider Gewalten.

Die gesetzliche Verpflichtung des Gerichts zur vollständigen Aufklärung des entscheidungserheblichen Sachverhalts ist unter verfassungsrechtlichen Gesichtspunkten also unbedenklich. Daraus folgt, daß auch das Nachschieben von Gründen durch die Behörde verfassungsrechtlich zulässig ist. Denn das Nachschieben von Gründen ist prozessual gesehen Parteivortrag, ein Hinweis der beklagten Behörde auf tatsächliche und rechtliche Gesichtspunkte, die das Gericht bei seiner Entscheidung berücksichtigen soll. Da das Gericht zur Berücksichtigung dieser nachgeschobenen Gesichtspunkte bereits von Amts wegen verpflichtet ist, kann es der beklagten Behörde nicht verwehrt sein, das Gericht auf die ihr wichtig erscheinenden Gesichtspunkte zur Rechtfertigung des Verwaltungsakts hinzuweisen, zumal sie bei einer Anfechtungsklage in der

---

[75] BVerfGE 15, 275 (282); 18, 203 (212); 21, 191 (194); vgl. auch *Bettermann*, Verwaltungsrechtsschutz, S. (24) 806; *ders.*, AöR 96 (1971), 528 (550); *Maunz - Dürig*, GG, Art. 19 Abs. 4 Rdnr. 47; *Kopp*, Habilschrift, S. 149.
[76] Vgl. auch *Czermak*, DRiZ 1964, 38 (40).
[77] Habilschrift, S. 246 f.; Verw. Arch. 61 (1970), 219 (224).
[78] FG Berlin, EFG 1969, 246 (248); *Müffelmann*, Objektive Grenzen, S. 163 m. weit. Nachw. in FN 67; *Müller*, DB 1966, 1329; einen Verstoß gegen das Gewaltenteilungsprinzip verneinen BFH (Gr. S.) 94, 436 = BStBl 1969 II, 192 (193); *Tipke - Kruse*, AO § 76 FGO A 2; *Ziemer - Birkholz*, FGO, § 76 Rdnr. 6/7.
[79] *Maunz - Dürig*, GG, Art. 20 Rdnr. 79 ff.

Regel die materielle Beweislast für die Rechtmäßigkeit des Verwaltungsakts trägt. Damit ist zugleich entschieden, daß auch die „Saldierung" von Fehlern in den Besteuerungsgrundlagen verfassungsrechtlich unbedenklich ist. Denn die Saldierung von Fehlern in den Besteuerungsgrundlagen ist mit dem Nachschieben von Gründen durch das Gericht identisch.

Eine andere Frage ist, ob *nach einfachem Prozeßrecht* eine Zurückverweisung an die Behörde zur weiteren Sachverhaltsaufklärung zulässig ist. Für den Bereich der FGO ist diese Frage in § 100 Abs. 2 Satz 2 FGO geregelt, auf den ich später zurückkommen werde[80]. Ob für den Bereich der VwGO und des SGG Ausnahmen von dem Grundsatz der eigenen vollständigen Sachverhaltsaufklärung gemacht werden können, braucht hier nicht entschieden zu werden. Der Grundsatz ist jedenfalls zutreffend, wie die Entstehungsgeschichte[81] der VwGO beweist: Das Gericht muß alle Gesichtspunkte selbst prüfen, die für die Entscheidung von Bedeutung sind, und, falls erforderlich, Fehler saldieren. Es darf die Sache nicht zur weiteren Sachverhaltsaufklärung an die Behörde zurückverweisen.

V. Zusammenfassung

Die Rechtswidrigkeit eines gebundenen Verwaltungsakts ist im Bereich der allgemeinen Verwaltungs- und der Sozialgerichtsbarkeit nach seinem Ergebnis, nicht nach seiner Begründung zu beurteilen. Das ergibt sich zwar nicht aus den Streitgegenstandstheorien, wohl aber aus den Vorschriften der Prozeßordnungen, die sich mit dem Umfang der Prüfungspflicht der Rechtsmittelgerichte befassen. Dem entspricht die herrschende Meinung zum Nachschieben von Gründen und zum Umfang der Sachverhaltsaufklärung durch das Gericht. Eine Zurückverweisung der Sache an die Behörde zur weiteren Sachverhaltsaufklärung und abschließenden Entscheidung ist nach der VwGO und dem SGG im Regelfall nicht zulässig. Auch aus verfassungsrechtlichen Gründen ist sie nicht geboten. Die „Saldierung" von Fehlern durch das Gericht verstößt nicht gegen das Grundgesetz.

C. Die Rechtswidrigkeit des Steuerbescheides

Überträgt man diese Grundsätze auf Steuerbescheide, so läßt sich die Individualisierungstheorie in der hier erörterten Spielart nicht halten.

---

[80] Unten Teil 4 F V 3.
[81] In die VwGO ist die früher bestehende Möglichkeit der Zurückverweisung — §§ 59 südd. VGG, 47 rh.-pf. VGG — bewußt nicht aufgenommen worden. So der Bericht des Rechtsausschusses des Bundestages, BT-Drucksache III/1094, zitiert bei *Koehler*, VwGO, § 113 A IV.

Der Kläger könnte den Streitgegenstand, wie immer man ihn definiert, nicht auf bestimmte Besteuerungsgrundlagen begrenzen. Eine von dem übrigen Verwaltungsrecht abweichende Beurteilung ist für das finanzgerichtliche Verfahren allerdings dann geboten, wenn sich dafür entweder aus gesetzlichen Bestimmungen oder aus den sonstigen Besonderheiten des Anfechtungsverfahrens gegen Steuerbescheide zwingende Gründe entnehmen lassen. Ob das der Fall ist, soll im folgenden untersucht werden.

I. Die Vorschriften der RAO

1. § 213 Abs. 1 RAO

Der Große Senat des BFH[82] stützt seine Entscheidung zugunsten der Saldierungstheorie unter anderem auf § 213 Abs. 1 RAO. Er folgert aus dieser Bestimmung, daß nicht die einzelne Besteuerungsgrundlage, sondern „die Feststellung und Anforderung eines bestimmten Steuerbetrages den Streitgegenstand[83] bilden". Gegen diese Argumentation wenden die Vertreter der Individualisierungstheorie[84] ein, § 213 Abs. 1 RAO verbiete nur die *selbständige* Anfechtung einzelner Besteuerungsgrundlagen ohne gleichzeitige Anfechtung des Schlußergebnisses[85]. Er besage aber nichts darüber, ob die Steuerfestsetzung unter Beschränkung auf einzelne Besteuerungsgrundlagen angegriffen werden könne, spreche also nicht gegen die hier erörterte Spielart der Individualisierungstheorie.

Dieser Einwand ist zutreffend. § 213 Abs. 1 RAO sagt nach seiner Entstehungsgeschichte und seinem Wortlaut in der Tat nichts darüber aus, ob eine „unselbständige" Anfechtung einzelner Besteuerungsgrundlagen im hier erörterten Sinne zulässig ist. § 213 Abs. 1 RAO, der aus § 221 RAO 1919 hervorgegangen ist, zieht lediglich die Folgerung aus der in Rechtsprechung und Schrifttum schon vor seinem Inkrafttreten einhellig vertretenen Auffassung, daß der Steuerpflichtige im Regelfall durch die inzidente Feststellung von Besteuerungsgrundlagen nicht selbständig beschwert sei[86]. Ob der Kläger die Steuerfestsetzung derart angreifen kann, daß er den Streit um die Höhe der Steuer auf bestimmte Vorfragen begrenzen darf, so daß er die Besteuerungsgrundlagen gewissermaßen mittelbar, unselbständig angreift, ist in § 213 Abs. 1 RAO nicht entschieden.

---

[82] BFH 91, 393 (401) = BStBl 1968 II, 344 (348); ebenso v. *Wallis*, StbJb 1967/68, 407 (414); *Baltzer*, NJW 1966, 1337 (1339).
[83] Gemeint ist der Verfahrensgegenstand.
[84] *Martens*, StuW 1965, Sp. 625 (631); *ders.*, StuW 1966, Sp. 689 (693); FG Berlin, EFG 1969, 246 unter Berufung auf *Ruth Boettcher*, StuW 1962, Sp. 13/14.
[85] Also die „Individualisierung", wie sie in Teil 2 erörtert ist.
[86] Vgl. oben Teil 2 C I.

Daß der Gesetzgeber *diese* Art der Individualisierung nicht geregelt hat, beruht auf folgendem: Die „unselbständige" Anfechtung einzelner Besteuerungsgrundlagen im hier erörterten Sinn kam, solange § 243 Abs. 3 RAO 1936[87] galt, nicht in Betracht. War das Gericht nicht einmal in bezug auf die Höhe des Steuerbescheides an den Klageantrag gebunden, konnte es also ohne Rücksicht auf das Klagebegehren die Steuer sogar erhöhen, so kam eine Bindung an bestimmte Besteuerungsgrundlagen erst recht nicht in Betracht. Es bedurfte daher keiner besonderen gesetzlichen Regelung, um die unselbständige Anfechtung einzelner Besteuerungsgrundlagen auszuschließen[88]. Aus § 213 Abs. 1 RAO läßt sich mithin nur folgern, daß der Gesetzgeber den Besteuerungsgrundlagen jedenfalls keine größere rechtliche Bedeutung einräumen wollte, als sie auch sonst den Gründen eines Verwaltungsakts zukommt.

2. §§ 211, 212, 245 RAO und 75 FGO

Daß der Gesetzgeber nur der Steuerfestsetzung selbst rechtliche Bedeutung einräumen wollte, ergibt sich dagegen deutlich aus §§ 211 Abs. 1 und 212 RAO[89]. Nur die Steuerfestsetzung ist danach wesentlicher Bestandteil des Steuerbescheides. Sie muß in dem Verwaltungsakt enthalten sein; alle anderen Bestandteile einschließlich der Begründung können fehlen. Diese Betonung der Steuerfestsetzung ist nicht etwa zufällig, sondern vom Gesetzgeber bewußt vorgenommen, um den Steuerbescheid von allen anderen Verwaltungsakten abzugrenzen[90]. Sie schließt es jedenfalls aus, den Gründen des Steuerbescheides bei der Beurteilung der Rechtswidrigkeit eine Bedeutung zu geben, die bei anderen Verwaltungsakten fehlt. Die Übereinstimmung der rechtlichen Bedeutung der Besteuerungsgrundlagen und der Bedeutung der Gründe anderer Staatsakte hat bereits der Reichsfinanzhof in seiner Entscheidung vom 2. 2. 1924[91] zu Recht betont. Den dortigen Ausführungen ist nichts hinzuzufügen. Aus §§ 211 Abs. 2 Nr. 2, 245 RAO, 75 FGO ist ferner zu entnehmen, daß Steuerbescheide zunächst ohne Begründung ergehen können. Die Begründung kann im Rechtsbehelfsverfahren nachgeholt werden. Holt sie das Finanzamt nach, so ist der Bescheid nicht allein wegen der ursprünglich fehlenden Begründung rechtswidrig und damit aufhebbar. Der Mangel der fehlenden Begründung kann also ge-

---

[87] Vgl. das Zitat unten FN 103.

[88] Wegen der Rechtslage vor Inkrafttreten des § 243 Abs. 3 RAO vgl. RFH 13, 186, der das Problem der Saldierung in vorbildlicher Klarheit erkannt und gelöst hat, sowie RFH vom 18. 9. 1925, Mrozek-Kartei, § 228 RAO 1919 R. 14.

[89] Auf diese Vorschriften beruft sich der Große Senat des BFH in E 91, 393 (401) = BStBl 1968 II, 344 (348) zu Recht.

[90] Oben Teil 1 FN 5.

[91] RFH 13, 186.

heilt werden[92]. Erst recht muß dann der Mangel einer fehlerhaften Begründung durch Nachschieben neuer Gründe geheilt werden können. Auch aus § 211 Abs. 2 Nr. 2, 245 RAO, 75 FGO ergibt sich somit, daß die Rechtswidrigkeit oder Rechtmäßigkeit eines Steuerbescheides nur nach seinem Ergebnis, der Steuerfestsetzung, zu beurteilen ist.

Die Vorschriften der RAO ergeben also keine Anhaltspunkte dafür, daß für die Rechtswidrigkeit von Steuerbescheiden etwas anderes gelten soll als für die Rechtswidrigkeit sonstiger Verwaltungsakte. Im Gegenteil: Bei Steuerbescheiden ist die rechtliche Bedeutung der Steuerfestsetzung und die Bedeutungslosigkeit der Besteuerungsgrundlagen besonders betont. Die tatsächliche Bedeutung der Besteuerungsgrundlagen[93] steht also im Gegensatz zu ihrem geringen rechtlichen Gewicht.

Es bleibt zu prüfen, ob sich aus den Besonderheiten des finanzgerichtlichen Verfahrens bei der Anfechtung von Steuerbescheiden Gründe für eine abweichende Beurteilung der Rechtswidrigkeit ergeben. Nach Einführung der FGO könnte es erforderlich sein, die Rechtswidrigkeit des Steuerbescheides im Sinne von § 100 Abs. 1 Satz 1 FGO anders zu definieren als bisher.

II. Der verbesserte Rechtsschutz des Klägers, § 96 Abs. 1 Satz 2 FGO

Gegen die Möglichkeit der Saldierung im finanzgerichtlichen Verfahren wird vorgebracht[94], sie widerspreche dem in § 96 Abs. 1 Satz 2 FGO (= § 88 VwGO, 123 SGG) zum Ausdruck gekommenen Bestreben des Gesetzgebers, dem Steuerpflichtigen mehr Rechtsschutz zu gewähren als unter der Herrschaft des früheren Verböserungsgebots nach § 243 Abs. 3 RAO 1936[95]. Folge man der Saldierungstheorie, so sei das Gericht zwar dem Steuerbetrage nach an den Antrag des Klägers gebunden, dürfe also die Steuer nicht weitergehend herauf- oder herabsetzen, könne aber im Rahmen des umstrittenen Steuerbetrages weiterhin unbeschränkt in peius reformieren. Das Finanzgericht bleibe damit im Grunde das, was es bisher war: der verlängerte Arm der Finanzverwaltung.

---

[92] Ebenso §§ 127, 131 Abs. 1 Nr. 2, 347 EAO 1974, und zwar auch für Steuerbescheide. Vgl. die amtliche Begründung zu § 138 EAO 1974, BT-Drucksache VI/1982, S. 146 und oben Abschn. B II.

[93] Vgl. oben Teil 1 B III 5.

[94] FG Berlin, EFG 1969, 246 (248); *Spanner*, StuW 1969, Sp. 11 (22); *ders.*, Jahrbuch der Fachanwälte für Steuerrecht, 1967/68, 173 (182) unter Berufung auf *Barske — Woerner*, FGO, S. 53 ff.; *Müller*, DB 1966, 1329; ebenso *Müffelmann*, Objektive Grenzen, S. 152 ff., allerdings noch zu § 243 Abs. 2 und 3 RAO a. F.

[95] Vgl. das Zitat unten FN 103. Gegen die Verfassungsmäßigkeit des Verböserungsgebots hatte sich vor allem *Müffelmann,* Objektive Grenzen, S. 152 ff. gewandt.

Ein unbefangener Betrachter wird zunächst fragen, warum der Kläger sich unter dem Gesichtspunkt des Rechtsschutzes gegen die Saldierungsmöglichkeit wehren sollte. Die Saldierung könne doch, so wird er einwenden, auch zugunsten des Steuerpflichtigen erfolgen; der Kläger könne den Prozeß zwar aus einem Grunde verlieren, den er nicht als Klagegrund bezeichnet hat, aber umgekehrt auch gewinnen[96]. Unter dem Blickwinkel des verbesserten Rechtsschutzes, so könnte man meinen, wirke sich die Saldierungsmöglichkeit daher neutral aus.

Eine solche unbefangene Betrachtung verkennt die Besonderheiten, die sich bei einer Anfechtung von Steuerbescheiden ergeben. Steuerbescheide enthalten im Regelfall nicht nur ungleich zahlreichere Vorfragenentscheidungen als andere Verwaltungsakte, sondern auch mehr Fehler, die sich zugunsten des Adressaten ausgewirkt haben. Steuerbescheide beruhen regelmäßig auf der Steuererklärung des Steuerpflichtigen, § 166 RAO. Es ist verständlich, daß diese Erklärung mindestens im Zweifel zu seinen Gunsten ausfällt. Das Finanzamt kann in der Masse der Fälle die Steuererklärungen nur auf offensichtliche Mängel hin überprüfen. Im übrigen übernimmt es die Angaben des Steuerpflichtigen ungeprüft als Besteuerungsgrundlagen[97]. Die Steuerfestsetzung fällt daher eher zugunsten als zuungunsten des Steuerpflichtigen aus[98]. Kommt es zum Prozeß, so muß der Kläger nach den Gesetzen der Wahrscheinlichkeit bei einer Saldierung eher fürchten, die Vorteile, die er durch die ungenügende Sachverhaltsaufklärung oder die Rechtsunkenntnis des Finanzamts erworben hat, wieder zu verlieren, als er hoffen kann, das Finanzgericht werde auf Fehler stoßen, die es zu seinen Gunsten korrigieren kann. Die *rechtlich* gesehen neutrale Saldierungsmöglichkeit wird sich so *tatsächlich* im Regelfall zum Nachteil des Klägers auswirken. Er trägt also, wie Martens[99] es formuliert, ein erhöhtes „Prozeßrisiko", nämlich das Risiko, daß ihm materiell-rechtlich nicht gerechtfertigte Vorteile durch die Saldierung wieder genommen werden.

Die Frage ist, ob dem Kläger durch § 96 Abs. 1 Satz 2 FGO dieses Risiko abgenommen werden sollte. Der BFH[100] hat sie verneint. Er hält die Saldierungsmöglichkeit mit der Antragsbindung des Gerichts für vereinbar. Zu Recht! Weder aus dem Wortlaut noch aus Sinn und

---

[96] Darauf weisen BFH 94, 310 (312) und *Bettermann*, Festschrift für Wacke, 254 hin. Zugunsten des Klägers wirkte sich die Saldierung z. B. in dem vom FG Hamburg, EFG 1968, 469 entschiedenen Fall aus.

[97] Vgl. oben Teil 1 B III 4.

[98] Das beweisen die erheblichen Nachforderungen von Steuern auf Grund von Betriebsprüfungen.

[99] FR 1968, 361 (364).

[100] BFH 94, 310 (311) = BStBl 1969 II, 169; BFH 101, 498 (500) = BStBl 1971 II, 424; ebenso *Ziemer — Birkholz*, FGO, § 100 Rdnr. 103 und die übrigen Vertreter der Saldierungstheorie.

Zweck der Antragsbindung des Gerichts läßt sich für die Individualisierungstheorie etwas herleiten:

1. Der Wortlaut des § 96 Abs. 1 Satz 2 FGO

Die Bindung des Gerichts an das Klagebegehren, also an den Streitgegenstand, sagt nichts darüber aus, wie dieser Streitgegenstand beschaffen sein muß. Aus der Übereinstimmung des Wortlauts von § 96 Abs. 1 Satz 2 FGO mit § 88 VwGO und sinngemäß mit § 123 SGG kann man schließen, daß die Bindung des Gerichts nach der FGO nicht weitergehen soll als nach der VwGO und dem SGG. Daß dort die Saldierung in der Form des Nachschiebens von Gründen durch die Behörde und in der Form der gerichtlichen Prüfung der Rechtmäßigkeit des Verwaltungsakts unter allen tatsächlichen und rechtlichen Gesichtspunkten im Grundsatz für zulässig gehalten wird, habe ich oben[101] dargelegt. Es ist auch zu berücksichtigen, daß § 96 Abs. 1 Satz 2 FGO nicht nur für die Anfechtung von Steuerbescheiden, sondern für alle Klagearten gilt. Auf die Idee, unter dem Gesichtspunkt der Antragsbindung des Gerichts dem Kläger in einem Verpflichtungs- oder Leistungsklageverfahren den begehrten Verwaltungsakt oder die begehrte Leistung schon dann zuzusprechen, wenn sein Klagegrund zutrifft, ohne daß das Gericht saldieren dürfte, ist noch niemand gekommen.

2. Sinn und Zweck der Einführung des § 96 Abs. 1 Satz 2 FGO

Für die Individualisierungstheorie könnte daher allenfalls die Tatsache sprechen, daß der Gesetzgeber überhaupt die Antragsbindung des Gerichts in die FGO aufgenommen hat. Man könnte argumentieren, daß der Gesetzgeber, wenn er schon die Bestimmung des Streitgegenstandes dem Kläger überläßt, ihm auch freigestellt hat, den Streit auf eine bestimmte Besteuerungsgrundlage einzuengen. Für diese Ansicht gibt jedoch die Entstehungsgeschichte des § 96 Abs. 1 Satz 2 FGO nichts her:

Bis zum Inkrafttreten des § 96 Abs. 1 Satz 2 FGO am 1. 1. 1966 konnten die Stellen, die über Rechtsbehelfe des Steuerpflichtigen zu entscheiden hatten, zunächst (bis 1936) beschränkt[102] und später unbeschränkt[103] in peius reformieren. Sie konnten also den *Steuerbetrag*

---

[101] Abschn. B III.
[102] § 228 Satz 2 RAO 1919 lautete: „Sie (sc. die Rechtsmittelbehörden) sind an die Anträge dessen, der das Rechtsmittel eingelegt hat, nicht gebunden und können, mit Ausnahme des Reichsfinanzhofs, den Bescheid auch zu seinem Nachteil ändern, wenn und soweit neue Tatsachen oder Beweismittel bekannt geworden sind, die eine solche Änderung rechtfertigen, oder wenn diese Änderung sich auf eine abweichende rechtliche Beurteilung gründet."
[103] § 243 Abs. 3 RAO 1936 (eingefügt durch § 28 Ziff. 54 des Einführungsgesetzes zu den Realsteuergesetzen vom 1. 12. 1936, RGBl I, 961 [965 ff.]) lautete: „Sie (sc. die Rechtsmittelbehörden) können die Entscheidung auch zum Nachteil dessen, der das Rechtsmittel eingelegt hat, ändern."

höher festsetzen als im angefochtenen Steuerbescheid. Nicht als reformatio in peius angesehen wurde seit jeher die einfache Saldierung, um die es hier geht, also der Ausgleich von Fehlern ohne Veränderung des Steuerbetrages. Der Reichsfinanzhof führt dazu in seiner grundlegenden Entscheidung vom 2. 2. 1924[104] aus, die Rechtsmittelbehörden seien an die Begründung des Steuerbescheides nicht gebunden und könnten daher Fehler in der Begründung unbeschränkt korrigieren. Bis zum Inkrafttreten der FGO war also die Saldierung stets unbeschränkt zulässig.

Gegen die Zulässigkeit der reformatio in peius — nicht gegen die Saldierung — waren verfassungsrechtliche und rechtspolitische Bedenken vorgetragen worden[105]. Dem wachsenden Druck gab der Gesetzgeber schließlich zu Recht nach. Die Bindung an das Klagebegehren — aus der das Verbot der reformatio in peius folgt[106] — wurde nach zähem Kampf während der parlamentarischen Beratungen[107] in die FGO aufgenommen. Im schriftlichen Bericht des Rechtsausschusses des Bundestages[108] führt der Abgeordnete Bauer abschließend aus:

„Eine solche Aufgabe des Finanzgerichts (sc. als verlängerter Arm der Finanzverwaltung) entspricht indessen nicht mehr der heutigen Auffassung vom Verwaltungsprozeß, die auf der Grundlage des Art. 19 Abs. 4 GG in entscheidender Weise am Rechtsschutzinteresse des durch einen Verwaltungsakt Betroffenen ausgerichtet ist."

Die Vertreter der Individualisierungstheorie geben also die gesetzgeberischen Motive für die Einführung des § 96 Abs. 1 Satz 2 FGO zutreffend wieder: Verbesserung der Stellung des Klägers im Prozeß und Beseitigung des finanzgerichtlichen Verfahrens als Fortsetzung der Verwaltung mit anderen Mitteln[109]. Damit ist jedoch für die Unzulässigkeit der Saldierung nichts gewonnen. Die entscheidende Frage, ob die Verbesserung der Rechtsstellung des Klägers und die Trennung des gerichtlichen vom behördlichen Verfahren soweit gehen sollte, daß auch die Möglichkeit der Saldierung beseitigt werden sollte, läßt sich aus der

---

[104] RFH 13, 186; ebenso RFH vom 18. 9. 1925, Mrozek-Kartei § 228 R. 14 zu § 228 Satz 2 RAO 1919. Auch das BVerwG sieht in der Auswechslung des Ablehnungsgrundes durch das Gericht keine reformatio in peius, vgl. BVerwG, ZLA 1956, 298; BVerwGE 10, 202 (204).

[105] Vgl. dazu im einzelnen *Müffelmann*, Objektive Grenzen, S. 152 ff.; er brauchte allerdings auf die Verfassungsmäßigkeit der Saldierungsmöglichkeit nicht einzugehen, da er der Individualisierungstheorie folgt.

[106] Vgl. *Bettermann*, Festschrift für Wacke, 233 (235); unzutreffend *Eisenberg*, BB 1966, 400 (401).

[107] Die in § 98 Abs. 2 Satz 1 Halbs. 2 des letzten FGO-Entwurfs vorgesehene Möglichkeit der reformatio in peius wurde erst auf Vorschlag der Finanz- und Rechtsausschüsse des Bundestags beseitigt (vgl. die Diskussion im 12. Ausschuß, Rechtsausschuß, Stenograph. Prot. IV/133, S. 24 ff.).

[108] BT-Drucksache IV/3523 zu § 98, S. 10; vgl. auch BFH 101, 470 (473) = BStBl 1971 II, 404.

[109] Ebenso BFH (Gr. S.) 103, 549 (553) = BStBl 1972 II, 219.

Entstehungsgeschichte nicht eindeutig beantworten. Die Materialien zur Einführung des § 96 Abs. 1 Satz 2 FGO sagen über die Saldierungsmöglichkeit nichts. Dort wo die Frage der Saldierung ebenfalls entscheidende Bedeutung hat, nämlich bei dem Umfang der materiellen Rechtskraft des gerichtlichen Urteils, hat sich, soweit ich sehe, nur der Abgeordnete Winter eindeutig zur Individualisierungstheorie bekannt. Er führte in den Beratungen des Rechtsausschusses des Bundestages aus, das Gericht dürfe nur die vom Kläger bestrittene Besteuerungsgrundlage prüfen, daher könne das Finanzamt nicht gehindert sein, den Steuerbescheid nach Rechtskraft des Urteils gemäß § 222 Abs. 1 Nr. 1 und 2 RAO zu korrigieren. Dagegen ging Ziemer von der Saldierungstheorie aus[110]. Die amtliche Begründung zu § 106 Satz 2 des Entwurfs der FGO[111] (jetzt § 110 Abs. 2 FGO) steht mit ihrer Streitgegenstandsdefinition eindeutig auf dem Boden der Saldierungstheorie — allerdings wurde sie verfaßt, bevor die Antragsbindung des Gerichts in die FGO aufgenommen wurde.

Die Motive des Gesetzgebers für die Einführung der Antragsbindung des Gerichts sind ebenfalls unergiebig: „Mehr Rechtsschutz" gewährt § 96 Abs. 1 Satz 2 FGO dem Kläger auch dann, wenn man der Saldierungstheorie folgt. Gegenüber dem bisherigen Rechtszustand entfällt jedenfalls die Möglichkeit, den vom Finanzamt geforderten Steuerbetrag zu erhöhen[112]. Damit ist die Rechtsstellung des Klägers bereits erheblich verbessert. Die reformatio in peius — nicht die Saldierung — war der Stein des Anstoßes vor Einführung der Antragsbindung. Es bestehen keine Anhaltspunkte dafür, daß der Gesetzgeber, der sich zur Antragsbindung nur nach erheblichem Zögern entschlossen hat, über dieses Ziel hinausgehen und durch § 96 Abs. 1 Satz 2 FGO auch die Möglichkeit der Saldierung beseitigen wollte.

Auch das zweite Motiv für die Einführung der Antragsbindung des Gerichts, das Finanzgericht von dem Odium einer Verwaltungsbehörde zu befreien, spricht nicht gegen die Saldierungsmöglichkeit. Ich habe bereits oben in der Auseinandersetzung mit Kopp dargelegt, daß eine umfassende Sachverhaltsaufklärung durch das Gericht und das Nachschieben von Gründen durch die Behörde unter verfassungsrechtlichen Gesichtspunkten unbedenklich sind[113]. Das Finanzgericht wird nicht zur Verwaltungsbehörde und nimmt auch nicht die Aufgaben einer Behörde wahr, wenn es im Rahmen des Streitgegenstandes den entscheidungserheblichen Sachverhalt unter allen rechtlichen und tatsächlichen Ge-

---

[110] Stenograph. Prot. der 133. Sitzung, 4. Wahlperiode, S. 29 ff.; vgl. auch unten Teil 4 F III 2 b.
[111] BT-Drucksache IV/1446, S. 56 r; vgl. das Zitat unten Teil 4 F III 2 b.
[112] BFH 101, 498 (500) = BStBl 1971 II, 424; *Ziemer*, FR 1969, 232 ff.; *Eisenberg*, DB 1967, 1238.
[113] Oben Abschn. B IV; ebenso *Eisenberg*, DB 1967, 1238 (1239).

sichtspunkten prüft. Ob der Streitgegenstand eng oder weit ist, ändert daran nichts.

Wenn man es schon unter dem Blickwinkel der Gewaltenteilung oder aus Gründen der Prozeßökonomie für bedenklich hält, daß das Finanzgericht den ganzen Steuerfall in allen Einzelheiten prüft, so bleibt als Alternative zur Saldierungstheorie neben der Individualisierungstheorie mindestens auch der Lösungsvorschlags Kopps: Stellt das Gericht fest, daß eine bestimmte, vom Kläger als fehlerhaft gerügte Grundlage des angefochtenen Steuerbescheides tatsächlich fehlerhaft ist, so hebt es den Steuerbescheid nach § 100 Abs. 2 Satz 2 FGO auf und verweist die Sache zur erneuten Prüfung und Entscheidung an das Finanzamt zurück. Damit wäre dem Finanzgericht das Odium, der verlängerte Arm der Finanzverwaltung zu sein, ebenfalls genommen, ohne daß es gezwungen wäre, eine materiell-rechtlich unrichtige Entscheidung zu treffen. Daß diese Lösung für den Kläger noch ungünstiger ist als die Saldierungstheorie, habe ich ebenfalls bereits dargelegt[114]. Daraus, daß die Individualisierungstheorie diesen Lösungsvorschlag Kopps gar nicht in Erwägung zieht, ist zu folgern, daß es ihr in Wahrheit nicht um die Stellung des Finanzgerichts geht, sondern nur um die Stellung des Klägers. Er soll davor geschützt werden, im finanzgerichtlichen Verfahren die Vorteile, die er durch die fehlerhafte Begründung des Steuerbescheides objektiv zu Unrecht erlangt hat, wieder zu verlieren. Ob es mit der Stellung des Finanzgerichts vereinbar ist, daß es dabei tatenlos zusieht, davon ist leider nie die Rede.

3. Ergebnis

Aus der Bindung des Finanzgerichts an das Klagebegehren durch § 96 Abs. 1 Satz 2 FGO läßt sich nicht folgern, dem Finanzgericht sei eine Saldierung verboten. Eine solche Folgerung ergibt sich weder aus dem Wortlaut noch aus der Entstehungsgeschichte noch aus dem Sinn der Vorschrift. Sie läßt sich auch nicht daraus herleiten, daß der Gesetzgeber die Antragsbindung des Gerichts an die Stelle der Verböserungsmöglichkeit gesetzt hat.

III. Untersuchungspflicht und Untersuchungsmöglichkeiten des Finanzgerichts, § 76 Abs. 1 Satz 1 FGO

Die Vertreter der Individualisierungstheorie[115] wenden gegen die Saldierungstheorie ein, sie führe zu unannehmbaren Folgerungen im Hinblick auf den vom Finanzgericht aufzuklärenden Sachverhalt, §§ 76

---

[114] Abschn. B IV.
[115] FG Berlin, EFG 1969, 246 ff.; *Huppertz*, Streitgegenstand, S. 312; *Spanner*, Jahrbuch der Fachanwälte für Steuerrecht 1967/68, 173 (180 ff.); *Knauer*, Verw. Arch. 60 (1969), 148 (161).

Abs. 1 Satz 1 FGO, 86 Abs. 1 Satz 1 Halbs. 1 VwGO. Das Gericht sei überfordert, wenn es stets den ganzen Steuerfall aufklären müsse. Es könne seiner Pflicht, den Sachverhalt von Amts wegen aufzuklären, nur nachkommen, wenn der Streitgegenstand durch einzelne Sachverhaltsausschnitte (Besteuerungsgrundlagen) begrenzt sei. Zu dem umgekehrten Ergebnis kommt Jauernig[116]. Er vertritt die Ansicht, der Streitgegenstand sei davon abhängig, ob die Klage in einem Prozeß mit Untersuchungs- oder mit Verhandlungsmaxime erhoben sei. In einem Prozeß mit Untersuchungsmaxime spiele der Klagegrund — den Jauernig grundsätzlich im Anschluß an Habscheid[117] und de Boor[118] als den vom Kläger vorgetragenen „Lebenssachverhalt" begreift[119] — keine Rolle, sofern es sich um sogenannte selbst abgegrenzte Klageanträge handele[120]. Bei diesen „selbst abgegrenzten" Klagen, d. h. solchen, die ohne Heranziehung des klagebegründenden Sachverhalts von anderen Klageanträgen unterscheidbar sind, sei der Klagegrund weder für die Individualisierung des Klageantrags noch für die Eingrenzung des Streitgegenstandes von Bedeutung. Zu den selbst abgegrenzten Klagen rechnet Jauernig auch die verwaltungsgerichtliche Anfechtungsklage[121]. Nach Jauernig scheitert die Individualisierungstheorie also gerade an § 76 Abs. 1 Satz 1 FGO (Untersuchungsmaxime), der von ihren Befürwortern als Beleg für ihre Ansicht beansprucht wird. Ich meine, daß aus der Geltung der Untersuchungsmaxime weder für die eine noch für die andere Ansicht zwingende Argumente zu gewinnen sind.

1. Streitgegenstand und Untersuchungsmaxime

Von seinen Kritikern[122] wird Jauernig vorgehalten, daß die Art der Sachverhaltsaufklärung für den Streitgegenstand nicht maßgebend sein könne. Die Untersuchungsmaxime sage nur etwas darüber aus, *wie* der Sachverhalt aufzuklären sei, nicht, welchen Umfang dieser Sachverhalt habe. Diesen Umfang bestimme allein der Kläger, indem er über den Streitgegenstand disponiere. Nicht die Art der Sachverhaltsaufklärung durch das Gericht sei für den Streitgegenstand maßgebend, sondern allein der Umfang des Dispositionsrechts des Klägers.

---

[116] Verhandlungsmaxime, Inquisitionsmaxime und Streitgegenstand, 1967, passim (zit.: Verhandlungsmaxime).

[117] Streitgegenstand, S. 206.

[118] Gerichtsschutz und Rechtssystem, 1941, S. 42 ff.

[119] Verhandlungsmaxime, S. 51.

[120] *Jauernig*, S. 10 f.; 23 f.; 55 f.; 69.

[121] Verhandlungsmaxime, S. 55; ebenso die Verpflichtungsklage (S. 23).

[122] *Habscheid*, FamRZ 1971, 297; *Hesselberger*, Streitgegenstand, S. 246 f.; *Rimmelspacher*, Materiell-rechtlicher Anspruch, S. 209 ff.; *Rosenberg—Schwab*, ZPR, § 96 IV 3, S. 461; *Spanner*, Jahrbuch der Fachanwälte für Steuerrecht 1967/68, 173 (183); *Yoshimura*, ZZP 83 (1970), 245 (251); vgl. auch *Lüke*, JuS 1967, 1 (3).

Ich halte diese Kritik im Kern für berechtigt. Unbestreitbar ist allerdings, daß das Gericht an die vom Kläger zur Begründung seiner Klage vorgetragenen Tatsachen im Geltungsbereich der Untersuchungsmaxime nicht gebunden ist. Das ergibt sich aus §§ 86 Abs. 1 Satz 2 VwGO, 76 Abs. 1 Satz 5 FGO, 103 Satz 2 SGG. Dabei ist gleichgültig, um welche Klageart es sich handelt. Soweit der Streitgegenstand reicht, reicht auch die Untersuchungspflicht des Gerichts. Richtig ist auch, daß dann, wenn der Kläger den *ganzen* Verwaltungsakt angreift, ein Klagegrund, verstanden als der ganze durch den Verwaltungsakt geregelte Einzelfall, keine Funktion hat[123]. Denn der Umfang des durch den Verwaltungsakt geregelten Einzelfalls, des Lebenssachverhalts, steht ein für allemal fest. Bezeichnet der Kläger den angefochtenen Verwaltungsakt, so steht damit auch der durch ihn geregelte Einzelfall fest, mögen seine Grenzen gelegentlich auch undeutlich sein[124]. Die Bezeichnung des Klagegrundes — verstanden als der durch den Verwaltungsakt geregelte Lebenssachverhalt — ist daher überflüssig, wenn der Kläger den ganzen Verwaltungsakt ohne Begrenzung auf bestimmte Streitpunkte angreift.

Damit steht jedoch noch nicht fest, daß der Kläger den Streitgegenstand nicht im Sinne der Individualisierungstheorie begrenzen kann. Das hängt nicht von der Geltung des Untersuchungs- oder Verhandlungsgrundsatzes ab, sondern davon, ob er auch insoweit über den Streitgegenstand disponieren kann. Wenn er darüber derart disponieren kann, daß das Gericht den Verwaltungsakt nur aus einem ganz bestimmten Grunde als rechtswidrig aufheben darf, so kann er auch den Streitgegenstand entsprechend begrenzen. Die Untersuchungsmaxime besagt in der Tat nur, wie das Gericht den Sachverhalt aufzuklären hat, nicht, in welchem Umfang. Den Umfang bestimmt der Kläger, indem er den Streitgegenstand festlegt. Die Frage ist nur, wie weit seine Dispositionsbefugnis reicht. Daß im finanzgerichtlichen Verfahren die Untersuchungsmaxime gilt, ist also noch kein Beweis dafür, daß eine Begrenzung des Streitgegenstandes der Anfechtungsklage auf bestimmte Anfechtungsgründe ausgeschlossen ist.

Die Untersuchungsmaxime kann allerdings als ein Indiz dafür herangezogen werden, daß dem Kläger kein Dispositionsrecht in bezug auf die Rechtswidrigkeit des angegriffenen Verwaltungsakts zusteht: Die Untersuchungsmaxime gilt vorwiegend in Streitigkeiten, bei denen es das öffentliche Interesse gebietet, daß die gerichtliche Entscheidung so weitgehend wie möglich mit der materiellen Rechtslage übereinstimmt. Nur dort, wo die Parteien über das materielle Recht disponieren kön

---

[123] Anders die oben FN 28 genannten Autoren, die zu Unrecht meinen, der Lebenssachverhalt grenze den Streitgegenstand nach der Tatsachenseite hin ab, insbesondere *Lüke*, JuS 1967, 1 (6).
[124] Dazu *Lüke*, JuS 1967, 1 (7).

nen — also im Bereich der Privatautonomie — ist es angebracht, ihnen auch ein Dispositionsrecht über den Streitstoff zuzugestehen[125]. Dort, wo es im öffentlichen Interesse geboten ist, daß das Gericht die „ganze Wahrheit" kennt und daher die Untersuchungsmaxime gilt, ist zu vermuten, daß auch das Dispositionsrecht des Klägers über den Streitstoff eingeschränkt ist. Mehr als ein Indiz kann jedoch die Untersuchungsmaxime nicht bieten. Denn einmal sind Untersuchungs- und Verhandlungsmaxime heute nirgends mehr rein ausgeprägt[126]. Zum anderen ist es gerade im finanzgerichtlichen Verfahren zweifelhaft, wie weit das öffentliche Interesse an einer möglichst umfassenden Aufklärung des Sachverhalts Vorrang vor dem Interesse des Klägers an der Begrenzung des Streitstoffes haben soll.

Aus § 76 Abs. 1 Satz 1 FGO läßt sich also entgegen der These Jauernigs kein zwingendes Argument gegen die Individualisierungstheorie ableiten. Die Geltung der Untersuchungsmaxime ist allerdings ein Indiz für die Möglichkeit der Saldierung.

2. Umfang der Aufklärungspflicht und Aufklärungsmöglichkeit des Finanzgerichts

Es bleibt zu prüfen, ob andererseits die Vertreter der Individualisierungstheorie Recht haben, wenn sie auf die beschränkte Prüfungsmöglichkeit des Gerichts hinweisen.

a) Umfang der Aufklärungspflicht

Folgt man der Individualisierungstheorie, so braucht das Gericht neben den Tatsachen, welche die Prozeßvoraussetzungen und die Beschwer betreffen, nur die zum Klagegrund gehörenden Tatsachen von Amts wegen aufzuklären. Nach der Saldierungstheorie muß das Gericht dagegen stets den ganzen Steuerfall aufklären, gleichgültig, ob der Kläger den Steuerbescheid insgesamt angefochten hat oder ob er nur eine Herabsetzung der Steuer begehrt. Auch im zweiten Fall kann das Gericht der Klage erst stattgeben oder sie abweisen, wenn es alle Tatsachen aus dem geregelten Einzelfall beurteilt hat. Denn erst, wenn feststeht, daß es nichts zu saldieren gibt, kann das Gericht die Herabsetzung aussprechen.

Irreführend ist die von Martens[127] und — ihm folgend — vom Finanzgericht Berlin[128] vertretene Auffassung, das Finanzamt und der Steuer-

---

[125] Vgl. *Boehmer*, Grundlagen I, S. 116; *Blomeyer*, ZPR, § 14 I 4, S. 67; *Grunsky*, Grundlagen, § 3 II 2, S. 16 und § 18 III, S. 140; differenzierend *Lang*, Verw. Arch. 52 (1961), 60 (78 ff.).
[126] Vgl. *Grunsky*, Grundlagen, §§ 18, 19, S. 138 ff.; *Lang*, Verw. Arch. 52 (1961), 60 (63); *Tipke — Kruse*, AO, § 76 FGO A 2.
[127] StuW 1966, Sp. 689 (699 ff.).
[128] EFG 1969, 246 (247).

pflichtige könnten sich über einzelne Besteuerungsgrundlagen „einigen"
und das Gericht sei an diese „Einigung" gebunden. Die These, dem
Finanzgericht stehe nicht die Befugnis zu, solche Besteuerungsgrundlagen anderweit festzusetzen, die zwischen den Parteien bereits über-
einstimmend festgestellt seien, ist nur dann richtig, wenn man der
Individualisierungstheorie folgt und den Streitgegenstand entsprechend
begrenzt. Nach der Saldierungstheorie ist sie falsch: Dem Gericht steht
nicht nur die Befugnis zu, die Rechtmäßigkeit des Steuerbescheides
unter allen Gesichtspunkten zu prüfen, es ist dazu nach § 76 Abs. 1
Satz 1 FGO sogar verpflichtet. Eine vertragsähnliche „Einigung" der
Parteien über einzelne Vorfragen und damit über die Höhe der Steuer
ist im Bereich der *gebundenen* Steuerverwaltung unzulässig und nich-
tig[129]. Das Gericht kann daher an sie bei einem entsprechend weiten
Streitgegenstand nicht gebunden sein[130].

b) Umfang der Aufklärungsmöglichkeit

Dem nach der Saldierungstheorie weitgesteckten Umfang des entscheidungserheblichen Sachverhalts steht die begrenzte Aufklärungsmöglichkeit des Finanzgerichts gegenüber. Schon bei Steuerfällen von
mittlerer Größenordnung ist es praktisch ausgeschlossen, daß das Finanzgericht alle für die Steuerfestsetzung maßgebenden tatsächlichen
Umstände überprüft.

Unrichtig ist es allerdings, wenn Ziemer-Birkholz[131] ausführen, das
finanzgerichtliche Verfahren unterscheide sich vom Strafprozeß dadurch, daß dort „über ein zeitlich, örtlich und persönlich genau abge-
grenztes Verhalten" entschieden werde, während im Finanzprozeß eine
solche genaue Abgrenzung nicht möglich sei. Jauernig[132] hat mit seiner
Bemerkung, eine solche Ansicht richte sich selbst, Recht. Der Umfang
des aufzuklärenden entscheidungserheblichen Sachverhalts ist bei einer
Anfechtungsklage gegen Steuerbescheide häufig schärfer konturiert als
der Umfang der „Tat" im Sinne von §§ 155, 264 StPO[133]. Auch die recht-

---

[129] BVerwGE 8, 329 (330); RFH 18, 92; RFH vom 9. 7. 1929, Mrozek-Kartei
§ 228 R. 28; *Tipke — Kruse*, AO, § 2 A 17 und § 76 FGO A 3; *Wolff*, VerwR I,
§ 44 II b 3, S. 283.
[130] Dabei ist gleichgültig, ob man *Martens*, AöR 89 (1964), 429 (432 ff.); *ders.*,
StuW 1966, Sp. 689 (694 ff.), darin folgt, es gäbe keine objektiv richtige, sondern nur eine von der jeweils entscheidenden Stelle subjektiv für richtig ge-
haltene Entscheidung. Denn das Finanzgericht kann auch in seiner subjek-
tiven Überzeugung nicht durch eine unzulässige Einigung der Parteien präjudiziert werden.
[131] FGO, § 110 Rdnr. 53; § 76 Rdnr. 31; ebenso die amtliche Begründung zum
Entwurf der FGO von 1958, BT-Drucksache III/127 zu § 96, S. 45.
[132] Verhandlungsmaxime, S. 37 FN 85.
[133] Vgl. zur Tatidentität *Kleinknecht*, StPO, § 264 Anm. 1/2; *Löwe — Rosenberg (Gollwitzer)*, StPO, § 264 Anm. 1, 2, 5.

lichen Möglichkeiten, den Sachverhalt aufzuklären, welche die FGO dem
Finanzgericht einräumt, sind nicht geringer als die Möglichkeiten des
Strafgerichts nach der StPO[134]. Worin sich jedoch Strafprozeß und Finanzprozeß im Regelfall unterscheiden, ist der Umfang des aufzuklärenden Sachverhalts. Ich habe oben[135] die Unübersehbarkeit der Besteuerungsgrundlagen geschildert. Sie schließt es zwar nicht rechtlich,
aber faktisch aus, daß das Finanzgericht alle Grundlagen des Steuerbescheides überprüft[136]. In den wichtigsten Streitigkeiten, in denen die
Höhe des Gewinns aus Gewerbebetrieb oder die Höhe des Umsatzes
eine Rolle spielt, müßte das Finanzgericht stets eine Betriebsprüfung in
Form eines Sachverständigengutachtens anordnen, wenn es einiger-
maßen sicher gehen wollte, daß es sämtliche in Betracht kommenden
Besteuerungsgrundlagen überprüft hat. Die Folgen wären für das Gericht und den Kläger gleichermaßen unerwünscht. Das Gericht müßte
über kurz oder lang wegen Ineffektivität seine Tore schließen. Der
Kläger müßte — gleichsam als Bestrafung für die Kühnheit, Klage
erhoben zu haben — eine Betriebsprüfung über sich ergehen lassen[137].
Wer sich den Blick für die Realitäten bewahrt hat, weiß, daß diese
Folgerungen untragbar sind. Es ist nicht „Selbstbescheidung", wie
Jauernig[138] meint, sondern „Selbsterhaltung", wenn das Finanzgericht
regelmäßig die Sachverhaltsaufklärung auf die zwischen den Parteien
umstrittenen Punkte beschränkt. Die Zulässigkeit einer Beschränkung
der Sachverhaltsaufklärung auf die strittigen oder doch wenigstens aus
besonderem Anlaß für aufklärungsbedürftig gehaltenen Punkte ist daher seit jeher in der steuerrechtlichen Rechtsprechung und Literatur
anerkannt[139]. Das gleiche gilt zwar auch im allgemeinen Verwaltungsprozeß[140]; dort ist aber der vom Gericht ungeprüft gelassene Sachverhaltsausschnitt regelmäßig enger. Die beschränkte Aufklärungsmöglichkeit des Finanzgerichts erweist sich somit als „Systemfehler" der Saldierungstheorie. Wer dieser Theorie folgt, muß in Kauf nehmen, daß
das Finanzgericht in den bedeutenderen Fällen seine durch § 76 Abs. 1
Satz 1 FGO gestellte Aufgabe, den ganzen entscheidungserheblichen

---

[134] *Jauernig*, S. 37/38.
[135] Teil 1 B III 4.
[136] So auch FG Berlin, EFG 1969, 246 (247); *Huppertz*, Streitgegenstand,
S. 311 f.; *Vogel*, DStR 1966, 387; *Knauer*, Verw. Arch. 60 (1969), 148 (161).
[137] Vgl. *Vogel*, Gutachten zum 46. DJT, Band I, Teil 5, 45; *Tipke — Kruse*,
AO, § 76 FGO A 7.
[138] Verhandlungsmaxime, S. 37.
[139] BFH, BStBl 1956 III, 321 (322); BFH 92, 333 = BStBl 1968 II, 589; BFH 97,
293 = BStBl 1970 II, 97; BFH 101, 73 = BStBl 1971 II, 200; *Becker*, AO, § 228
Anm. 1, S. 388; *Mattern - Meßmer*, AO, § 243 Rdnr. 1962; *Tipke - Kruse*, AO,
§ 76 FGO A 7; *Ehlers*, DStR 1967, 527 (531); *Ziemer - Birkholz*, FGO, § 110
Rdnr. 52; *Ziemer - Haarmann*, Einspruch, Beschwerde, Klage II, Tz. 3290;
Müller, DStR 1970, 720 (722).
[140] Vgl. oben Abschn. B III 2.

Sachverhalt von Amts wegen aufzuklären, nicht voll erfüllen kann. Die Diskrepanz zwischen „Aufklärungssoll" und „Aufklärungsist" führt insbesondere bei dem Umfang der Bindungswirkung des Urteils nach §§ 110, 100 Abs. 1 Satz 1 Halbs. 2 FGO zu Schwierigkeiten, auf die ich später eingehen werde[141].

Diese Diskrepanz vermeiden die Anhänger der Individualisierungstheorie. Auch diese Theorie ist jedoch — unter dem Blickwinkel der Prüfungsmöglichkeit des Gerichts — nicht frei von Mängeln. Sie muß gewissermaßen das Kind mit dem Bade ausschütten. Weil das Finanzgericht den Steuerfall häufig nur in beschränktem Umfang prüfen kann, engt sie den entscheidungserheblichen Sachverhalt auf die vom Kläger als unrichtig bezeichneten Besteuerungsgrundlagen ein. Dabei übersieht sie, daß das Finanzgericht mindestens auch die vom beklagten Finanzamt als unrichtig nachgeschobenen Fehler und solche Punkte, die ihm von Amts wegen auffallen, prüfen kann. Diese Punkte zu prüfen, überfordert das Finanzgericht sicherlich nicht. In dem Bestreben, den Steuerpflichtigen möglichst weitgehend zu schützen, will die Individualisierungstheorie das Gericht hindern, auch solche Punkte aufzugreifen, die im Steuerbescheid offensichtlich oder vermutlich fehlerhaft beurteilt, vom Kläger jedoch nicht gerügt worden sind. Gegen eine so weitgehende Begrenzung des Streitgegenstandes spricht, daß die Finanzämter nach § 76 Abs. 3 FGO während des gerichtlichen Verfahrens die Ermittlungsbefugnisse behalten, die ihnen nach § 204 RAO zustehen. Es wäre unverständlich, wenn sie die Erkenntnisse, die sie im Laufe dieser Ermittlungen gewinnen, nicht im Wege des Parteivortrags in den laufenden Prozeß einführen dürften. Sie wären gezwungen, den Prozeß hinauszuzögern und nach § 222 Abs. 1 Nr. 1 und 2 RAO Änderungsbescheide zu erlassen und damit neue Prozesse heraufzubeschwören[142]. Eine derartige faktische Begünstigung des Steuerpflichtigen läßt sich durch die beschränkte Prüfungsmöglichkeit des Gerichts nicht rechtfertigen. Diese Beschränkung schließt es zwar im Regelfall — nicht stets! — aus, daß das Finanzgericht alle entscheidungserheblichen Punkte prüft, nicht aber, daß es — neben den vom Kläger gerügten — auch solche Fehler nachprüft und gegebenenfalls richtigstellt, die das Finanzamt nachschiebt oder die dem Gericht prüfungsbedürftig erscheinen.

Die Individualisierungstheorie hat also unter dem Blickwinkel der beschränkten Prüfungsmöglichkeit des Finanzgerichts unbestreitbare

---

[141] Unten Teil 4 F.

[142] Um diese Vervielfältigung der Verfahren zu vermeiden, verlangte die Rechtsprechung vor Einführung der FGO, daß das Finanzamt Tatsachen und Beweismittel, die ihm im Lauf des gerichtlichen Verfahrens bekannt wurden, in den Prozeß einführen mußte. Nach Abschluß des Verfahrens waren sie präkludiert, vgl. *Berger*, Der Steuerprozeß, § 243, S. 246 mit Nachw.

Vorzüge. Sie engt aber zum Nutzen des Klägers und zu Lasten der Allgemeinheit den vom Gericht zu prüfenden Bereich ohne Not weiter ein als erforderlich.

3. Ergebnis

Die Geltung der Untersuchungsmaxime ist entgegen der Ansicht Jauernigs kein zwingendes Argument für die Saldierungstheorie. Man kann sie allerdings als Indiz dafür werten, daß die Rechtswidrigkeit oder Rechtmäßigkeit des angefochtenen Verwaltungsakts unter allen maßgebenden Gesichtspunkten zu beurteilen ist, nicht nur nach dem vom Kläger angegebenen Klagegrund. Dem steht die beschränkte Prüfungsmöglichkeit des Finanzgerichts gegenüber. Folgt man der Saldierungstheorie, so bleibt im Regelfall ein mehr oder weniger umfangreicher Teil des entscheidungserheblichen Sachverhalts von der gerichtlichen Überprüfung ausgespart. Das zwingt jedoch nicht dazu, der Individualisierungstheorie zu folgen. Zumutbar und möglich ist dem Finanzgericht jedenfalls auch die Prüfung des vom beklagten Finanzamt als prüfungsbedürftig bezeichneten Sachverhaltsausschnitts. Auch dann bleibt allerdings im Regelfall ein weiter Bereich des entscheidungserheblichen Sachverhalts, den das Finanzgericht nicht selbst überprüft, für den es vielmehr die Beurteilung des Finanzamts stillschweigend übernimmt. Die Saldierungstheorie steckt also den Streitgegenstand unter dem Blickwinkel der realen Prüfungsmöglichkeit des Gerichts zu weit ab, die Individualisierungstheorie zu eng.

D. Zusammenfassende Würdigung

Die zweite Spielart der Individualisierungstheorie setzt voraus, daß die Steuerfestsetzung bereits dann vom Gericht als rechtswidrig zu kassieren oder zu reformieren ist, wenn eine ihrer Grundlagen, die der Kläger in den Klagegründen als unrichtig gerügt hat, tatsächlich fehlerhaft ist. Diese Voraussetzung ist nicht erfüllt. Der Steuerbescheid ist — von formellen Mängeln abgesehen — erst dann rechtswidrig, wenn sein Ergebnis, die Steuerfestsetzung, dem materiellen Recht nicht entspricht. Die RAO kennt keinen vom übrigen Verwaltungsverfahrensrecht abweichenden Begriff der Rechtswidrigkeit. Die Rechtswidrigkeit des Steuerbescheides ist nicht „teilbar". Auch aus den Besonderheiten des finanzgerichtlichen Anfechtungsverfahrens gegen Steuerbescheide läßt sich kein durchgreifendes Argument für eine abweichende Beurteilung entnehmen. § 96 Abs. 1 Satz 2 FGO spricht ebensowenig für die Individualisierungstheorie wie § 76 Abs. 1 Satz 1 FGO. Mißlich ist allerdings, daß das Finanzgericht zwar nicht stets, aber im Regelfall faktisch außerstande ist, den ganzen entscheidungserheblichen Sachverhalt —

und damit alle Saldierungsmöglichkeiten — zu prüfen. Diese beschränkte Prüfungsmöglichkeit des Gerichts kann jedoch nicht dazu führen, von der Saldierungstheorie abzurücken. Entscheidend ist die Rechtswidrigkeit des Steuerbescheides. Diese kann nicht von der realen Prüfungsmöglichkeit des Gerichts abhängen. Die „Aufklärungsquote" des Gerichts ist je nach dem Umfang des Steuerfalls verschieden. In „kleinen" Fällen kann das Gericht den ganzen entscheidungserheblichen Sachverhalt aufklären — z. B. bei den Zöllen und Verbrauchsteuern, der Grunderwerbsteuer etc. — in komplexen Fällen dagegen nur Teile dieses Sachverhalts. Die Rechtswidrigkeit des Steuerbescheides kann jedoch nicht bejaht oder verneint werden, je nachdem, wie kompliziert der Steuerfall ist. Sie ist vielmehr eine durch den Gesetzgeber vorgegebene Größe, mit der das Gericht und die Streitgegenstandslehre fertig werden müssen. Sie läßt sich m. E. auch nicht danach differenzieren, um welche Art von Verwaltungsakten es sich handelt. Eine Begrenzung des Streitgegenstandes durch einen Klagegrund — verstanden als Teilausschnitt aus dem entscheidungserheblichen Sachverhalt oder als umstrittene Besteuerungsgrundlage — ist nach allem nicht möglich.

Dieses Ergebnis ist — von der Streitgegenstandslehre her gesehen — zu begrüßen. Nur so kann die Einheitlichkeit des Streitgegenstandes für alle Klagearten gewahrt bleiben[143]. Daß bei den übrigen Klagearten — der Verpflichtungs-, Leistungs- und Feststellungsklage — eine „Individualisierung" des Streitgegenstandes durch einen auf einzelne Sachverhaltsteile begrenzten Klagegrund nicht in Betracht kommt, liegt auf der Hand. Noch niemand hat z. B. behauptet, ein Steuerpflichtiger habe Anspruch auf Erstattung von Lohnsteuer im Jahresausgleich schon dann, wenn der „Klagegrund" seiner Verpflichtungsklage[144], er habe erhöhte Ausgaben für Fahrten zwischen Wohnung und Arbeitsstätte, zutrifft, falls gleichzeitig feststeht, daß er lohnsteuerpflichtige Einnahmen verschwiegen hat. Dem Kläger fehlt hier offensichtlich das Dispositionsrecht über die Rechtswidrigkeit des Ablehnungsbescheides. Es ist nicht einzusehen, warum ihm dieses Dispositionsrecht zustehen sollte, wenn er — wie der Bundesfinanzhof annimmt — im gleichen Fall eine Anfechtungsklage erhebt. Das Bundesverwaltungsgericht läßt dementsprechend die Ablehnung einer beantragten Leistung nach dem Lastenausgleichsgesetz durch das Gericht aus einem anderen als dem von dem Kläger bekämpften Grunde zu[145]. Wenn bei einer Leistungs- oder Ver-

---

[143] *Lüke*, JuS 1967, 1 (2), meint, in der Erreichung dieses Zieles liege der theoretische und praktische Wert einer Streitgegenstandslehre.

[144] Anders zu Unrecht BFH 99, 350 = BStBl. 1970 II S. 686, der eine Anfechtungsklage für zutreffend hält. Wie hier *Loose*, BB 1966, 245; *Schall*, DStR 1968, 341; *Tipke - Kruse*, AO, § 40 FGO A 8.

[145] BVerwG, LAZ 1956, 298; vgl. auch BVerwGE 7, 100 (102) und BVerwG NJW 1959, 213.

pflichtungsklage eine „Individualisierung" ausgeschlossen ist, ist nicht einzusehen, warum sie bei einer Anfechtungsklage zulässig sein soll.

Welche der beiden Theorien besser dem öffentlichen Interesse an einer dem materiellen Recht entsprechenden Besteuerung gerecht wird, läßt sich — ebenso wie die wirtschaftlichen Auswirkungen beider Theorien — erst dann endgültig übersehen, wenn man den Umfang der Präklusionswirkung des finanzgerichtlichen Urteils festgelegt hat. Die Individualisierungstheorie ist zwar zunächst für den Steuerpflichtigen günstiger, weil das Finanzgericht nicht saldieren darf. Dafür kann aber das Finanzamt, wenn ihm nachträglich Tatsachen oder Beweismittel bekannt werden, den ganzen Fall nach § 222 Abs. 1 Nr. 1 und 2 RAO „wiederaufrollen"[146], ohne durch die Rechtskraft des Urteils gebunden zu sein. Denn die Präklusionswirkung kann sich nach der Individualisierungstheorie nur auf die umstrittene Besteuerungsgrundlage erstrecken. Nach der Saldierungstheorie dagegen muß das Finanzgericht alle Fehler saldieren. Diese Theorie entspricht also rechtlich gesehen allein dem öffentlichen Interesse an einer gerechten Besteuerung[147]. Da jedoch die effektive Prüfungsmöglichkeit des Finanzgerichts begrenzt ist, kann sich die Saldierungstheorie, wenn man die Präklusionswirkung auf den ganzen Steuerfall ausdehnt, letzten Endes zugunsten des Steuerpflichtigen auswirken. Denn dem Finanzamt ist dann die nachträgliche Korrektur der Steuerfestsetzung nach § 222 Abs. 1 Nr. 1 und 2 RAO verwehrt[148]. Die Saldierungstheorie kann mithin letztlich — wegen der begrenzten Prüfungsmöglichkeit des Gerichts und der unzureichenden gesetzlichen Regelung der Grenzen der Präklusionswirkung des finanzgerichtlichen Urteils — dem öffentlichen Interesse an einer gerechten Besteuerung widersprechen.

---

[146] Dazu unten Teil 4 FN 30.
[147] BFH (Gr. S.) 91, 393 (401); vgl. auch BFH (Gr. S.) 103, 456 (462) = BStBl 1972 II, 120.
[148] Unten Teil 4 F.

Vierter Teil

Die Saldierungstheorie in der Bewährung

Die Bemühungen um die richtige Bestimmung des Streitgegenstandes sollen die vom Streitgegenstand abhängigen Probleme befriedigend lösen, insbesondere die Fragen beantworten, wann eine Klageänderung nach §§ 67, 68 FGO und eine objektive Klagenhäufung nach § 43 FGO vorliegen und wie weit der Umfang der Rechtshängigkeit (§ 66 FGO) und der Rechtskraft (§ 110 FGO) reichen[1]. Es muß daher geprüft werden, ob sich die Saldierungstheorie dabei bewährt.

A. Rechtshängigkeit, § 66 FGO

Greift der Kläger einen bestimmten Steuerbescheid in vollem Umfang an, so steht damit nach der Saldierungstheorie die Identität des Streitgegenstandes fest. Greift er nur einen Teilbetrag an, beantragt er also z. B. nur die Herabsetzung der Steuer von 10 000 DM auf 8000 DM[2], so ergeben sich hinsichtlich der Abgrenzung zu anderen Streitgegenständen ebenfalls keine Schwierigkeiten: Erweitert der Kläger den Klageantrag in bezug auf den Steuerbetrag oder schränkt er ihn ein, so liegt eine Klageänderung vor.

Die Individualisierungstheorie kann den Umfang der Rechtshängigkeit nicht mit der gleichen Genauigkeit bestimmen. Der Umfang der umstrittenen Besteuerungsgrundlage — und damit der Umfang des Klagegrundes — ist fließend[3]. Greift der Steuerpflichtige z. B. seinen Einkommensteuerbescheid mit der Begründung an, das Finanzamt habe einen bestimmten Versicherungsbeitrag zu Unrecht nicht als Sonderausgabe abgezogen, so ist fraglich, ob Klagegrund nur dieser Versicherungsbeitrag sein soll oder ob der ganze Komplex „Sonderausgaben" im Streit ist. Es ist nicht erkennbar, ob der Kläger den Klagegrund beliebig „atomisieren" darf oder ob er bestimmte Grenzen — etwa bestimmte Einkunftsarten, bestimmte Gruppen von Ausgaben — beachten muß. Diese Ungenauigkeit beruht darauf, daß sich nach der Individuali-

---

[1] Diese vier Punkte sind die klassischen Prüfsteine jeder Steitgegenstandslehre, vgl. *Schwab*, Streitgegenstand, S. 5; *Habscheid*, Streitgegenstand, S. 16; *Hesselberger*, Streitgegenstand, S. 25.

[2] So der Regelfall; die Zulässigkeit einer derartigen Teilanfechtung habe ich oben Teil 1 A IV bejaht.

[3] Vgl. oben Teil 1 B III 1.

sierungstheorie das zweite Glied des Streitgegenstandes, der Klagegrund, nicht fest umreißen läßt.

Die Saldierungstheorie führt bei der Rechtshängigkeit also zu ein-
deutigeren Ergebnissen als die Individualisierungstheorie.

B. Objektive Klagenhäufung, § 43 FGO

Eine Klagenhäufung liegt nach der Saldierungstheorie nur vor, wenn
der Kläger mehrere Steuerbescheide gleichzeitig angreift. Wendet er
sich dagegen gegen einen einzigen Steuerbescheid — gleichgültig ob mit
dem Antrag, ihn zu kassieren oder zu reformieren — so liegt stets nur
eine einzige Klage vor.

Die Individualisierungstheorie gerät hier wiederum in Schwierigkeiten: Verlangt der Kläger z. B. Herabsetzung seiner Umsatzsteuer-
festsetzung für 1970 um je 1000 DM, weil das Finanzamt die Lieferun-
gen an die Abnehmer A und B zu Unrecht besteuert hat, so ist unklar,
ob hier ein einziger Streitgegenstand oder mehrere Streitgegenstände[4]
und damit eine objektive Klagenhäufung vorliegen sollen. Auch hier
führt die Individualisierungstheorie zu unbefriedigenden Ergebnissen,
weil sie die Grenzen des Klagegrundes nicht exakt abstecken kann.

C. Klageänderung und teilweise Klagerücknahme, §§ 67, 72 FGO

I. Saldierungstheorie

Nach der Saldierungstheorie liegt eine Änderung des Streitgegenstandes und damit eine Klageänderung vor, wenn der Kläger statt des
Steuerbescheides A den Steuerbescheid B angreift[5]. Eine Klageänderung
liegt auch vor, wenn der Kläger den Steuerbescheid zunächst nur zu
einem bestimmten Teilbetrag angreift und seinen Antrag später erweitert. Diese Klageänderung ist ipso iure zulässig, §§ 155 FGO in Verbindung mit 268 Nr. 2 ZPO[6]. Ob eine solche Antragserweiterung nach Ablauf der Klagefrist zulässig ist, soll hier offen bleiben[7]. Keine Klageänderung liegt dagegen vor, wenn der Kläger lediglich seine Begründung um neue Streitpunkte erweitert, ohne seinen Antrag betragsmäßig
zu verändern.

---

[4] So *Spanner*, Jahrbuch der Fachanwälte für Steuerrecht 1967/68, 173 (196).
[5] Dagegen zu Unrecht *Gräber*, DStR 1968, 491 (496).
[6] Meist wird ungenauer formuliert, es liege in den Fällen des § 268 Nr. 2
ZPO keine Klageänderung vor: So etwa BFH 96, 510 = BStBl 1970 II, 15
(16); *v. Wallis*, StbJb 1967/68, 410 (418); *Ziemer - Birkholz*, FGO, § 67 Rdnr. 7;
aber § 268 Nr. 2 und 3 ZPO enthalten nur eine Fiktion; so zutreffend *Becker -
Riewald - Koch*, AO, § 67 FGO Anm. 1 (3); *Gross*, ZZP 75 (1962), 93 (97);
Habscheid, Streitgegenstand, S. 262; *Rosenberg - Schwab*, ZPR, § 102 I 3, S. 502.
[7] Verneinend OVG Lüneburg, AS 23, 391 = NJW 1968, 125; *Eyermann -
Fröhler*, VwGO, § 121 Rdnr. 29a; *Menger - Erichsen*, Verw.Arch. 59 (1968), 288.

Schränkt der Kläger nachträglich seinen Klageantrag ein — verlangt er z. B. statt einer Herabsetzung der Steuer um 5000 DM eine solche um 3000 DM — so liegt eine gesetzlich zugelassene Klageänderung nach § 268 Nr. 2 ZPO in Verbindung mit § 155 FGO und zugleich eine teilweise Klagerücknahme vor. §§ 67, 155 FGO in Verbindung mit § 268 Nr. 2 ZPO sind also kumulativ anzuwenden[8]. Die Bedenken des Bundesfinanzhofs[9], in der Antragseinschränkung eine teilweise Klagerücknahme zu erblicken, weil über den zurückgenommenen Teil kein Teilurteil ergehen könne, halte ich für unbegründet, ohne auf diese Frage näher eingehen zu können[10]. Schränkt der Kläger seinen Anfechtungsantrag ein, so erspart er dem Gericht keine Arbeit. Er nimmt sich zudem die Chance, daß das Gericht seinem ursprünglichen Antrag aus dem Grunde stattgibt, den er zu Unrecht für aussichtslos gehalten hat, oder aus einem Grunde, den er gar nicht erkannt hat. Hat z. B. der Kläger zunächst eine Herabsetzung der Steuer von 5000 DM auf 3000 DM begehrt, und verlangt er später nur noch eine Herabsetzung auf 4000 DM, weil er meint, sein bisheriges Vorbringen zu den „Sonderausgaben" sei unhaltbar, so muß das Gericht trotzdem weiterhin den ganzen Steuerfall daraufhin überprüfen, ob eine Herabsetzung auf 4000 DM gerechtfertigt ist. Erst wenn es alle Besteuerungsgrundlagen geprüft hat, kann es entscheiden, ob die Steuerfestsetzung des Finanzamts auf 5000 DM rechtmäßig ist oder nicht. Es muß dabei auch den vom Kläger nicht mehr bestrittenen Punkt „Sonderausgaben" untersuchen[11].

Die Antragseinschränkung hat also nach der Saldierungstheorie für das Gericht im Regelfall arbeitsmäßig keine Vorteile[12]. Außerdem hat sich der Kläger „ins eigene Fleisch geschnitten", wenn das Gericht bei

---

[8] Streitig; wie hier RG Gruchot 41, 699 (702); *Gross*, ZZP 75 (1962), 93 (95 ff.); *Blomeyer*, ZPR, § 48 I 1 b, S. 241; *Stein - Jonas (Schumann/Leipold)*, ZPO, § 268 V 2; *Lent - Jauernig*, ZPR, 15. Aufl., § 41 II 2, S. 126; *Thomas - Putzo*, ZPO, § 268 Anm. 3; wohl auch BFH 90, 367 (368) = BStBl 1968 II, 98, der Erledigung der Hauptsache und teilweise Klagerücknahme nebeneinander bejaht; *Ziemer*, FR 1969, 232 (236); a. A. *Schultzenstein*, Gruchot 27, 229 (287 ff.), der nur Klageänderung annimmt; *Walther*, Klageänderung, S. 128 ff.; *Rosenberg - Schwab*, ZPR, § 102 II 3, S. 505; § 131 I 3a, S. 656; § 131 III 2c, S. 659, die nur Klageänderung annehmen, wegen der Kosten aber § 271 Abs. 3 ZPO analog anwenden wollen.

[9] BFH 96, 510 (511) = BStBl 1970 II, 15 (16); im Anschluß an *Gräber*, DStR 1968, 491 (492 ff.); ebenso *Hübschmann - Hepp - Spitaler (v. Wallis/List)*, AO, § 72 FGO Rdnr. 9b.

[10] Gelegentlich wird zwar formuliert, bei dem zurückgenommenen Teil der Klage müsse es sich um einen selbständigen Teil des Streitgegenstandes handeln (so *Baumbach - Lauterbach*, ZPO, § 271 Anm. 2 A; *Thomas - Putzo*, § 271 Anm. 2a), aber daß über ihn ein Teilurteil möglich sein müsse, läßt sich aus dem Gesetzeswortlaut nicht entnehmen.

[11] Eine punktuelle Einschränkung der Klage in bezug auf bestimmte Vorfragenentscheidungen ist also nicht möglich, so FG Hamburg, EFG 1968, 469 und EFG 1970, 567; *Döllerer*, StBJb 1966/67, 451 (466); *Gräber*, DStR 1968, 491 (496); *Hübschmann - Hepp - Spitaler (v. Wallis/List)*, AO, § 72 FGO Rdnr. 9a; *Tipke - Kruse*, AO, § 72 FGO A 5; *Ziemer*, FR 1969, 232 (236).

der Gesamtüberprüfung zu der Auffassung kommt, der ursprüngliche Klageantrag (3000 DM) sei doch gerechtfertigt gewesen.

Eine nachträgliche Antragseinschränkung ist also nach der Saldierungstheorie zwar möglich, aber nicht empfehlenswert.

II. Individualisierungstheorie

Schränkt der Kläger seinen Klageantrag dem Steuerbetrage nach ein oder erweitert er ihn, so liegt auch nach der Individualisierungstheorie eine Klageänderung, gegebenenfalls verbunden mit einer teilweisen Klagerücknahme, vor. Insoweit unterscheiden sich die beiden Theorien nicht. Im Gegensatz zur Saldierungstheorie ist nach der Individualisierungstheorie eine Klageänderung jedoch auch in der Form möglich, daß der Kläger einzelne Streitpunkte fallen läßt und damit die Sachprüfung des Gerichts einschränkt[13]. Der Kläger kann in dem eben genannten Beispiel statt einer Herabsetzung auf 3000 DM eine Minderung auf nur 4000 DM begehren, weil er um die Sonderausgaben nicht mehr streiten will. Diesen Punkt braucht das Gericht dann nicht mehr zu prüfen. Insoweit führt die Individualisierungstheorie für das Gericht arbeitsmäßig zu einem günstigeren Ergebnis[14].

Nach der Individualisierungstheorie kann jedoch nicht eindeutig beantwortet werden, wann eine Klageänderung vorliegt. Auch hier wirkt sich die Konturenlosigkeit des „Klagegrundes" aus. Es ist z. B. zweifelhaft, ob eine Klageänderung schon dann vorliegt, wenn der Kläger später statt des Abzugs einer Rückstellung für den Prozeß x den Abzug einer Rückstellung für den Prozeß y in gleicher Höhe begehrt[15] oder ob nur eine Ergänzung der tatsächlichen Ausführungen im Sinne von § 268 Nr. 1 ZPO vorliegt. Die Individualisierungstheorie führt also auch bei der Klageänderung per Saldo nicht zu befriedigenderen Ergebnissen als die Saldierungstheorie.

D. Teilurteile, Grundurteile

Gegen die Saldierungstheorie spricht nach Meinung ihrer Gegner[16], daß bei Anfechtungsklagen gegen Steuerbescheide Grund- und Teilurteile nicht erlassen werden könnten.

---

[12] Daher ist zweifelhaft, ob der Kläger mit einer Kostenermäßigung nach § 141 FGO rechnen kann, vgl. BFH 96, 215 = BStBl 1969 II, 588.
[13] *Gräber*, DStR 1968, 491 (496).
[14] Das räumt auch der Große Senat des BFH ein: BFH 91, 393 (400) =BStBl 1968 II, 344.
[15] Bejahend *Müffelmann*, Objektive Grenzen, S. 177; *Martens, StuW 1966*, S. 689 (705); *Spanner*, Jahrbuch der Fachanwälte für Steuerrecht 1967/68, 173 (198); alle, ohne auf die Frage der Klagefrist einzugehen.
[16] FG Berlin, EFG 1969, 246 (247) unter Berufung auf *Gräber*, DStR 1968, 491 (492 f.).

I. Teilurteile, § 98 FGO

Nach der Saldierungstheorie sind bei Anfechtungsklagen gegen Steuerbescheide Teilurteile in der Tat nahezu ausgeschlossen. Teilurteile darf das Gericht nur erlassen, wenn die Möglichkeit, daß es sich später zu dem Teilurteil in Widerspruch setzen muß, ausgeschlossen ist[17]. Bei Anfechtungsklagen gegen Steuerbescheide besteht diese Möglichkeit jedoch stets. Es läßt sich nämlich nicht ausschließen, daß das Gericht im Verlauf der weiteren Prüfung doch noch zu der Überzeugung kommt, der ursprünglich vom Finanzamt festgesetzte Steuerbetrag sei im Ergebnis richtig. Dann würde die zunächst erfolgte Teilherabsetzung hinfällig. Teilurteile kann das Gericht nach der Saldierungstheorie daher nur erlassen, wenn der Steuerpflichtige mehrere Steuerbescheide anficht, oder wenn es sich um sonstige Streitigkeiten handelt[18].

Nach der Individualisierungstheorie kann dagegen das Gericht über einzelne Streitpunkte Teilurteile fällen, sofern es sich nicht um Steuern mit progressivem Tarif handelt. Begehrt z. B. der Kläger Herabsetzung der Umsatzsteuer um 3000 DM wegen dreier Beschwerdepunkte, die jeweils zu einer Steuerermäßigung von 1000 DM führen, so könnte das Gericht die Steuer durch Teilurteil zunächst wegen des einen Beschwerdepunktes herabsetzen und die Entscheidung im übrigen dem Schlußurteil vorbehalten. Nach der Saldierungstheorie wäre dagegen ein Teilurteil nicht statthaft, weil das Gericht ohnehin den ganzen Sachverhalt prüfen muß, bevor es die Steuer teilweise herabsetzen kann.

Diese eingeschränkte Möglichkeit, Teilurteile zu erlassen, wiegt jedoch nicht schwer. Auch wenn man der Individualisierungstheorie folgt, dürften Teilurteile praktisch selten vorkommen, weil das Finanzgericht regelmäßig alle umstrittenen Punkte gleichzeitig aufklären kann[19]. Zuzugeben ist jedoch, daß nach der Individualisierungstheorie der Anwendungsbereich des § 98 FGO weiter ist als nach der Saldierungstheorie.

II. Grundurteile, § 99 FGO

Nach der Saldierungstheorie ist ein Grundurteil über einzelne umstrittene Besteuerungsgrundlagen nicht zulässig[20]. § 284 Abs. 2 RAO

---

[17] BAG, DB 1971, 344; BGHZ 20, 311 (312); OLG Düsseldorf, NJW 1972, 1474; *Stein - Jonas (Schumann/Leipold)*, ZPO, § 301 Anm. II 2; *Thomas - Putzo*, ZPO, § 301 Anm. 1 b; *Redeker - v. Oertzen*, VwGO, § 110 Rdnr. 2.

[18] Ebenso im Ergebnis FG München, EFG 1969, 136.

[19] Vgl. *Eyermann - Fröhler*, VwGO, § 110 Rdnr. 3, die beim Erlaß von Teilurteilen Zurückhaltung empfehlen.

[20] Ebenso BFH 93, 365 = BStBl 1968 II, 804; 97, 407 = BStBl 1970 II, 188 (jeweils für einheitliche Gewinnfeststellungen); *Becker - Riewald - Koch*, AO, § 99 FGO Anm. 2 (2), S. 449; *Görg - Müller*, FGO, § 99 Rdnr. 507; *Gräber*,

1931, der diese Möglichkeit vorsah, ist in die FGO nicht übernommen
worden. „Grund des Anspruchs" sind alle klagebegründenden Tatsachen[21], nach der Saldierungstheorie also sämtliche Besteuerungsgrundlagen. Zwischenurteile über den Grund sind daher allenfalls dann statthaft, wenn der Steuerpflichtige gegen einen Änderungsbescheid ein-
wendet, die gesetzlichen Voraussetzungen für die Änderung hätten
nicht vorgelegen und außerdem habe das Finanzamt die Höhe des ge-
änderten Betrages falsch berechnet[22].

Folgt man dagegen der Individualisierungstheorie, so sind Grund-
urteile zwar denkbar. Das Finanzgericht könnte z. B. bei einer Klage
auf Herabsetzung der Einkommensteuer um 1000 DM, die sich darauf
stützt, das Finanzamt habe eine bestimmte Sonderausgabe nicht abgezogen, zunächst über den Grund, also über die Abzugsfähigkeit der
Sonderausgabe, entscheiden, und die Entscheidung über die Höhe der
daraus resultierenden Steuerermäßigung dem Betragsurteil vorbehalten. Nur selten wird jedoch die in § 99 FGO genannte Voraussetzung
erfüllt sein, daß der Anspruch nach Grund *und* Betrag strittig ist. Der
Steuer*betrag* wird selten umstritten sein, weil er sich, wenn die Entscheidung über den Grund gefallen ist, durch einfache Rechenoperatio-
nen oder einen Blick in die Steuertabelle ermitteln läßt[23]. § 99 FGO hat
also, auch wenn man der Individualisierungstheorie folgt, bei Anfechtungsklagen gegen Steuerbescheide nur geringe Bedeutung.

E. Zwischenergebnis

Die Saldierungstheorie führte bei den bisher erörterten Bewährungs-
punkten zu annehmbaren Ergebnissen. Zwar ist der Anwendungsbereich der §§ 98, 99 FGO enger als nach der Gegenmeinung. Auch kann
der Kläger nicht einzelne Streitpunkte der Prüfung durch das Gericht
entziehen und diesem so die Arbeit erleichtern. Dafür hat die Individualisierungstheorie den Nachteil, daß der „Klagegrund" — der umstrittene Teilsachverhalt oder die umstrittene Besteuerungsgrundlage —
zu unscharfe Konturen hat. Das führt bei der Rechtshängigkeit, der
objektiven Klagenhäufung und der Klageänderung zu Schwierigkeiten.
Per Saldo hat sich die Saldierungstheorie hier also bewährt.

DStR 1968, 491 (496); *Hübschmann - Hepp - Spitaler (v. Wallis/List)*, AO, § 99
FGO Rdnr. 10; *Tipke - Kruse*, AO, § 99 FGO A 2; *Ziemer*, FR 1969, 232 (236);
a. A. FG Düsseldorf, EFG 1966, 470; *Baltzer*, FR 1967, 95.

[21] *Stein - Jonas (Schumann/Leipold)*, ZPO, § 304 Anm. I 2b; *Thomas - Putzo*,
ZPO, § 304 Anm. 2b; *Redeker - v. Oertzen*, VwGO, § 111 Rdnr. 6.

[22] Diesen Fall erwähnt die Begründung zum Regierungsentwurf der FGO,
BT-Drucksache IV/1446 zu § 97, S. 55.

[23] Vgl. wegen der Fälle, in denen bei Anfechtungsklagen gegen Verwaltungsakte ein Streit um Grund *und* Betrag denkbar ist: *Grunsky*, Grundlagen,
§ 46 II 4b, S. 415.

F. Rechtskraft

I. Begrenzung der Problemstellung auf die Entscheidung des Gerichts nach § 100 Abs. 2 Satz 1 FGO

Als bedeutsamstes Argument gegen die Saldierungstheorie wird die beschränkte Bindungswirkung finanzgerichtlicher Urteile ins Feld geführt[24]. Es wird darauf hingewiesen, daß das Finanzamt die Steuerfestsetzung auch nach Rechtskraft des Urteils gemäß §§ 110 Abs. 2, 100 Abs. 1 Satz 1 Halbs. 2 FGO abändern oder aufheben könne, insbesondere wegen neu[25] bekannt gewordener Tatsachen oder Beweismittel nach § 222 Abs. 1 Nr. 1 und 2 RAO[26]. Eine solche nachträgliche Änderungsmöglichkeit sei mit dem umfassenden Streitgegenstand der Saldierungstheorie nicht vereinbar. Der Umfang der Bindung des Finanzamts an das Urteil des Finanzgerichts ist in der Tat problematisch. Zu den offenen Fragen, die den Umfang der Rechtskraft kassierender verwaltungsgerichtlicher Urteile im allgemeinen betreffen[27], kommen bei finanzgerichtlichen Urteilen über Steuerbescheide noch besondere Probleme hinzu, die sich aus der mißlungenen Regelung in §§ 110 Abs. 2 und 100 Abs. 1 Satz 1 Halbs. 2 FGO ergeben.

Allen diesen Fragen nachzugehen, würde den Rahmen der vorliegenden Arbeit sprengen. Ich will mich daher hier darauf beschränken zu prüfen, zu welchen Ergebnissen die Saldierungstheorie führt, wenn das Finanzgericht den Steuerbetrag nach § 100 Abs. 2 Satz 1 FGO selbst festsetzt. Zu dieser eigenen Festsetzung ist es nach der Rechtsprechung des Großen Senats des Bundesfinanzhofes[28] in aller Regel verpflichtet. Es darf den Steuerbescheid regelmäßig nicht nach § 100 Abs. 2 Satz 2 FGO aufheben und die Sache zur erneuten Entscheidung an das Finanz-

---

[24] FG Berlin, EFG 1969, 246 (247); *Knauer*, Verw.Arch. 60 (1969), 148 (161 ff.); *Martens*, FR 1968, 361 (365); *Spanner*, Jahrbuch der Fachanwälte für Steuerrecht 1967/68, 173 (189 ff.).

[25] „Neu" im Sinne von § 222 Abs. 1 Nr. 1 und 2 RAO sind *neu bekannt gewordene* Tatsachen und Beweismittel, vgl. *Hübschmann - Hepp - Spitaler (Paulick)*, AO, § 222 Rdnr. 84; nur um diese Art von „neuen" Tatsachen geht es im folgenden. Die nach Rechtskraft des Urteils *neu entstandenen* Tatsachen spielen im Steuerrecht eine untergeordnete Rolle und sollen daher außer Betracht bleiben.

[26] Mit dieser Korrekturmöglichkeit will ich mich im folgenden ausschließlich auseinandersetzen.

[27] Vgl. dazu die Kommentare zu § 121 VwGO und zusammenfassend *Schlosser*, Gestaltungsklagen, S. 409 ff.

[28] BFH (Gr. S.) 94, 436 = BStBl 1969 II, 192; zustimmend *Bettermann*, Festschrift für Wacke, 233 (246); *Ziemer*, FR 1969, 253; *Ziemer - Birkholz*, FGO, § 100 Rdnr. 90 ff.; ablehnd *Eisenberg*, FR 1970, 67; *Tipke - Kruse*, AO, § 100 FGO A 6; in der Sache auch *Martens*, FR 1968, 361 (noch zu BFH 89, 253). Auch *vor* Inkrafttreten der FGO mußten die Finanzgerichte regelmäßig den Steuerbetrag selbst im Urteil festsetzen, § 284 Abs. 1 Satz 2 RAO 1931.

amt zurückverweisen, sondern muß selbst in der Sache entscheiden, wenn es die Anfechtungsklage ganz oder teilweise für begründet hält. Außer Betracht bleiben sollen also die Fälle, in denen das Finanzgericht die Klage vollständig abweist oder den Steuerbescheid nach § 100 Abs. 1 Satz 1 FGO ausnahmsweise vollständig aufhebt. Trotz dieser Beschränkung läßt sich ein ausreichendes Bild von den Auswirkungen der Saldierungstheorie auf den Umfang der Bindung des Finanzamts gewinnen.

Zur Verdeutlichung der Problematik sei folgendes Beispiel vorangestellt:

Beispiel:

Eine Aktiengesellschaft hat ihren Körperschaftsteuerbescheid für 1970 angefochten. Sie verlangt Herabsetzung der Steuer um 50 000 DM von 100 000 000 DM auf 99 950 000 DM mit der Begründung, das Finanzamt habe abweichend von ihrer Steuerbilanz die Halb- und Fertigfabrikate um 100 000 DM höher bewertet, weil die Löhne einer bestimmten Arbeitnehmergruppe als Herstellungskosten dieser Fabrikate anzusehen seien, § 6 EStG. Diese Auffassung sei unzutreffend. Es handle sich um Arbeitnehmer, die mit der Herstellung der Fabrikate nichts zu tun gehabt hätten. Die Arbeitnehmer seien auf einem landwirtschaftlichen Mustergut mit Gartenarbeiten beschäftigt gewesen. Das Finanzgericht gibt der Klage statt und setzt die Steuer antragsgemäß auf 99 950 000 DM fest. In den Entscheidungsgründen geht es nur auf die Behandlung der Löhne als Herstellungskosten ein. Es schließt sich der Auffassung der Klägerin an.

Nach Unanfechtbarkeit des Urteils führt das Finanzamt eine Betriebsprüfung durch. Der Betriebsprüfer stellt fest:

a) Die Arbeitnehmer, deren Löhne das Finanzgericht nicht als Herstellungskosten angesehen hat, waren 1970 tatsächlich an der Herstellung der Halb- und Fertigfabrikate beteiligt. Erst 1971 wurden sie auf das Landgut abkommandiert. Diese zeitliche Verschiebung war infolge eines Buchhaltungsfehlers bisher allen Beteiligten unbekannt.

b) Die Steuerpflichtige hat weiterhin einen Teil der Halb- und Fertigfabrikate nicht aktiviert. Das war bisher dem Finanzamt und dem Finanzgericht nicht bekannt. Die daraus resultierende Steuernachforderung beträgt 2 Millionen DM.

c) Bei anderen Bilanzposten ergeben sich sowohl zugunsten als auch zuungunsten der Steuerpflichtigen „neue" Tatsachen, die per Saldo eine weitere Steuernachforderung von 5 Millionen DM rechtfertigen.

d) Außerdem stellt der Betriebsprüfer fest, daß dem Finanzamt bei der erstmaligen Festsetzung der Steuer Fehler unterlaufen sind, die es bei sorgfältiger Prüfung der Steuererklärung vermeiden konnte. Die sich daraus ergebende Steuernachforderung, die also nicht auf „neuen"[29] Tatsachen beruht, beträgt 10 Millionen DM.

Das Finanzamt will den ganzen Fall „wiederaufrollen"[30] und die Steuerfestsetzung gemäß § 222 Abs. 1 Nr. 1 und 2 RAO auf (99 950 000 DM + 50 000 DM + 2 Mio + 5 Mio + 10 Mio DM =) 117 Mio DM heraufsetzen. Die Steuerpflichtige hält diese Heraufsetzung wegen der Rechtskraft des Urteils für unstatthaft. Sie meint, das Finanzamt sei mit sämtlichen nachträglich bekannt geworden Tatsachen präkludiert.

II. Der Grundsatz der Bindung des Finanzamts

Zunächst ist zu prüfen, ob das Finanzamt überhaupt an die Festsetzung der Steuer durch das Gericht gebunden ist.

1. Bindung „nach oben"

Hebt das Gericht den angefochtenen Verwaltungsakt nach § 113 Abs. 1 Satz 1 VwGO, § 100 Abs. 1 Satz 1 FGO auf, so ist umstritten, ob die Behörde ihn wiederholen darf[31] oder ob sie daran durch die Rechtskraft des Urteils gehindert ist[32]. Der Streit beruht auf zwei Ursachen:

---

[29] Nach h. M. kommt es für die „Neuheit" im Sinne von § 222 Abs. 1 RAO nicht auf die tatsächliche Kenntnis des Finanzamts an, sondern auf das Kennen-müssen; vgl. BFH 79, 436 (438) = BStBl 1964 III, 390; *Hübschmann - Hepp - Spitaler (Paulick)*, AO, § 222 Rdnr. 82 ff. (122 ff.); *Kühn*, AO, § 222 Anm. 5b, S. 317; *Mittelbach*, DStR 1971, 31; *Vogel*, Gutachten zum 46. DJT, Band I, Teil 5, 21; im Ergebnis ebenso *Tipke - Kruse*, AO, § 222 A 14.

[30] Vgl. zum Streit um die Zulässigkeit der „Wiederaufrollung" *Hübschmann - Hepp - Spitaler (Paulick)*, AO, § 222 Rdnr. 169 ff.; *Tipke - Kruse*, AO, § 222 A 19 mit Nachw. Die Rechtsprechung des RFH und BFH läßt sie seit RFH 15, 156 zu; vgl. BFH 95, 236 = BStBl 1969 II, 409; nach § 154 Abs. 1 EAO 1974 soll sie in Zukunft ausgeschlossen sein, vgl. die amtliche Begründung, BT-Drucksache VI/1982, S. 153.

[31] So eine Mindermeinung: PrOVGE 103, 175 (179); 104, 260 (262); OVG Lüneburg vom 25. 4. 1952, zit. bei *Naumann*, DVBl 1952, 695; *Goessl*, Organstreitigkeiten, S. 208; *Müller*, DVBl 1963, 404; *Klinger*, VwGO, § 121 Anm. D 3c, S. 555 bei Vorliegen eines öffentlichen Interesses; *Rupp*, AöR 85 (1960), 149 (301, 314); grundsätzlich auch *Wacke*, AöR 79 (1953/54), 158 (172 ff.).

[32] So die h. M. BVerwGE 14, 359 (362); 16, 224 (226); BVerwG, DVBl 1963, 64; BSGE 8, 185 (190) = SGb 1959, 264 = NJW 1959, 743; OLG Frankfurt, DV 1949, 471 (473); OVG Lüneburg, AS 6, 261 = VerwRspr. 5, 119 = DVBl 1952, 693 mit zustimmender Anm. Naumann; *Althammer*, NJW 1959, 2046; *Bachof*, VerfR II, S. 199; *ders.*, Vornahmeklage, S. 140; *Bähr*, Maßgebliche Rechts- und Sachklage, S. 133; *Bötticher*, Festschrift für Dölle, S. 41 (61 f.); *Haustein*, Streitgegenstand, S. 286; *Haueisen*, NJW 1960, 313 (316); *Jellinek*, VerwR, S. 309; *Lüke*, JuS 1967, 1 (4); *Menger*, Verw.Arch. 50 (1959), 393 f. und Verw.-Arch. 54 (1963), 289; *Martens*, DöV 1964, 365 (368); *Müffelmann*, Objektive Grenzen, S. 130; *Niese*, JZ 1952, 353 (354); *Otto*, Präklusion, S. 100; *Schachtschneider*, JuS 1970, 574 (576); *ders.* im Ergebnis in Verw.Arch. 63 (1972), 112 (138); *Siegmund-Schultze*, Zum Streitgegenstand, S. 120 (134); *Zeuner*,

Einmal sind die anhand der Leistungsklage im Zivilprozeß entwickelten Streitgegenstandsdefinitionen[33] schlecht geeignet, den Fall eines erneuten, aber gleichlautenden Eingriffs der beklagten Behörde zu erfassen. Zum anderen entscheidet das Gericht über die Rechtmäßigkeit oder Rechtswidrigkeit des Verwaltungsakts — jedenfalls ausdrücklich — nicht im Tenor, sondern in den Gründen des Urteils[34]. Es ist schwierig, einen Streitgegenstand zu konstruieren, der es ermöglicht, beide Klippen zu umschiffen[35]. Zunehmend wird daher die Auffassung vertreten[36], die Verwaltung sei bei einem kassatorischen Urteil nicht durch die materielle Rechtskraft, sondern durch eine besondere „innerprozessuale" Bindungswirkung des Urteils — genauer wohl: der Entscheidungsgründe — an der Wiederholung eines gleichlautenden Verwaltungsakts gehindert.

Dieser Streit kann hier auf sich beruhen. Verlangt der Kläger eine Änderung des Steuerbescheides nach § 40 Abs. 1 FGO, so geht sein Begehren nicht nur auf Aufhebung eines bestimmten Verwaltungsakts, sondern auf Reformation, auf Feststellung der rechtmäßigen Steuerforderung durch das Gericht. Er behauptet, die Steuerfestsetzung des Finanzamts sei rechtswidrig, stattdessen sei ein anderer Betrag rechtmäßig. Hier jedenfalls ist die Behauptung, ein anderer als der vom Finanzamt festgesetzte Betrag sei rechtmäßig, nicht nur Vorfrage, sondern gehört zum Streitgegenstand. Dementsprechend entscheidet das Gericht, wenn es die Steuer nach § 100 Abs. 2 Satz 1 FGO selbst festsetzt, prinzipal, im Tenor, über die Rechtmäßigkeit des Steuerbescheides, nicht nur in den Urteilsgründen. Der Ausspruch, ein bestimmter Betrag werde rechtens geschuldet, enthält zugleich als unvereinbares Gegenteil[37] die Feststellung, *mehr* als dieser festgesetzte Betrag werde nicht geschuldet.

An diese (negative) Feststellung, mehr als der festgesetzte Betrag werde nicht geschuldet, sind das Gericht und die Parteien[38] gebunden. Die Feststellung gehört zum Tenor des Urteils, zu seinem letzten Subsumtionsschluß, der nach allen Theorien an der Rechtskraft des Urteils

---

Rechtskraft, S. 123 ff., ausgehend von seiner besonderen Rechtskraftlehre; sowie die Kommentare zur VwGO; früher § 70 Abs. 1 VGG Rhld.-Pflz.

[33] Oben Teil 3 B I.

[34] Vgl. *Bettermann*, DVBl 1953, 163 ff.

[35] Eine Übersicht über die Versuche gibt *Schlosser*, Gestaltungsklagen, S. 409 ff.

[36] *Schlosser*, Gestaltungsklagen, S. 409 ff.; *Teufel*, Bindung der Verwaltung, S. 110 ff.; im Ergebnis auch *Huppertz*, Streitgegenstand, S. 185 ff.

[37] *Blomeyer*, ZPR, § 89 V 3, S. 459; vgl. auch BVerwGE 25, 7 (9).

[38] §§ 110 Abs. 1 FGO, 121 VwGO wenden sich zwar nur an die Beteiligten, während § 322 Abs. 1 ZPO jedenfalls in erster Linie eine Entscheidungs- oder Verhaltensnorm für das Gericht aufstellt. Dennoch besteht kein Zweifel, daß auch nach der VwGO und FGO die Gerichte durch die Rechtskraft gebunden sind, vgl. *Schachtschneider*, Verw.Arch. 63 (1972), 112 (287).

7*

teilnimmt[39]. Erläßt das Finanzamt nachträglich in der gleichen Sache einen vom Urteilsinhalt abweichenden höheren Steuerbescheid, so muß das Gericht ihn im Grundsatz ohne sachliche Prüfung aufheben, weil es sich nicht in Widerspruch zu seiner ersten Entscheidung setzen darf. Prüfen darf es nur, ob „eadem res" vorliegt.

2. Bindung „nach unten"

Setzt das Finanzgericht die Steuer nach § 100 Abs. 2 Satz 1 FGO selbst fest, so steht stets fest, daß der Kläger keinen *höheren* Betrag schuldet. Ob das Gericht auch rechtskraftfähig entschieden hat, daß der Kläger keinen *niedrigeren* Betrag schulde, hängt dagegen vom Umfang des Streitgegenstandes und des Erfolgs der Klage ab.

a) Teilweiser Erfolg der Klage

Hat der Kläger den Steuerbescheid ganz oder teilweise angegriffen, das Gericht der Klage aber nur *teilweise* stattgegeben, so steht fest, daß der Kläger keinen niedrigeren als den vom Gericht festgesetzten Betrag schuldet. Denn sonst hätte das Gericht dem Herabsetzungsantrag weitergehend stattgeben müssen. Das Finanzamt darf die Steuer also im Grundsatz nachträglich nicht noch weiter ermäßigen. Die Ansicht Jauernigs[40], das Finanzamt sei niemals gehindert, die Steuerfestsetzung nach Rechtskraft herabzusetzen, ebenso wie ein Gläubiger nachträglich auf die rechtskräftig zugesprochene Leistung verzichten könne, halte ich für unzutreffend. Sie wäre richtig, wenn die nachträgliche Herabsetzung im Ermessen des Finanzamts stünde[41]. Das ist jedoch nicht der Fall. Das Finanzamt ist daher durch die Feststellung des Gerichts, ein bestimmter Betrag werde von Rechts wegen geschuldet, gebunden.

b) Voller Erfolg einer Teilklage

Hat der Kläger die Steuerfestsetzung nur zu einem Teilbetrag angegriffen, so ist es dem Gericht nach § 96 Abs. 1 Satz 2 FGO verwehrt, die Steuer über den Antrag hinaus herabzusetzen. Gibt es dieser Klage in *vollem Umfang* statt, so bleibt offen, ob der Kläger von Rechts wegen nicht noch weniger Steuern zu zahlen braucht. Das Finanzamt kann die Steuer also nachträglich gemäß § 222 Abs. 1 Nr. 2 RAO herabsetzen, ohne durch die Rechtskraft des Urteils gebunden zu sein.

---

[39] Vgl. statt aller *Blomeyer*, aaO, § 89 V, S. 457 ff.
[40] Verhandlungsmaxime, S. 39.
[41] Zum Zweitbescheid nach rechtskräftiger Aberkennung eines Leistungsanspruchs *Schachtschneider*, Verw.Arch. 63 (1972), 112, 277 ff.

III. Der Umfang der Bindung „nach oben" im einzelnen

1. Allgemeines

Nach § 110 Abs. 1 FGO ist das Finanzamt als Beteiligter an das rechtskräftige Urteil soweit gebunden, als über den Streitgegenstand entschieden worden ist. Streitgegenstand ist nach der Saldierungstheorie entweder das Klagebegehren auf Änderung der Steuerfestsetzung oder die Behauptung des Klägers, er habe einen Anspruch auf Herabsetzung der Steuer, oder seine Behauptung, der Steuerbescheid sei rechtswidrig und beschwere ihn[42]. Nicht zum Streitgegenstand gehört der Grund, auf den der Kläger sein Begehren oder seine Behauptung stützt. Entscheidet das Gericht in vollem Umfang über diesen Streitgegenstand zugunsten des Klägers, so müßte feststehen, daß das Klagebegehren oder die Behauptung des Klägers *unter jedem denkbaren Gesichtspunkt* gerechtfertigt ist. Dem Finanzamt müßte es daher verwehrt sein, die Steuerfestsetzung nach Rechtskraft des Urteils aus irgendeinem Grunde heraufzusetzen. Es müßte auf Grund der materiellen Rechtskraft[43] mit sämtlichen im Zeitpunkt des Eintritts der Rechtskraft vorhandenen Tatsachen und Beweismitteln präkludiert sein, gleichgültig, ob es sie bereits vorher kannte, kennen mußte oder nicht kennen mußte[44].

In der Tat hat der Reichsfinanzhof zunächst eine nachträgliche Korrektur der Steuerfestsetzung aus ähnlichen Erwägungen für unstatthaft erklärt[45]. In späteren Entscheidungen haben der Reichsfinanzhof und ihm folgend der Bundesfinanzhof sowie die herrschende Meinung im Schrifttum schon vor Inkrafttreten der FGO eine derart umfassende Bindung des Finanzamts abgelehnt[46]. Auch nach Inkrafttreten der FGO

---

[42] Oben Teil 3 B I.

[43] Ich gehe im folgenden davon aus, daß bei Urteilen nach § 100 Abs. 2 Satz 1 FGO die Präklusion der vorhandenen, aber im Prozeß nicht vorgebrachten Tatsachen und Beweismittel, soweit der Streitgegenstand reicht, eine Folge der materiellen Rechtskraft ist. Das ergibt sich aus §§ 110 Abs. 1 FGO, 121 VwGO. Vgl. zu dem Streit um die Grundlagen der Präklusion einerseits *Rosenberg*, SJZ 1950, Sp. 313 ff.; *Habscheid*, Streitgegenstand, S. 289 ff.; *Schwab*, Streitgegenstand, S. 158, die Rechtskraft und Präklusionswirkung auch innerhalb des Streitgegenstandes trennen; andererseits *Grunsky*, Grundlagen, § 47 IV 1 c aa, S. 443 und vor allem *Otto*, Präklusion, S. 88 ff., die mit zutreffender Begründung eine Trennung ablehnen, soweit der Streitgegenstand reicht, und die Präklusion insoweit als Folge der Rechtskraft bezeichnen.

[44] BVerwGE 14, 359 (362); 16, 36 (38); *Jauernig*, Verhandlungsmaxime, S. 24 ff., 55 ff.; im Grundsatz auch *Grunsky*, Grundlagen, § 47 IV 1 c, S. 441.

[45] Grundlegend RFH (II. Senat) 21, 85 (87) = StuW 1927 Nr. 296; ebenso zunächst der IV. Senat, RFH 24, 27 = StuW 1928 Nr. 467; RFH, StuW 1928 Nr. 739; zustimmend *Niemann*, Vierteljahreszeitschrift 1930, 173 (319); ders., Verw.Arch. 40 (1935), 135 (150 ff.); *Scheuffler*, StuW 1940, Sp. 243 (255 ff.); *Rolf Kühn*, StuW 1942, Sp. 89 (102 ff.).

[46] Vgl. die umfassenden Nachw. bei *Müffelmann*, Objektive Grenzen, S. 33 ff.

befürwortet die nahezu einhellige Meinung im Schrifttum[47] — Rechtsprechung liegt noch nicht vor[48] — eine Begrenzung der Präklusionswirkung. Die herrschende Meinung weist darauf hin, daß das Finanzgericht den Steuerfall nur selten umfassend prüfen könne, sich vielmehr im Regelfall darauf beschränken müsse, die von den Parteien gerügten Fehler bei bestimmten Besteuerungsgrundlagen zu prüfen[49]. Es sei weder mit der Gleichmäßigkeit der Besteuerung noch mit den Bedürfnissen der Steuerverwaltung, d. h. mit dem Finanzbedarf des Fiskus, vereinbar, wenn dem Finanzamt eine Nachforderung der Steuer nach § 222 Abs. 1 Nr. 1 RAO verwehrt werde[50].

Diese Forderung nach Begrenzung der Präklusionswirkung des finanzgerichtlichen Urteils ist verständlich. Es wäre in der Tat schwer erträglich, wenn ein Steuerpflichtiger vor Nachforderungen geschützt sein sollte, wenn er seinen Steuerbescheid wegen irgendeiner Bagatelle angefochten und das Gericht seiner Klage stattgegeben hat. Das wird in dem oben gebildeten Beispiel[51] deutlich. Es ist ausgeschlossen, daß das Finanzgericht hier mehr als einen Bruchteil der Bilanz prüft. Soll sich die Aktiengesellschaft der ungerechtfertigten Steuervorteile, die sie sich gegenüber ihren Konkurrenten und der Allgemeinheit verschafft hat, nur deshalb ungestört erfreuen, weil sie ihren Körperschaftsteuerbescheid wegen eines Nebenpunktes gerichtlich angefochten und insoweit Recht bekommen hat? Die Folge wäre, daß gerade in den bedeutenden und daher notwendig unübersichtlichen Steuerfällen die postprozessuale Nachforderung von Steuern ausgeschlossen wäre, obwohl hier die Berechtigung für derartige Nachforderungen besonders groß ist. Der Steuerpflichtige brauchte nur eine für ihn günstige Tatsache in seiner Steuererklärung zu verschweigen und sie später im Prozeß „nachzuschieben". Gibt das Gericht seiner Anfechtungsklage statt und setzt es die Steuer gemäß § 100 Abs. 2 Satz 1 FGO herab, so wäre er vor einer späteren Betriebsprüfung sicher[52].

---

[47] Dazu unten Abschn. IV mit den verschiedenen Begründungen. Soweit ich sehe, hat sich von den Anhängern der Saldierungstheorie nur Jauernig, Verhandlungsmaxime, S. 35 ff. für eine unbegrenzte Präklusion ausgesprochen. Unklar v. Wallis, StbJb 1967/68, 407 (429), der zwar einerseits die umfassende Wirkung der Rechtskraft betont, andererseits aber unter Hinweis auf § 100 Abs. 1 Satz 1 Halbs. 2 FGO davon spricht, das Finanzamt könne Steuern wegen „neuer" Tatsachen nachfordern; ebenso unklar Barske-Woerner, FGO, S. 57 und S. 115 und Döll, StbJb 1966/67, 451 (469).

[48] BFH 104, 411 = BStBl 1972 II, 382 beschäftigt sich nur mit der hier nicht interessierenden Frage der Bindung bei der Fortschreibung von Einheitswerten nach § 225a RAO.

[49] Dazu oben Teil 3 C III 2.

[50] So z. B. RFH 29, 61 (64); Hensel, Steuerrecht, 3. Aufl., S. 134, Ziemer in den Beratungen der FGO im Rechtsausschuß des Bundestages, 4. Wahlperiode, Protokoll der 133. Sitzung, S. 30; Müffelmann, Objektive Grenzen, S. 47 f.

[51] Abschn. F I.

[52] Hensel, Steuerrecht, 3. Aufl., S. 134.

Hier — in dem Erfordernis der Einschränkung der Präklusionswirkung — liegt die Achillesferse der Saldierungstheorie. Denn die gesetzliche Regelung in der FGO, die eine Begrenzung der Präklusion ermög-
lichen soll, ist lückenhaft und unklar. Sie geht, wie sich aus der Entstehungsgeschichte ergibt, auf unzutreffende Vorstellungen des Gesetzgebers über den Streitgegenstand und die materielle Rechtskraft zurück.
Die Anhänger der Saldierungstheorie sind daher gezwungen, trotz dieser Lückenhaftigkeit Wege zu suchen, die zu befriedigenden Ergebnissen
führen.

Die Individualisierungstheorie vermeidet viele Schwierigkeiten, indem sie den Streitgegenstand von vornherein auf einen vom Gericht
überprüfbaren Teil der Besteuerungsgrundlagen beschränkt[53]. Darin
liegt ihr unbestreitbarer Vorteil. Sie ist aber ebenfalls nicht frei von
Mängeln. Zunächst ergeben sich bei ihr mit umgekehrten Vorzeichen
ähnliche Probleme wie bei der Saldierungstheorie: Fraglich ist ebenfalls, ob das Finanzamt nachträglich die Entscheidung des Gerichts um-
stoßen darf, wenn ihm insoweit Tatsachen und Beweismittel neu bekannt werden. Auch nach der Individualisierungstheorie stellt sich also
das unten erörterte Problem einer analogen Anwendung des § 100 Abs. 1
Satz 1 Halbs. 2 FGO und der Auslegung des § 110 FGO[54]. Zusätzliche
Schwierigkeiten ergeben sich für die Individualisierungstheorie auf
Grund der Unschärfe ihres „Klagegrundes". Sie kann nicht eindeutig
beantworten, ob in dem oben genannten Beispiel die Rechtskraft den
ganzen Komplex „Bewertung der Halb- und Fertigfabrikate" erfaßt
oder nur den Teilkomplex „Löhne". Der Umfang der Bindungswirkung
ist also auch dann problematisch, wenn man der Individualisierungstheorie folgt, allerdings nicht in dem gleichen Umfang wie nach der Saldierungstheorie.

Im folgenden soll geprüft werden, ob sich ein dogmatisch befriedigender Weg für die nach der Saldierungstheorie als notwendig empfundene
Begrenzung der Bindung des Finanzamts finden läßt.

2. Zur Entstehungsgeschichte der §§ 110, 100 Abs. 1 Satz 1 Halbs. 2 FGO

Die Begrenzung der Rechtskraft läßt sich, wenn überhaupt, nur aus
den §§ 110 Abs. 1 und 2 oder aus 100 Abs. 1 Satz 1 Halbs. 2 FGO herleiten. Zum Verständnis dieser Vorschriften, insbesondere zum Verständnis des § 100 Abs. 1 Satz 1 Halbs. 2 FGO, ist es erforderlich, einen Blick
auf ihre Entstehungsgeschichte zu werfen:

---

[53] Vgl. *Müffelmann*, Objektive Grenzen, S. 182 ff.; *Spanner*, Jahrbuch der
Fachanwälte für Steuerrecht 1967/68, 173 (189 ff.).
[54] Unten Abschn. IV 1 und 3.

a) Rechtskraft

Nach der amtlichen Begründung zu § 106 Satz 2 des Entwurfs der FGO (= § 110 Abs. 2 FGO) sollte die vor Einführung der FGO zur Bindungswirkung vertretene herrschende Meinung auch weiterhin „gültig" bleiben[55]. Diese herrschende Meinung lief in etwa auf das hinaus, was § 100 Abs. 1 Satz 1 Halbs. 2 FGO für kassatorische Entscheidungen bestimmt: Keine Bindung des Finanzamts, soweit ihm nachträglich Tatsachen und Beweismittel bekannt werden, die es nicht bereits im laufenden Prozeß vortragen konnte[56]. Gebunden sein sollte es nur an die Rechtsauffassung des Gerichts. Es durfte daher die Steuerfestsetzung nicht wegen abweichender Rechtsauffassung nach § 222 Abs. 1 Nr. 3 oder 4 RAO ändern[57], es sei denn, die neu bekannt gewordenen Tatsachen machten zusammen mit den bisher bekannten eine andere rechtliche Beurteilung erforderlich[58]. Diese Bindungswirkung galt bei allen Arten von Urteilen, unabhängig davon, ob das Gericht den Steuerbescheid kassierte oder reformierte oder den Rechtsbehelf abwies. Die Rechtskraft wurde also seit der grundlegenden Entscheidung des Reichsfinanzhofes vom 20. 5. 1931[59] nicht als Bindung an den Tenor des Urteils, sondern als Bindung an die Entscheidungsgründe verstanden. Das Gericht konnte in der Urteilsformel entscheiden, was es wollte, das Finanzamt durfte davon abweichen, wenn die Voraussetzungen des § 222 Abs. 1 Nr. 1 oder 2 RAO vorlagen. Gebunden war das Finanzamt nur an die tatsächlichen Feststellungen des Gerichts, solange der Behörde keine „neuen" Tatsachen bekannt wurden, und an die in den Entscheidungsgründen zum Ausdruck gekommene Rechtsauffassung des Gerichts. Die herrschende Meinung setzte also in etwa Rechtskraft und innerprozessuale Bindung im Sinne von §§ 565 Abs. 2 ZPO, 126 Abs. 5 FGO gleich[60].

Bedauerlicherweise hat der Gesetzgeber bei seinem Bemühen, die bisher vertretene herrschende Meinung zu legalisieren, nicht erkannt, daß ein derartiges Verständnis der materiellen Rechtskraft mit der in § 121 VwGO und § 322 Abs. 1 ZPO getroffenen Regelung, die als § 110 Abs. 1 in die FGO übernommen werden sollte, unvereinbar ist. Sind die

---

[55] BT-Drucksache IV/1446, S. 56 r; vgl. auch die Diskussion um § 106 Satz 2 des Entwurfs im Rechtsausschuß, 4. Wahlperiode, Protokoll der 133. Sitzung, S. 29 ff. und die amtliche Begründung zum Entwurf der FGO von 1958, BT-Drucksache III/127 zu § 96, S. 45.

[56] Grundlegend RFH 29, 61 (63) = RStBl 1931, 481; BFH 61, 27 (31) = BStBl 1955 III, 208; vgl. die umfassenden Nachw. bei *Müffelmann*, Objektive Grenzen, S. 33 ff.; *Berger*, Steuerprozeß, § 243 RAO, S. 246 f.

[57] RFH, StuW 1930 Nr. 454; RFH, StuW 1930 Nr. 1310; BFH 63, 53 = BStBl 1956 III, 216; BFH 64, 253 = BStBl 1957 III, 98; BFH 65, 495 = BStBl 1957 III, 423; BFH 71, 741 = BStBl 1960 III, 524.

[58] RFH, StuW 1931 Nr. 767.

[59] RFH 29, 61 (63).

[60] *Müffelmann*, Objektive Grenzen, S. 52.

objektiven Grenzen der materiellen Rechtskraft vom Streitgegenstand abhängig und wird dieser seinem Umfang nach vom Kläger bestimmt, so können die Parteien nicht an die in den Gründen des Urteils zum Ausdruck gekommene Rechtsauffassung und an die Tatsachenfeststellungen des Gerichts gebunden sein. Bindend ist vielmehr die in der Urteilsformel enthaltene Entscheidung über den Streitgegenstand; bei einem Urteil nach § 100 Abs. 2 Satz 1 FGO also die Steuerfestsetzung. Darüber sind sich, soweit ich sehe, Rechtsprechung und Schrifttum einig[61]. Umstritten ist nur, ob die Parteien und das Gericht *zusätzlich* zur Bindung an den Tenor des Urteils in besonderen Fällen — im Rahmen objektiver Sinnzusammenhänge — *auch* an einzelne Urteilselemente gebunden sein können[62]. Daß die materielle Rechtskraft *nur* die Bindung an die Gründe des Urteils zum Inhalt hat, wird, soweit ich sehe, nicht vertreten. Der Gesetzgeber ging also von einem Rechtskraftverständnis aus, das angesichts der Verbindung von Rechtskraft und Streitgegenstand nach § 110 Abs. 1 FGO einerseits und Streitgegenstand und Antragsbindung des Gerichts nach § 96 Abs. 1 Satz 2 FGO andererseits verfehlt ist.

b) Streitgegenstand

Daß die Verfasser des Entwurfs der FGO die Unvereinbarkeit der aus der VwGO übernommenen Rechtskraftregelung mit der bisher herrschenden Meinung über die Bindungswirkung finanzgerichtlicher Anfechtungsentscheidungen nicht erkannt haben, beruht auf ihrer unrichtigen Vorstellung vom Streitgegenstand. In der amtlichen Begründung[63] zu § 106 Satz 2 des Entwurfs = § 110 Abs. 2 FGO heißt es: „Die Rechtskraft wirkt nur soweit, als es sich um dieselben Beteiligten und denselben Streitgegenstand handelt. *In Steuersachen fehlt es aber an der Identität des Streitgegenstandes beispielsweise, soweit sich der vom Gericht festgestellte und der Entscheidung zugrunde gelegte Sachverhalt nachträglich als unrichtig herausstellt*"[64]. Bei einem derartigen Streitgegenstand ist die Bindung des Finanzamts in der Tat auf die vom Gericht den Urteilsgründen geäußerte Rechtsauffassung beschränkt. Denn das Gericht hat nur über den ihm bekannten Sachverhalt entschieden, nicht über den Steueranspruch selbst. Diese Streitgegenstandsdefinition

---

[61] Vgl. statt aller *Bomeyer*, ZPR, § 89 I, S. 448 ff.; *Rosenberg - Schwab*, ZPR, § 154, S. 802 ff.; *Zeuner*, Objektive Grenzen, S. 1; *Hübschmann - Hepp - Spitaler (v. Wallis/List)*, AO, § 110 FGO, Rdnr. 34.

[62] So die oben Teil 2 FN 59 erwähnte Mindermeinung.

[63] BT-Drucksache IV/1446, S. 56.

[64] Die Definition geht wohl auf RFH 29, 61 (63) zurück, obwohl dort nicht vom Streitgegenstand die Rede ist; sie erinnert an § 80 MRVO Nr. 165; vgl. dazu *Haustein*, Streitgegenstand, S. 257.

ist aber nach jeder der heute vertretenen Streitgegenstandstheorien[65] unhaltbar. Solange die Finanzgerichte nach der Art von Aufsichtsbehörden den Steuerbescheid in peius reformieren konnten, war es allerdings nicht abwegig[66], den Urteilsgegenstand von dem Umfang der Sachverhaltsaufklärung durch das Gericht abhängig zu machen, weil dem Kläger das Dispositionsrecht über den Umfang des Streitgegenstandes fehlte. Nachdem der Gesetzgeber jedoch in den Beratungen im Finanz- und Rechtsausschuß des Bundestages die Möglichkeit der reformatio in peius beseitigt und das Gericht an den Antrag des Klägers gebunden hat, kann der Streitgegenstand nicht mehr davon abhängig sein, in welchem Umfang das Gericht den Sachverhalt aufgeklärt hat. Nun bebestimmt einzig und allein *der Kläger* den Umfang des Streitgegenstandes, und zwar *bevor* das Gericht den Sachverhalt aufklärt. Der vom Gericht beurteilte Sachverhalt kann daher für den Umfang des Streitgegenstandes keine Rolle spielen[67].

Ob der Gesetzgeber die Bedeutung der neu eingeführten Bindung des Gerichts an den Antrag des Klägers für den Streitgegenstand und damit für die materielle Rechtskraft erkannt hat, läßt sich aus den Materialien zur FGO nicht erkennen. Jedenfalls wurde die vorgesehene gesetzliche Regelung über die Rechtskraft nicht mehr geändert. Einen Antrag, § 110 Abs. 2 FGO zu streichen, lehnte der Rechtsausschuß des Bundestages ab[68]. Die Mehrheit sprach sich für die Möglichkeit der nachträglichen Änderung nach § 222 Abs. 1 Nr. 1 und 2 RAO aus, wobei Ziemer von der Saldierungstheorie ausging und ausführte, das Gericht habe über den Streitgegenstand eben nur so weit entschieden, als ihm der Sachverhalt bekannt gewesen sei[69], während der Abgeordnete Dr. Winter die nachträgliche Abänderungsmöglichkeit von der Individualisierungstheorie her befürwortete. Im abschließenden Bericht des Rechtsausschusses[70] heißt es vieldeutig:

„Ein Antrag, Absatz 2 in der vom Finanzausschuß vorgesehenen Fassung zu streichen, wurde vom Rechtsausschuß abgelehnt, weil diese Bestimmung seiner Auffassung nach lediglich der Klarstellung dient, nicht etwa aber eine Einschränkung der in Abs. 1 Satz 1 geregelten Rechtskraftwirkung bedeutet."

---

[65] Vgl. oben Teil 3 B I; nur *Görg - Müller*, FGO, § 110 Rdnr. 596, übernehmen unbefangen die Definition der amtlichen Begründung.

[66] Vor Inkrafttreten der FGO konnte das Gericht vom Antrag des Kläges beliebig abweichen. Eine Koppelung der Rechtskraft an den vom Kläger bestimmten Streitgegenstand schied daher aus. In der Tat ist in der früheren Rechtskraftdiskussion vom Streitgegenstand nicht die Rede, vgl. *Müffelmann*, Objektive Grenzen, S. 44 f. und *Niemeyer*, Gegenstand des Verfahrens, S. 35 ff.

[67] Ebenso *Vogel*, Gutachten zum 46. DJT, Band I, Teil 5, 49 f.; *ders.*, DStR 1966, 387 (389).

[68] Antrag der Abgeordneten Dr. *Kuchtner*, Stenograph. Prot. der 133. Sitzung, 4. Wahlperiode, S. 29 ff.

[69] Stenograph. Prot. der 133. Sitzung, 4. Wahlperiode, S. 30.

[70] BT-Drucksache IV/3523 zu § 106, S. 11.

c) Ergebnis

Aus der Entstehungsgeschichte der FGO läßt sich entnehmen, daß der Gesetzgeber eine nachträgliche Änderung der Steuerfestsetzung durch das Finanzamt gemäß § 222 Abs. 1 Nr. 1 und 2 RAO zulassen wollte. Er ging jedoch bei der Fassung der §§ 110 Abs. 1 und 2 und 100 Abs. 1 Satz 1 Halbs. 2 FGO von einer unzutreffenden Vorstellung über den Streitgegenstand und den Inhalt der materiellen Rechtskraft aus.

IV. Grundlagen für die Begrenzung der Präklusion?

Angesichts seines unrichtigen Ausgangspunktes ist es nicht verwunderlich, daß der Gesetzgeber seine Absicht, die Bindung des Finanzamts zu begrenzen, im Gesetzeswortlaut für die hier erörterte Entscheidung nach 100 Abs. 2 Satz 1 FGO nicht zum Ausdruck gebracht hat. Das zeigt sich, wenn man versucht, die Begrenzung der Präklusionswirkung mit dem Gesetzeswortlaut und diesen mit einem zutreffenden Verständnis von Streitgegenstand und Rechtskraft in Einklang zu bringen.

1. § 110 Abs. 2 FGO

Durch § 110 Abs. 2 FGO wollte der Gesetzgeber die Präklusionswirkung beschränken[71]. Das ergibt die Entstehungsgeschichte[72]. Im Wortlaut der Vorschrift hat sich jedoch die gesetzgeberische Absicht nicht niedergeschlagen. Er besagt nur, daß das Finanzamt die Steuerfestsetzung nachträglich ändern kann, soweit es nicht durch § 110 Abs. 1, also durch die Rechtskraft des Urteils, gebunden ist. Das ist selbstverständlich und hätte keiner gesetzlichen Regelung bedurft. Durch den Zusatz „soweit sich aus Abs. 1 Satz 1 nichts anderes ergibt" verliert § 110 Abs. 2 FGO seinen Sinn. Was der Gesetzgeber dem Finanzamt geben wollte, nämlich die nachträgliche Änderungsmöglichkeit, nimmt er ihm mit diesem zweiten Halbsatz. Die Vorschrift dient damit nicht der „Klarstellung", wie die amtliche Begründung meint, sondern trägt im Gegenteil dazu bei, die Probleme zu vermehren.

Bedeutsam ist § 110 Abs. 2 FGO nur insofern, als sich e contrario aus ihm schließen läßt, daß das Finanzamt durch die Rechtskraft des Urteils an der Wiederholung des kassierten Verwaltungsakts gehindert sein soll[73]. § 110 Abs. 2 FGO entscheidet mithin, ohne daß dem Gesetzgeber

---

[71] So wird er teilweise auch im Schrifttum verstanden: *Grunsky*, Grundlagen, § 47 IV 1 c aa, S. 444; *Kruse*, Steuerrecht I, S. 320; auch *Barske - Woerner*, FGO, S. 115, die allerdings neben § 110 Abs. 2 auch § 100 Abs. 1 Satz 1 Halbs. 2 heranziehen, obwohl sie auf S. 57 die umfassende Wirkung der Rechtskraft nach der Saldierungstheorie betonen.

[72] Vgl. oben Abschn. III 2.

[73] Das war im Grundsatz bei Steuerbescheiden vor Einführung der FGO unstreitig, vgl. *Müffelmann*, Objektive Grenzen, S. 33 ff. mit Nachweisen.

das Problem bewußt gewesen ist, die im allgemeinen Verwaltungsprozeß umstrittene Frage[74], ob die Behörde an der Wiederholung eines
gerichtlich kassierten Verwaltungsakts gehindert sei, zugunsten der er-
wünschten[75] Bindung der Behörde. Über den *Umfang* dieser Bindung
sagt er jedoch nichts, verweist vielmehr insoweit auf § 110 Abs. 1 FGO.

2. § 110 Abs. 1 FGO

Die wohl herrschende Meinung[76] begründet die Einschränkung der
Präklusionswirkung des finanzgerichtlichen Urteils wie folgt: § 110
Abs. 1 FGO binde das Finanzamt nur „so weit, als[77]" über den Streitgegenstand entschieden worden ist. Das Gericht habe, so wird gelehrt,
nur „so weit" über den Streitgegenstand entschieden, „als" ihm der
Sachverhalt bekannt gewesen sei. § 100 Abs. 1 Satz 1 Halbs. 2 FGO hat
danach nur deklaratorische Bedeutung, weil er nur das wiederholt, was
nach § 110 Abs. 1 FGO ohnehin gilt[78].

In dem erwähnten Beispiel[79] darf das Finanzamt daher nach herrschender Meinung die Steuerfestsetzung nach Rechtskraft des Urteils in
den Punkten b und c korrigieren, weil dem Gericht „insoweit" der
Sachverhalt nicht bekannt war. Den Punkt d darf es aufgreifen, weil es
im Rahmen einer Änderung nach § 222 Abs. 1 Nr. 1 und 2 RAO den ganzen Fall „wiederaufrollen" darf. Zweifelhaft ist nur, ob es auch den vom
Gericht überprüften Punkt a — Löhne der umstrittenen Gruppe von
Arbeitnehmern — abweichend regeln kann. Immerhin könnte man hier
der Auffassung sein, dem Gericht sei der Sachverhalt insoweit „bekannt" gewesen, wenn er auch nicht der Wirklichkeit entsprach. Die

---

[74] Vgl. oben Abschn. F II 1 mit Nachweisen in FN 31 und 32.
[75] *Ule*, Verwaltungsgerichtsbarkeit, § 121 Anm. II 2b, bemerkt zu Recht:
„Ein Urteil, das die Verwaltungsbehörde bei unveränderter Sach- und Rechts-
lage nicht zu beachten brauchte, wäre eine bloße Farce."
[76] Ziemer in den Beratungen im Rechtsausschuß des Bundestages; *Gräber*,
DStR 1968, 491 (494); *Hüpschmann - Hepp - Spitaler (v. Wallis/List)*, AO, § 110
FGO Rdnr. 58; *Leingärtner*, DStR 1967, 591 (592); *Tipke - Kruse*, AO, § 110
FGO A 6; *Ziemer - Birkholz*, FGO, § 110 Rdnr. 48 ff.; *Ziemer - Haarmann*,
Einspruch, Beschwerde, Klage, II, Tz. 4937 ff.; dagegen *Vogel*, Gutachten zum
46. DJT, Band I, Teil 5, S. 50 f.; *ders.*, DStR 1966, 387 (389); *Knauer*, Verw.Arch.
60 (1969), 148 (163); *Stockhausen*, FR 1967, 350 (352); auch *Becker - Riewald -
Koch*, AO, § 110 FGO, Anm. 2 b (5) im Gegensatz zu Anm. 3 (5).
[77] Über die ursprüngliche Bedeutung in § 322 Abs. 1 ZPO vgl. *Habscheid*,
Streitgegenstand, S. 286; *Schwab*, Streitgegenstand, S. 149; *Zeuner*, Rechtskraft, S. 1/2: Abkehr von der Lehre Savignys von der Rechtskraft der Urteilselemente.
[78] Vgl. etwa *Tipke - Kruse*, AO, § 110 FGO A 6; *Döllerer*, StbJb 1966/67,
451 (467); *Vogel*, Gutachten zum 46. DJT, Band I, Teil 5, 49, 52; etwas anders
Ziemer - Birkholz, FGO, § 110 Rdnr. 49 ff. (59), die für den Fall der Kassation
nach § 100 Abs. 1 Satz 1 FGO den zweiten Halbsatz dieser Vorschrift heranziehen, im übrigen aber auf § 110 Abs. 1 FGO zurückgreifen.
[79] Oben Abschn. F I.

herrschende Meinung[80] hilft sich mit § 100 Abs. 1 Satz 1 Halbs. 2 FGO: Weil in diesem Punkt nachträglich Tatsachen bekannt geworden sind, scheidet eine Präklusion sogar in diesem vom Gericht überprüften Punkt aus. Ergebnis: Das Finanzamt ist beim nachträglichen Bekanntwerden von Tatsachen und Beweismitteln überhaupt nicht präkludiert. Es darf vom Ergebnis der gerichtlichen Entscheidung abweichen und ist nur an die Rechtsauffassung des Gerichts gebunden. Die Entscheidung des Gerichts steht gewissermaßen unter dem Vorbehalt späterer Prüfung durch das Finanzamt.

Die herrschende Meinung ist bereits im Ausgangspunkt verfehlt: Ist der Streitgegenstand, wie die Saldierungstheorie annimmt, eingliedrig, gehört zu ihm also weder der gesamte Lebenssachverhalt noch der vom Kläger zur Begründung seiner Anfechtungsklage vorgetragene Teil-Sachverhalt, so kann das Finanzgericht über einen „Sachverhalt" überhaupt nicht entscheiden: Weder über den ganzen Steuerfall, noch über den ihm bekannten *Teil* des Steuerfalls. §§ 110 Abs. 1 FGO und 121 VwGO knüpfen die Rechtskraft an den Streitgegenstand. Das Gericht kann zwar bewußt oder versehentlich über mehr oder weniger entscheiden als den Streitgegenstand[81]. Es kann z. B. die Steuer irrtümlich um 3000 DM herabsetzen, statt, wie beantragt, um 2000 DM; es kann bewußt oder versehentlich ein Teilurteil erlassen; es kann statt des beantragten Leistungsurteils ein Feststellungsurteil erlassen. Aber es darf nicht bewußt über etwas qualitativ anderes entscheiden als den Streitgegenstand. Was nicht Streitgegenstand ist, kann nicht Entscheidungsgegenstand sein, wenn man einmal von den Irrtumsfällen absieht. Nur an die Entscheidung über den Streitgegenstand ist das Finanzamt nach § 110 Abs. 1 FGO gebunden[82].

Selbst wenn man mit Lüke, Bähr u. a.[83] den gesamten vom Verwaltungsakt geregelten Einzelfall — bei Steuerbescheiden also den *ganzen*[84] Steuerfall — als Klagegrund zum Streitgegenstand rechnete, ließe sich die Begründung der herrschenden Meinung nicht halten. Man müßte

---

[80] Dagegen nur *Ziemer - Birkholz*, FGO, § 110 Rdnr. 70 sub a.

[81] Vgl. *Blomeyer*, ZPR, § 89 I 2, S. 448; die Irrtumsfälle sind der Ausgangspunkt der Lehre von der Trennung des Urteilsgegenstandes vom Streitgegenstand; vgl. auch *Martens*, DöV 1964, 365; *Stein - Jonas (Schumann/Leipold)*, ZPO, § 322 Anm. VI 5 a und b; vor allem *Blomeyer*, ZPR, § 89 III, S. 452; *ders.*, Festschrift für Lent, 43 ff.; *Lent*, ZZP 72 (1959), 63 (87 ff.).

[82] Ebenso *Vogel*, Gutachten zum 46. DJT, Band I, Teil 5, 50 f.; *ders.*, DStR 1966, 387 (389); vgl. auch *Henckel*, Parteilehre, S. 302.

[83] Vgl. oben Teil 3 B I 2.

[84] Daß der vom Kläger zur Klagebegründung vorgetragene *Teil* des Steuerfalls als „zweites Glied" des Streitgegenstandes (Klagegrund) nicht in Betracht kommt, weil die Rechtswidrigkeit des Steuerbescheides nicht „teilbar" ist, habe ich in Teil 3 nachgewiesen. Vgl. auch *Döllerer*, StbJb 1966/67, 451 (465).

dann annehmen, das Finanzgericht entscheide bewußt und gewollt nur über einen Teil des Streitgegenstandes, nämlich über den ihm bekannten Teil des Lebenssachverhalts. Denn ihm ist ja bewußt, daß es einen großen Teil der Besteuerungsgrundlagen nicht geprüft hat. Das Gericht würde danach also regelmäßig nur Teilurteile produzieren. Die Rechtshängigkeit des übrigen Teils müßte auf unerklärliche Weise ohne Urteil enden[85].

Neben diesen rechtlichen Bedenken steht der herrschenden Meinung auch eine praktische Schwierigkeit entgegen: Woher soll das Finanzamt wissen, welcher Sachverhalt dem Gericht bekannt war und welchen Sachverhalt das Gericht geprüft hat? Nicht alle Tatsachen, die das Gericht beurteilt hat, braucht es im Urteil zu erwähnen[86]. Es wird sich im Regelfall darauf beschränken, die Punkte zu erörtern, die zu Bedenken Anlaß gegeben haben. Soll das Finanzamt, bevor es die Steuerfestsetzung nach Rechtskraft korrigiert, beim Finanzgericht anfragen, was dort „bekannt" war? Es bliebe mithin nichts anderes übrig, als die Präklusionswirkung auf solche Tatsachen zu begrenzen, die das Gericht im Tatbestand des Urteils ausdrücklich als gegeben angenommen hat[87]. Warum jedoch nur die im Urteil erwähnten Tatsachen für das Finanzamt bindend sein sollen, nicht dagegen die dem Gericht ebenfalls bekannten, aber im Urteil nicht erwähnten, läßt sich nicht begründen. Entsprechendes gilt für die Rechtsauffassung des Gerichts. Die Situation ist im finanzgerichtlichen Prozeß auf Grund der Untersuchungsmaxime anders als im Zivilprozeß. Dort kann dem Gericht — abgesehen von § 291 ZPO — nur das bekannt sein, was die Parteien vorgetragen haben und was sich aus der Beweisaufnahme ergeben hat. Der Tatbestand des Urteils gibt den gesamten vom Gericht als rechtlich bedeutsam erachteten Sachverhalt wieder, vgl. §§ 313 Abs. 1 Nr. 3, 314 Satz 1 ZPO. Das Finanzgericht ist jedoch an den Parteivortrag nicht gebunden, § 76 Abs. 1 Satz 5 FGO. Es kann und muß auch solche Tatsachen prüfen, welche die Parteien nicht erwähnt haben, ohne daß diese Tatsachen stets im Tatbestand des Urteils erwähnt werden müßten. Wenn man daher die Präklusionswirkung des Urteils auf den Sachverhalt beschränkt, der dem Gericht bekannt war, bindet man das Finanzamt an eine unbekannte Größe.

Mit der Begründung der herrschenden Meinung läßt sich also die Präklusionswirkung nicht begrenzen.

---

[85] Nach *Blomeyer*, ZPR, § 89 I 2, S. 449 erlischt die Rechtshängigkeit des *versehentlich* übergangenen Teils des Streitgegenstandes mit Ablauf der Ergänzungs- bzw. Rechtsmittelfrist.

[86] Darauf weist bereits RFH 21, 85 (88) hin.

[87] So *Tipke - Kruse*, AO, § 110 FGO A 6.

3. § 100 Abs. 1 Satz 1 Halbs. 2 FGO analog

Diese Vorschrift gibt in Kurzfassung die herrschende Meinung über den Umfang der Präklusionswirkung aller Arten von gerichtlichen Urteilen wieder. Danach ist das Finanzamt mit nachträglich bekannt gewordenen Tatsachen und Beweismittel überhaupt nicht ausgeschlossen. Es kann, wenn die übrigen Voraussetzungen des § 222 Abs. 1 Nr. 1 und 2 RAO vorliegen, die Steuerfestsetzung nachträglich ändern. In dem oben genannten Beispiel[88] kann es also alle Punkte korrigieren und den ganzen Fall „wiederaufrollen". § 100 Abs. 1 Satz 1 Halbs. 2 FGO schränkt die Präklusionswirkung des kassierenden gerichtlichen Urteils in bezug auf „neue" Tatsachen und Beweismittel also nicht ein, sondern schließt sie völlig aus. Es fragt sich, ob sich diese Beseitigung der Präklusionswirkung im Wege der Analogie auf Entscheidungen des Gerichts nach § 100 Abs. 2 Satz 1 FGO übertragen läßt[89].

Für eine entsprechende Anwendung läßt sich anführen, daß es keinen Unterschied macht, ob das Gericht den Steuerbescheid nach § 100 Abs. 1 Satz 1 FGO zu einem Teilbetrag *endgültig* aufhebt, so daß die restliche Steuerfestsetzung im Steuerbescheid weitergilt, oder ob das Gericht den Steuerbescheid implizit in toto aufhebt und die verbleibende Steuer nach § 100 Abs. 2 Satz 1 FGO selbst im Urteilstenor festsetzt. In beiden Fällen wird ein Teil der Steuerfestsetzung beseitigt, und der Rest bleibt bestehen. Die endgültige Teilkassation nach § 100 Abs. 1 Satz 1 entspricht im Ergebnis einer Reformation nach § 100 Abs. 2 Satz 1 FGO[90]. Man kann die Auffassung vertreten, der Umfang der Präklusion könne nicht von der Formulierung des Tenors, sondern müsse von seinem sachlichen Gehalt abhängen. Sei das Finanzamt bei der endgültigen Teilkassation nach § 100 Abs. 1 Satz 1 nicht präkludiert, so könne es auch nicht bei einer Reformation nach § 100 Abs. 2 Satz 1 FGO präkludiert sein.

Gegen eine Analogie sprechen jedoch folgende Erwägungen[91]:

a) Gesetzliche Systematik

Der Anwendungsbereich des § 100 Abs. 1 Satz 1 Halbs. 2 ist nach der gesetzlichen Systematik auf aufhebende Urteile beschränkt[92]. Wenn der Gesetzgeber eine entsprechende Anwendung dieser Vorschrift bei allen Urteilsarten für erforderlich gehalten hätte und § 100 Abs. 1 Satz 1

---

[88] Oben Abschn. F I.

[89] Bejahend *Stockhausen*, FR 1967, 350 (352); *Tipke - Kruse*, AO, § 110 A 6 a. E.; wohl auch *v. Wallis*, StbJb 1967/68, 407 (430) und *Vogel*, Gutachten zum 46. DJT, Band I, Teil 5, S. 51; *ders.*, DStR 1966, 387 (389).

[90] *Bettermann*, Festschrift für Wacke, 233 (242).

[91] Im Ergebnis ebenso *Jauernig*, Verhandlungsmaxime, S. 35 ff.; *Martens*, DStR 1969, 652 (655).

[92] *Knauer*, Verw.Arch. 60 (1969), 148 (165).

Halbs. 2 FGO gewissermaßen als lex generalis gelten sollte, so hätte es einer ausdrücklichen Anordnung der entsprechenden Anwendung bei zurückverweisenden Urteilen in § 100 Abs. 2 Satz 2 Halbs. 2 FGO nicht bedurft. Aus Abs. 2 Satz 2 Halbs. 2 ergibt sich e contrario, daß bei Entscheidungen nach Satz 1 des Absatzes 2, um die es hier geht, keine entsprechende Anwendung in Betracht kommt.

Es kommt hinzu, daß auch in der Qualität der Entscheidungen nach § 100 Abs. 1 Satz 1 und Abs. 2 Satz 1 Unterschiede bestehen: Bei Abs. 2 Satz 1 entscheidet das Gericht über den Steuerfall selbst und endgültig. Seine Festsetzung tritt an die Stelle des angefochtenen Steuerbescheides — anders als bei einer Enscheidung nach Abs. 1 Satz 1.

b) Unzutreffendes Rechtskraftverständnis

§ 100 Abs. 1 Satz 1 Halbs. 2 FGO ist Ausdruck der unzutreffenden Vorstellungen des Gesetzgebers über die Wirkungen der Rechtskraft[93]. Nicht einmal Savigny, der als einer der Väter der Lehre von der Rechtskraft der Urteilelemente gilt, hat die materielle Rechtskraft als Bindung an die tatsächlichen Feststellungen oder an die Rechtsauffassung verstanden, sondern als *zusätzliche* Bindung an die präjudiziellen Entscheidungen des Gerichts[94]. Eine ausschließliche Bindung einer Partei oder des Gerichts an eine in einem Urteil geäußerte Rechtsauffassung oder gar an die tatsächlichen Feststellungen des Gerichts kann nur dort in Betracht kommen, wo nicht bereits auf Grund der materiellen Rechtskraft eine Bindung an den Tenor, das Ergebnis der Entscheidung, besteht: wenn also entweder nicht „eadem res" vorliegt, aber über die gleichen Vorfragen zu entscheiden ist[95], oder wenn das Gericht die angefochtene Entscheidung aufhebt und die Sache zur erneuten Entscheidung zurückverweist. Wo die Parteien und das Gericht bereits durch das Ergebnis, den Ausspruch des Urteils, gebunden sind, wie bei reformatorischen Urteilen nach § 100 Abs. 2 Satz 1 FGO, bedarf es einer Bindung an die tatsächlichen Feststellungen oder die Rechtsauffassung des Gerichts nicht. Die Bindung an das Ergebnis des Urteils wird vielmehr *beseitigt*, wenn und soweit man eine ausschließliche Bindung durch die tatsächliche oder rechtliche Beurteilung des Gerichts vor-

---

[93] Oben Abschn. III 2 a.
[94] Vgl. *Zeuner*, Objektive Grenzen, S. 1 FN 3.
[95] Es ist daher folgerichtig, wenn *Schlosser*, Gestaltungsklagen, S. 409 ff., der bei *kassierenden* Urteilen eine Rechtskraftbindung der Behörde ablehnt, weil bei einer Wiederholung des gleichen Verwaltungsakts nicht „eadem res" vorliege, § 100 Abs. 1 Satz 1 Halbs. 2 FGO als Beweis für seine Theorie von der „innerprozessualen Bindungswirkung" anführt. Er übersieht nur, daß diese Vorschrift vom Gesetzgeber als Ausdruck der materiellen Rechtskraft des kassierenden Urteils gedacht ist. Wie Schlosser jetzt *Teufel*, Bindung der Verwaltung, S. 110 ff.

schreibt. Die Bindung an den Ausspruch des Urteils wird dadurch entwertet.

Zu erwägen wäre allerdings, ob *vor* Eintritt der materiellen Rechtskraft des Urteils § 100 Abs. 1 Satz 1 Halbs. 2 FGO analog anzuwenden sei[96], weil die Beteiligten bis zum Eintritt der Rechtskraft sonst möglicherweise gar nicht gebunden wären, das Finanzamt also ohne weiteres von dem Urteil abweichen könnte. Dieses Sonderproblem muß hier offen bleiben.

c) Verfassungsrechtliche Bedenken

Vor allem sprechen gegen die analoge Anwendung des § 100 Abs. 1 Satz 1 Halbs. 2 FGO verfassungsrechtliche Bedenken[97]. Es ist fraglich, ob diese Vorschrift — jedenfalls bei analoger Anwendung[98] auf die reformatorische Entscheidung des Gerichts — mit dem Rechtsstaatsprinzip vereinbar wäre. Zwar steht es dem *Gesetzgeber* frei, im Konflikt zwischen Rechtssicherheit und materieller Gerechtigkeit einer dieser beiden Komponenten des Rechtsstaatsprinzips den Vorrang einzuräumen. Eine Entscheidung zugunsten der einen oder anderen Komponente darf aber nicht willkürlich sein[99]. Die Einschränkung der Rechtskraft über eine analoge Anwendung des § 100 Abs. 1 Satz 1 Halbs. 2 FGO ist also jedenfalls nur zulässig, wenn sie sich durch die Besonderheiten des finanzgerichtlichen Verfahrens rechtfertigen ließe.

Die Besonderheit des finanzgerichtlichen Verfahrens bei Anfechtungsklagen gegen Steuerbescheide besteht darin, daß das Gericht im Regelfall außerstande ist, den gesamten entscheidungserheblichen Sachverhalt zu prüfen[100]. Angesichts dieser Besonderheit wäre es zwar vielleicht verfassungsrechtlich unbedenklich, wenn der Gesetzgeber die Präklu-

---

[96] Die Frage der Bindung der Behörde *vor* Rechtskraft ist bisher soweit ich sehe, kaum gesehen worden. Keine Schwierigkeiten ergeben sich für *Schlosser*, Gestaltungsklagen, S. 409 ff., der die Bindung der Behörde als „innerprozessuale" Bindung von der Rechtskraft löst. *Becker - Riewald - Koch*, AO, § 110 FGO Anm. 3 verstehen § 100 Abs. 1 Satz 1 Halbs. 2 FGO als Normierung einer besonderen „Behördenbindung", die bereits vor Rechtskraft eintritt und später durch die Rechtskraft verstärkt wird.

[97] *Jauernig*, Verhandlungsmaxime, S. 35 ff. (42); *Martens*, DStR 1969, 652 (655).

[98] Bei unmittelbarer Anwendung auf kassierende Urteile nach § 100 Abs. 1 Satz 1 FGO können nur diejenigen verfassungsrechtliche Bedenken haben, die im Grundsatz eine Bindung der Behörde an das kassatorische Urteil *bejahen*. Wer die Bindung dagegen *ablehnt*, weil bei Anfechtung des wiederholenden Verwaltungsaktes ein neuer Streitgegenstand vorliege, muß § 100 Abs. 1 Satz 1 Halbs. 2 FGO als *Erweiterung* der Rechtskraft oder als Ausdruck einer „besonderen" Bindungswirkung ansehen und kann daher keine verfassungsrechtlichen Bedenken haben; vgl. zu dem Streit oben Abschn. F II 1.

[99] BVerfGE 7, 194 (196); 11, 263 (265); 15, 313 (319, 320); 20, 230 (235); 29, 413 (432); vgl. auch *Grunsky*, Grundlagen, § 47 IV 1 c cc, S. 448.

[100] Vgl. oben Teil 3 C III 2 b.

sionswirkung des Urteils auf solche Tatsachenkomplexe begrenzen
würde, die das Gericht geprüft und seiner Entscheidung zugrunde gelegt hat. Nicht zu rechtfertigen ist dagegen eine Einschränkung der
Rechtskraft auch insoweit, als das Gericht den Sachverhalt tatsächlich
geprüft hat[101]. Wenn dem Finanzgericht dabei Fehler unterlaufen, weil
es den geprüften Sachverhalt nicht ausreichend aufgeklärt oder falsch
beurteilt hat, so ist die Situation nicht anders als auch sonst bei gerichtlichen Fehlurteilen. Mit den Besonderheiten des finanzgerichtlichen
Verfahrens läßt sich insoweit nicht argumentieren. Es bliebe daher als
Grund für eine so weitgehende Durchbrechung der Rechtskraft, wie sie
§ 100 Abs. 1 Satz 1 Halbs. 2 FGO zuläßt, nur die „fiskalische Habgier".
Diese reicht nicht aus, um einen der Grundpfeiler des gerichtlichen Verfahrens, die materielle Rechtskraft, zu unterlaufen.

Es ist auch unter dem Gesichtspunkt des Rechtsschutzes (Art. 19 Abs. 4
Satz 1 GG) bedenklich zuzulassen, daß das Finanzamt den vom Gericht
entschiedenen Punkt wiederaufgreifen darf. Der Zweck der gerichtlichen
Überprüfung von Maßnahmen der öffentlichen Gewalt, eine rechtsbe-
ständige Entscheidung einer unparteiischen Stelle zu erhalten, würde
verfehlt[102].

Schließlich berührt ein derartiger Eingriff der Exekutive in die
Rechtskraft auch den Kernbereich der Judikative und verstößt daher
gegen das Gewaltenteilungsprinzip[103].

d) Einengende Auslegung

Selbst wenn man § 100 Abs. 1 Satz 1 Halbs. 2 FGO gegen seinen Wortlaut und seine Entstehungsgeschichte einengend dahin auslegen wollte,
das Finanzamt sei an die tatsächliche und rechtliche Beurteilung des
Gerichts gebunden und dürfe nachträglich nur solche Tatsachen und
Beweismittel verwerten, die *nicht* mit den vom Gericht beurteilten Besteuerungsgrundlagen in Zusammenhang stehen[104], ist seine entsprechende Anwendung ausgeschlossen. Zunächst ist fraglich, ob die Vorschrift nicht auch bei dieser einengenden Auslegung verfassungswidrig
wäre. Wenn man mit dem Bundesverfassungsgericht[105] die Rechtskraft
nur dann für einschränkbar hält, wenn einer der hergebrachten Wiederaufnahmegründe vorliegt, ließe sich § 100 Abs. 1 Satz 1 Halbs. 2 FGO
auch bei einengender Auslegung nicht analog anwenden.

---

[101] Ebenso im Ergebnis BFH, HFR 1961, 64 (für die Feststellung eines Einheitswertes); *Müffelmann*, Objektive Grenzen, S. 188; wohl auch BFH 61,
27 (31) = BStBl 1955 III, 208 (209); *Ziemer - Birkholz*, FGO, § 110 Rdnr. 70
sub a.

[102] Ebenso *Huppertz*, Streitgegenstand, S. 293.

[103] Ählich bereits RFH 21, 85 (88) und die oben in FN 45 genannten Autoren.

[104] Im Beispiel oben in Abschn. F I also die Punkte b bis d.

[105] BVerfGE 2, 380 (403). Vgl. das Zitat unten in Abschn. IV 5.

Aber auch dann, wenn man wegen der Besonderheiten des finanzgerichtlichen Verfahrens die Durchbrechung der Rechtskraft in dem eingeschränkten Umfang für verfassungsrechtlich unbedenklich halten wollte, ließe sie sich jedenfalls nicht durch einen Analogieschluß rechtfertigen, bei dem die entsprechend anzuwendende Norm erst verfassungskonform ausgelegt werden müßte. Dagegen spricht schon, daß zwischen den Entscheidungen des Gerichts nach § 100 Abs. 1 Satz 1 und Abs. 2 Satz 1 FGO gewichtige qualitative Unterschiede bestehen[106]. Entscheidend kommt hinzu, daß eine so weitgehende und einschneidende Durchbrechung der Rechtskraft von Gerichtsurteilen nur vom Gesetzgeber angeordnet werden darf. Ein Analogieschluß setzt eine Interessenwertung voraus[107] — hier die Abwägung zwischen der Rechtssicherheit und der materiellen Gerechtigkeit als gleichrangigen Bestandteilen des Rechtsstaatsprinzips. Diese Abwägung muß bei einer so bedeutsamen Frage der Gesetzgeber selbst vornehmen[108].

Eine analoge Anwendung des § 100 Abs. 1 Satz 1 Halbs. 2 FGO auf Entscheidungen nach § 100 Abs. 2 Satz 1 FGO scheidet nach allem aus.

4. Das Wesen der Entscheidung

Läßt sich die Einschränkung der Präklusionswirkung aus den Vorschriften der FGO nicht begründen, so bleibt zu prüfen, ob sie sich aus dem „Wesen der gerichtlichen Entscheidung" oder dem „Wesen der Rechtskraft" ergibt. Das Wesen der Entscheidung wird von Schwab[109] und Habscheid[110] als entscheidendes Argument für die Begrenzung der Rechtskraft genannt. Schwab lehrt, die Entscheidung des Gerichts ergehe zwar über den prozessualen Anspruch des Klägers, erwachse aber „aus dem dem Gericht vom Kläger und Beklagten vorgetragenen und vom Gericht etwa — soweit die Untersuchungsmaxime gilt — selbst ermittelten Prozeßstoff"[111]. Nur dieser „Prozeßstoff" sei Grundlage der Entscheidung. Daher können die Parteien nach Schwab auch nur „insoweit" präkludiert sein. Ob der Gesetzgeber mit den Worten „nur so weit als" in § 322 Abs. 1 ZPO tatsächlich diesen Sinn verbunden habe, spiele keine Rolle, weil sich dieser Sinn aus der Natur der Entscheidung notwendig ergebe. Daher sei nur das Vorbringen des Klägers, das auf eine abweichende Darstellung oder Beurteilung des „Prozeßstoffes" des rechtskräftig entschiedenen Prozesses abziele, im neuen Prozeß ausgeschlossen.

---

[106] Oben Abschn. a).
[107] *Larenz*, Methodenlehre, S. 360.
[108] Vgl. auch unten Abschn. IV 5.
[109] Streitgegenstand, S. 161 ff.
[110] Streitgegenstand, S. 284 ff. (289).
[111] Streitgegenstand, S. 162; wie *Schwab* auch *Haustein*, Streitgegenstand, S. 276 f.; *Rosenberg - Schwab*, ZPR, § 156 II 1, S. 811.

Neues Vorbringen, das mit dem Prozeßstoff des ersten Prozesses nicht in Zusammenhang stehe, sei dagegen nicht präkludiert[112]. Für Schwab stellen die §§ 616, 767 Abs. 3 ZPO und 17 MSchG rechtskraftfremde Präklusionsnormen dar, weil sie eine über den Prozeßstoff hinausreichende Präklusion vorschreiben[113]. Schwab leitet also aus dem Wesen der Entscheidung das gleiche Ergebnis ab wie die herrschende Meinung aus § 110 Abs. 1 FGO[114]. Die Übereinstimmung ist deshalb besonders bemerkenswert, weil Schwab — ebenso wie die Anhänger der Saldierungstheorie — entschiedener Verfechter eines „eingliedrigen" Streitgegenstandes ist, den Streitgegenstand also ohne Klagegrund bestimmt[115].

Habscheid[116] hat sich im Ausgangspunkt der These Schwabs angeschlossen. Auch er ist der Ansicht, die Entscheidung des Gerichts könne nur insoweit rechtskräftig werden und die Rechtskraft nur insoweit Präklusionswirkung begründen, als das Gericht den Sachverhalt geprüft und beurteilt habe. Das ergebe sich aus dem Wesen der Entscheidung. Da der Streitgegenstand nach Habscheid jedoch umfassender ist als der vom Gericht geprüfte und beurteilte Sachverhalt, nämlich den ganzen Lebenssachverhalt — bei Steuerbescheiden wohl den ganzen Steuerfall — enthält, will Habscheid den Rest, also die Tatsachen des Lebenssachverhalts, die das Gericht nicht geprüft und beurteilt hat, auf Grund einer „allgemeinen" Präklusionswirkung ausschließen.

Mit ähnlichen Erwägungen begründen v. Wallis/List[117] und die amtliche Begründung zum Entwurf der FGO von 1958[118] die Einschränkung der Präklusionswirkung. Danach entspricht es dem „Wesen der Rechtskraft", daß sie sich nur auf diejenigen für die Besteuerung erheblichen Tatsachen und Beweismittel erstrecke, die Gegenstand des Verfahrens gewesen seien. Auch diejenigen[119], die von vornherein den Urteilsgegenstand vom Streitgegenstand trennen und die Rechtskraft nur vom Urteilsgegenstand abhängig machen, begrenzen im Ergebnis die Rechtskraft aus dem Wesen der Entscheidung, weil sie die Rechtskraft vom Streitgegenstand lösen.

Diese Begründung für die Einschränkung der Rechtskraft ist nicht stichhaltig. Wenn man über das „Wesen" einer Entscheidung über den

---

[112] Streitgegenstand, S. 167.
[113] Streitgegenstand, S. 170.
[114] Vgl. oben Abschn. IV 2.
[115] Vgl. oben Teil 3 B I 1 b.
[116] Streitgegenstand, S. 284 ff. (289).
[117] In: *Hubschmann - Hepp - Spitaler*, AO, § 110 FGO Rdnr. 57 f.
[118] Zu § 96 des Entwurfs, BT-Drucksache III/127, S. 45: „naturgemäß".
[119] *Blomeyer*, ZPR, § 89 I und III; *Stein - Jonas (Schumann/Leipold)*, ZPO, § 322 Anm. VI 5 a und b.

Streitgegenstand[120] überhaupt etwas aussagen kann, dann doch wohl, daß sie den Streit endgültig aus der Welt schaffen soll. Warum das Wesen der Entscheidung darin bestehen soll, gewissermaßen unter dem Vorbehalt späteren neuen Tatsachenvortrags zu stehen, bleibt unerfindlich. Man könnte mit weit größerer Berechtigung die Ansicht vertreten, das Wesen der Entscheidung bestehe gerade darin, über den Streitgegenstand endgültig zu entscheiden, obwohl das Gericht möglicherweise nicht alle entscheidungserheblichen Tatsachen geprüft und beurteilt hat. Im Grunde handelt es sich bei dem „Wesen" der Entscheidung um eine Leerformel, in die jeder das hineinlesen kann, was er bei einer Abwägung der widerstreitenden Interessen für richtig und gerecht hält.

Wenn man, wie Schwab, den Streitgegenstand eingliedrig bestimmt, stellt das Zurückgreifen auf den Prozeßstoff, um die Rechtskraft zu begrenzen, zudem einen Bruch mit der Ausgangsthese dar, daß die Rechtskraft vom Streitgegenstand abhänge[121]. Der Akzent wird vom Klagebegehren oder von der Rechtsbehauptung des Klägers auf die Entscheidungsgründe des Gerichts verlagert. Die Rechtskraft wird nicht mehr ausschließlich durch das Ergebnis der Entscheidung bestimmt, sondern auch durch ihre Gründe. Schwab ist also insoweit ebenso inkonsequent wie die zu § 110 Abs. 1 FGO vertretene herrschende Meinung[122]. In Wahrheit handelt es sich um einen Kunstgriff, um zu verdecken, daß der eingliedrige Streitgegenstand für die Abgrenzung der Rechtskraft als zu umfassend empfunden wird.

Wie wenig mit dem „Wesen" der Entscheidung bei der Bewältigung konkreter Fälle anzufangen ist, zeigen die unterschiedlichen Ergebnisse, zu denen Schwab und Habscheid trotz ihres gleichen Ausgangspunktes im Falle einer Gestaltungsklage — der Klage eines Gesellschafters einer OHG auf Übernahme des Geschäfts nach §§ 140, 142 HGB aus wichtigem Grund — gelangen: Hat der klagende Gesellschafter seine Klage zunächst nur auf den Komplex „Krankheit des anderen Gesellschafters" gestützt, so ist nach Schwab[123] nur dieser Komplex Prozeßstoff gewesen. Der Kläger soll daher seine Übernahmeklage mit der Begründung „Untreue des anderen Gesellschafters" wiederholen können. Schwab betont selbst das Unbefriedigende dieser Lösung, wagt aber nicht den Schritt, §§ 616, 767 Abs. 3 ZPO, 17 MSchG, 54 PatG analog anzuwenden und die Präklusion wenigstens auf die Tatsachen auszudehnen, die der

[120] Urteile, die nicht in der Sache entscheiden, sollen hier außer Betracht bleiben.
[121] So unmißverständlich §§ 121 VwGO und 110 Abs. 1 FGO. *Schwab*, Streitgegenstand, S. 140.
[122] Vgl. oben Abschn. IV 2. Auf den Bruch in der Argumentation weist *Otto*, Präklusion, S. 92 f., 96 hin.
[123] Streitgegenstand, S. 166/167.

Kläger im ersten Prozeß vortragen konnte[124]. Habscheid[125] vermeidet dieses unerfreuliche Ergebnis. Er begrenzt zwar ebenfalls mit Rücksicht auf das Wesen der Entscheidung die Rechtskraft auf den Tatsachenkomplex „Krankheit". Aber den Rest, den Komplex „Untreue", der nach Habscheid als Teil des „Lebenssachverhalts" zum Streitgegenstand gehört, schließt er durch eine von ihm erfundene[126] „allgemeine" Präklusionswirkung aus. Habscheid korrigiert also sein aus der „Wesensschau" gewonnenes Ergebnis und entscheidet den Fall letzten Endes anders als Schwab. Nach Schwab wäre das Finanzamt wohl mit neuen Tatsachen nicht präkludiert, soweit sie nicht zu den umstrittenen Besteuerungsgrundlagen — dem Prozeßstoff — gehören; Habscheid müßte die Präklusion im Ergebnis — auf Grund der „allgemeinen" Präklusionswirkung — dagegen bejahen.

Ist mit dem „Wesen" der Entscheidung schon im Bereich der Verhandlungsmaxime wenig anzufangen, so erweist es sich im Bereich der Untersuchungsmaxime vollends als untaugliches Kriterium[127]. Gilt die Verhandlungsmaxime, so darf das Gericht — abgesehen von gerichtsnotorischen Tatsachen — nur die Tatsachen verwerten, welche die Parteien vorgetragen oder die sich aus der Beweisaufnahme ergeben haben. Es mag daher vielleicht der Billigkeit entsprechen, diejenigen Sachverhaltsteile, die das Gericht nach seiner Verfahrensordnung nicht prüfen darf, von der Präklusion auszunehmen. Dogmatisch befriedigender wäre es allerdings, bereits den Streitgegenstand entsprechend zu begrenzen. Gilt dagegen die Untersuchungsmaxime, so ist das Gericht verpflichtet, den ganzen entscheidungserheblichen Sachverhalt selbst zu ermitteln.

---

[124] Diesen Schritt vollziehen *Blomeyer*, ZPR, § 90 V S. 474 und *Stein - Jonas (Schumann/Leipold)*, ZPO, § 322 Anm. X 2.

[125] Streitgegenstand, S. 214 (291, 295 ff.); ebenso im Ergebnis *Henckel*, Parteilehre, S. 286 ff. (302), der — im Gegensatz zu *Blomeyer* und *Schumann/Leipold* — den ganzen Komplex „wichtiger Grund" als Gestaltungsgrund der Klage nach §§ 133, 142 HGB ansieht und den Kläger deshalb mit allen Tatsachen aus dem wichtigen Grund präkludiert, allerdings durch die Rechtskraft.

[126] Vgl. dazu *Grunsky*, Grundlagen, § 47 IV 1c aa, S. 443 und *Otto*, Präklusion, S. 97, 103 mit Nachw.

[127] Es ist umstritten, ob die Geltung der verschiedenen Prozeßmaximen Einfluß auf den Umfang der Rechtskraft haben kann. Verneinend *Habscheid*, FamRZ 1971, 297 (298), der jedoch in seiner Monographie zum Streitgegenstand, S. 290, betont, daß die Beschränkung der objektiven Grenzen der Rechtskraft ihre letzte Rechtfertigung in der Verhandlungsmaxime finde; verneinend wohl auch *Otto*, Präklusion, S. 103; dagegen betont *Jauernig* die unterschiedlichen Auswirkungen in: Verhandlungsmaxime, S. 35ff. Ich meine, daß es allein auf den Umfang des Streitgegenstandes ankommt. Soweit er reicht, reichen auch die objektiven Grenzen der Rechtskraft, §§ 322 Abs. 1 ZPO, 121 VwGO, 110 Abs. 1 FGO. Gleichgültig ist, wie das Gericht sich die Grundlagen für seine Entscheidungen beschafft hat. Es kommt nicht auf die Art der Sachverhaltsermittlung an, sondern auf das Ziel des Prozesses, den Streit endgültig zu entscheiden. Dieses Ziel ist von der Geltung der Prozeßmaximen unabhängig.

Kommt es dieser Pflicht nicht nach, sei es, weil es nachlässig ist, sei es, weil der entscheidungserhebliche Sachverhalt so umfangreich ist, daß es ihn nicht in allen Punkten überprüfen kann, so ist nicht erkennbar, warum es dem Wesen der Entscheidung entsprechen sollte, daß diese objektive Pflichtverletzung zu einer Beschränkung der Rechtskraft führt.

Es gibt allerdings außerhalb des Steuerrechts einen Fall, in dem die herrschende Meinung auch im Geltungsbereich der Untersuchungsmaxime eine Einschränkung der objektiven Grenzen der Rechtskraft aus dem Wesen der Entscheidung zuläßt: Nach ständiger Rechtsprechung des Reichsgerichts und des Bundesgerichtshofs[128], die das Bundesverfassungsgericht gebilligt hat[129], ist eine erneute Strafverfolgung nach Rechtskraft eines *Strafbefehls* oder einer *Strafverfügung* zulässig, wenn sich neue rechtliche Gesichtspunkte ergeben — sei es auf Grund neu bekannt gewordener Tatsachen oder Beweismittel, sei es wegen früherer unrichtiger Beurteilung bekannter Tatsachen — und wenn diese neuen Gesichtspunkte eine erhöhte Strafbarkeit begründen. Die Staatsanwaltschaft ist also mit neu bekannt gewordenen Tatsachen und Beweismitteln nicht präkludiert, wenn sie unter neuen rechtlichen Gesichtspunkten zu einer höheren Strafe führen. Begründet wird diese Durchbrechung der Rechtskraft mit dem Bedürfnis der Allgemeinheit nach einer gerechten Bestrafung, der langen Tradition dieser Durchbrechung und vor allem mit der summarischen Abwicklung des Strafbefehls- und Strafverfügungsverfahren. Eine auch noch so sorgfältige Ermittlungstätigkeit des Staatsanwalts könne — führt der Bundesgerichtshof aus — die im Strafbefehlsverfahren fehlende Hauptverhandlung nicht ersetzen[130]. Die Einschränkung der Rechtskraft wird also mit dem summarischen „Wesen" des Strafbefehls- und Strafverfügungsverfahrens begründet. Die Parallele zum finanzgerichtlichen Urteil über Steuerbescheide liegt auf der Hand: Auch das Finanzgericht entscheidet über die von ihm nicht geprüften Besteuerungsgrundlagen „summarisch", indem es sie aus dem Steuerbescheid übernimmt; auch im finanzgerichtlichen Verfahren hat die Einschränkung der Rechtskraft eine lange Tradition; auch im finanzgerichtlichen Verfahren besteht ein Bedürfnis nach Einschränkung der Präklusionswirkung.

Dennoch meine ich, daß sich die von der herrschenden Meinung zur Rechtskraft von Strafbefehlen vertretene Ansicht — auch wenn man ihr im Grundsatz folgt und sich über § 410 StPO hinwegsetzt — auf die Entscheidung des Finanzgerichts nach § 100 Abs. 2 Satz 1 FGO nicht

---

[128] RGSt 4, 243 (245, vom 2.6.1881) und seitdem ständig; BGHSt 3, 13; 18, 141 (142); vgl. ferner die umfassenden Nachw. bei *Vogler*, Die Rechtskraft des Strafbefehls, S. 3 ff.; *Löwe - Rosenberg (Schäfer)*, StPO, § 410 Anm. 2—4.
[129] BVerfGE 3, 248 (252); dagegen *Maunz - Dürig*, GG, Art. 103 Rdnr. 131 ff.
[130] BGHSt 3, 13 (17).

übertragen läßt: Zunächst unterscheiden sich die beiden Verfahren
darin, daß der Amtsrichter, wie sich aus § 408 Abs. 2 Satz 1 StPO ergibt, den Strafbefehl so erlassen muß, wie ihn der Staatsanwalt beantragt hat, wenn die gesetzlichen Zulässigkeitsvoraussetzungen vorliegen
und der Antrag schlüssig ist. Will er eigene Sachverhaltsermittlungen
anstellen, so muß er eine Hauptverhandlung anberaumen und durch
Urteil entscheiden[131]. Im finanzgerichtlichen Verfahren findet dagegen
eine mündliche Verhandlung statt, in der das Gericht den ganzen Sachverhalt aufklären muß. Das finanzgerichtliche Verfahren ist nur in der
Praxis „summarisch", soweit das Gericht den Sachverhalt nicht selbst
prüfen kann. Die FGO sieht ein solches summarisches Verfahren ebensowenig vor wie die VwGO und das SGG. Sodann hat zwar auch im
finanzgerichtlichen Verfahren die Durchbrechung der Rechtskraft Tradition. Aber im Unterschied zum Strafbefehlsverfahren, in dem seit
Inkrafttreten der StPO nur § 373 a StPO Änderungen gebracht hat, ist
im finanzgerichtlichen Verfahren durch die FGO ein grundsätzlicher
Wandel im Rechtsschutzsystem eingetreten. Das Finanzgericht ist Gericht, nicht mehr der verlängerte Arm der Finanzverwaltung[132]. Anders
als für das Strafbefehlsverfahren läßt sich deshalb für das finanzgerichtliche Verfahren nicht argumentieren: Es war schon immer so, daher ist
nicht anzunehmen, daß der (Verfassung-) Gesetzgeber etwas ändern
wollte. Schließlich unterscheidet sich die Wiederaufnahme der Strafverfolgung nach vorangegangenem Strafbefehl vor allem darin von der
postprozessualen Nachforderung von Steuern, daß dort *das Gericht*,
wenn auch auf Anklage des Staatsanwalts, den Fall wiederaufrollt,
während sich hier die beklagte Partei, das Finanzamt, über die Rechtskraft des Urteils hinwegsetzt. Ich meine daher, daß sich die von der
herrschenden Meinung zum Strafbefehl befürwortete Einschränkung
der Rechtskraftwirkung auf Entscheidungen des Finanzgerichts nach
§ 100 Abs. 2 Satz 1 FGO nicht übertragen läßt, weil zwischen beiden
Verfahrensarten fundamentale Unterschiede bestehen.

Nach allem läßt sich auch aus dem Wesen der Entscheidung eine Einschränkung der Präklusionswirkung des finanzgerichtlichen Urteils nicht
herleiten. Das Wesen der Entscheidung ist eine Leerformel, die keine
tragfähige Grundlage für eine Begrenzung der Rechtskraft bietet.

5. Interessenabwägung

Als letzter Weg für eine Einschränkung der Präklusionswirkung
bleibt daher die heute wohl unvermeidliche Interessenabwägung. Daß

---

[131] *Löwe - Rosenberg (Schäfer)*, StPO, § 408 Anm. 3 a. b; weitergehend
Kleinknecht, StPO, § 408 Anm. 2, *Schmidt*, Lehrkommentar, § 408 Rdnr. 11,
die in Ausnahmefällen eine eigene Ermittlungstätigkeit des Amtsrichters vor
Erlaß des Strafbefehls zulassen.
[132] Oben Teil 3 C II 2.

ein berechtigtes Interesse der Allgemeinheit an einer Einschränkung besteht, habe ich bereits dargelegt. Daß der Steuerpflichtige andererseits ein Interesse an der Endgültigkeit der gerichtlichen Entscheidung hat, liegt auf der Hand. Man könnte die beiden widerstreitenden Interessen gegeneinander abwägen[133]. Ich meine, daß das öffentliche Interesse aus den bereits erwähnten Gründen[134] dabei Vorrang haben müßte. Nur: Eine Einschränkung der Rechtskraft allein auf Grund einer Interessenabwägung ist unzulässig. Es ist allein Sache des Gesetzgebers, der einen oder der anderen Komponente des Rechtsstaatsprinzips — der Rechtssicherheit oder der materiellen Richtigkeit der Entscheidung — den Vorrang einzuräumen. In §§ 121 VwGO, 110 Abs. 1 FGO hat sich der Gesetzgeber für die Rechtskraft und damit für die Rechtssicherheit entschieden. Diese Entscheidung hat eine so zentrale Bedeutung für den gerichtlichen Rechtsschutz[135], daß sie nicht durch eine mehr oder weniger zutreffende Abwägung der widerstreitenden Interessen durch andere Stellen als den Gesetzgeber unterlaufen werden darf. Das Bundesverfassungsgericht[136] betont in der einzigen Entscheidung, in der eine Behörde die Bestandskraft eines Verwaltungsakts zu Lasten des Bürgers durchbrochen hatte — in den übrigen erwähnten Entscheidungen[137] ging es um Durchbrechung zugunsten des Bürgers — die Bedeutung der Rechtskraft:

„Das Rechtsstaatsprinzip enthält als wesentlichen Bestandteil die Gewährleistung der Rechtssicherheit; diese verlangt nicht nur einen geregelten Verlauf des Rechtsfindungsverfahrens, sondern auch einen Abschluß, dessen Rechtsbeständigkeit gesichert ist. Hiermit ist zwar die rückwirkende Beseitigung des Rechtsspruchs aus den hergebrachten Wiederaufnahmegründen vereinbar; unvereinbar aber damit ist es, einen in aller Form abgeschlossenen Fall[138] nachträglich aus solchen Gründen zu erneuter Entscheidung zu stellen, die nach althergebrachter und unbestrittener Rechtsüberzeugung zur Begründung eines Wiederaufnahmeverfahrens nicht geeignet sind. Rechtsfriede und Rechtssicherheit sind von so zentraler Bedeutung für die Rechtsstaatlichkeit, daß um ihretwillen die Möglichkeit einer im Einzelfall vielleicht unrichtigen Entscheidung in Kauf genommen werden muß."

Was für die Bestandskraft von Verwaltungsakten gilt, muß erst recht für gerichtliche Urteile gelten. Da der Gesetzgeber seine Absicht, die Rechtskraft finanzgerichtlicher Urteile einzuschränken, für den hier erörterten Fall der Entscheidung nach § 100 Abs. 2 Satz 1 FGO im Gesetz nicht zum Ausdruck gebracht hat, läßt sich dieses Versäumnis nicht durch eine Interessenabwägung nachholen.

---

[133] So verfährt *Huppertz*, Streitgegenstand, S. 313.
[134] Oben Abschn. III 1.
[135] *Schachtschneider*, Verw.Arch. 63 (1972), 112 (277, 306).
[136] BVerfGE 2, 380 (403).
[137] FN 99.
[138] Verwaltungsakt!

Gegen eine Durchbrechung der Rechtskraft auf Grund einer Interessenabwägung spricht zudem ein Gesichtspunkt, den das Bundesverfassungsgericht in der zitierten Entscheidung erwähnt: Das Recht der gerichtlichen Wiederaufnahme würde ausgehöhlt, wenn man es einer Partei gestatten wollte, sich über die Rechtskraft hinwegzusetzen[139]. Nach § 134 FGO in Verbindung mit dem hier allein in Betracht kommenden § 580 Nr. 7 b ZPO ist eine *gerichtliche* Wiederaufnahme nur bei nachträglichem Auffinden einer Urkunde zulässig. Darf nicht einmal das Gericht den Fall bei nachträglichem Bekanntwerden sonstiger Beweismittel oder gar „neuer" Tatsachen wiederaufnehmen, so muß das erst recht für die beklagte Partei gelten.

6. Ergebnis

Gibt das Finanzgericht einer Abänderungsklage gegen einen Steuerbescheid ganz oder teilweise statt und setzt es die Steuer nach § 100 Abs. 2 Satz 1 FGO selbst fest, so darf das Finanzamt diese Steuerfestsetzung nach Rechtskraft des Urteils nicht gemäß § 222 Abs. 1 Nr. 1 RAO erhöhen. Der Gesetzgeber hatte zwar die Absicht, die Nachforderung von Steuern nach Rechtskraft zuzulassen. Diese Absicht hat er jedoch in § 110 FGO nicht zum Ausdruck gebracht. Die Nachforderung läßt sich auch nicht mit einer analogen Anwendung von § 100 Abs. 1 Satz 1 Halbs. 2 FGO, dem Wesen der Entscheidung oder einer Abwägung der widerstreitenden Interessen rechtfertigen. Da der Streitgegenstand der Anfechtungsklage gegen Steuerbescheide nicht auf bestimmte Besteuerungsgrundlagen begrenzt ist, kann auch die Präklusionswirkung des Urteils nicht entsprechend eingeschränkt sein. In dem oben[140] genannten Beispiel ist das Finanzamt also in allen Punkten präkludiert.

V. Wege zur Vermeidung der Präklusion

Läßt man eine Durchbrechung der Rechtskraft durch das Finanzamt nicht zu, so stellt sich die Frage, auf welche Weise dem Bedürfnis nach einer dem materiellen Recht entsprechenden Besteuerung Genüge getan werden kann.

1. Ausdehnende Anwendung der Wiederaufnahmevorschriften?

Nicht für gangbar halte ich den von Martens[141] vorgeschlagenen Weg, die Wiederaufnahmegründe des § 580 ZPO in Verbindung mit § 134 FGO auf das nachträgliche Bekanntwerden bereits vorhandener Tatsachen und Beweismittel auszudehnen und so gewissermaßen die Änderung der

---

[139] *Jauernig*, Verhandlungsmaxime, S. 39; *Martens*, DStR 1969, 652 (654).
[140] Abschn. F I.
[141] DStR 1969, 652 (655).

Steuerfestsetzung nach § 222 Abs. 1 Nr. 1 und 2 RAO auf das Gericht zu verlagern. Ich halte eine derartige, die Grenzen des § 580 ZPO sprengende Ausdehnung der Wiederaufnahmegründe für unstatthaft[142]. Selbst nach § 359 Nr. 5 StPO ist eine Wiederaufnahme des Verfahrens wegen „neuer" Tatsachen und Beweismittel nur zugunsten des Angeklagten zulässig, nicht zu seinen Lasten. Die Ausdehnung der Wiederaufnahmegründe nach der FGO auf „neue" Tatsachen und Beweismittel ist allenfalls de lege ferenda zu erwägen.

2. Vorläufige Steuerfestsetzung

Der einfachste Weg zur Vermeidung der Präklusion ist die vorläufige Steuerfestsetzung nach § 100 Abs. 2 RAO[143]. Dieser Weg ist vor allem deshalb bedeutsam, weil nach § 145 EAO 1974[144] die Steuerfestsetzung „unterVorbehalt der Nachprüfung" zum Regelfall werden soll. Hat das Finanzamt den Verdacht, die Steuererklärung des Steuerpflichtigen sei unrichtig, so kann es die Steuer unter den in § 100 Abs. 2 RAO genannten Voraussetzungen vorläufig festsetzen. Hat es den Fall später gründlich überprüft — etwa durch eine Betriebsprüfung — so setzt es die Steuer nach § 225 RAO endgültig fest. Kommt es wegen der endgültigen Festsetzung zum Rechtsstreit, so ist die Gefahr einer Präklusion erheblich gemindert.

Ficht der Steuerpflichtige bereits den vorläufigen Bescheid wegen der Höhe der Steuerfestsetzung an[145], so kann das Finanzgericht im Fall der Begründetheit der Klage den vorläufigen Bescheid entweder nach § 100 Abs. 1 Satz 1 FGO aufheben, wenn und soweit es ihn für rechtswidrig hält, und die Korrektur der vorläufigen Festsetzung dem Finanzamt überlassen. Dieses ist dabei an die Beurteilung des Gerichts gebunden, § 100 Abs. 1 Satz 1 Halbs. 2 FGO. Die Bindung erstreckt sich jedoch nur auf die vorläufige Festsetzung. Denn nur die Behauptung, daß diese vorläufige Festsetzung den Kläger in seinen Rechten verletzte[146], war Streitgegenstand. Das Finanzamt ist also bei der endgültigen Festsetzung nach § 225 RAO frei. Oder das Finanzgericht setzt selbst die Steuer nach § 100 Abs. 2 Satz 1 FGO „vorläufig" fest[147].

---

[142] Zu den Möglichkeiten, de lege lata die Wiederaufnahmegründe, insbesondere § 580 Nr. 7b ZPO, ausdehnend auszulegen vgl. *Gaul*, Grundlagen des Wiederaufnahmerechts, S. 118 ff.

[143] § 100 Abs. 1 RAO behandelt Sonderfälle, die in der Praxis keine bedeutende Rolle spielen.

[144] BT-Drucksache VII/79 und dazu die amtliche Begründung in BT-Drucksachen VI/1982, S. 148.

[145] Das ist nach einhelliger Ansicht zulässig, vgl. *Becker- Riewald - Koch*, AO, § 100 Anm. 4; *Tipke - Kruse*, AO, § 100 A 10; *Wismeth*, DStR 1971, 29.

[146] Oder eine andere Formulierung, vgl. oben Teil 3 B I.

[147] Ob die „vorläufige" Festsetzung durch das Gericht nicht einen Wiederspruch in sich darstellt, soll hier offen bleiben.

In beiden Fällen darf jedenfalls das Gericht über den Steueranspruch *nicht endgültig* entscheiden. Es steht im Ermessen des Finanzamts, ob es die Steuer nach § 100 Abs. 2 RAO vorläufig festsetzen will oder nicht[148]. Das Gericht darf sein Ermessen nicht an die Stelle des Ermessens des Finanzamts setzen, § 102 FGO[149]. Könnte das Gericht den Vorbehalt der Vorläufigkeit fallen lassen, so hätte es der Steuerpflichtige in der Hand, die Vorläufigkeit dadurch zu unterlaufen, daß er bereits den vorläufigen Bescheid anficht. Nur wenn das Finanzamt § 100 Abs. 2 RAO ermessenswidrig angewendet hat oder die Voraussetzungen für die Vorläufigkeit inzwischen entfallen sind, kann das Gericht ausnahmsweise endgültig über den Steueranspruch entscheiden. Das Finanzamt läuft also auch dann, wenn der Steuerpflichtige bereits die vorläufige Steuerfestsetzung angreift, nicht Gefahr, präkludiert und präjudiziert zu werden.

3. § 100 Abs. 2 Satz 2 FGO

Hat das Finanzamt die Steuer nicht vorläufig festgesetzt, so bleibt die Möglichkeit, § 100 Abs. 2 Satz 2 FGO anzuwenden. Dem Wortlaut nach kann eine Zurückverweisung an das Finanzamt allerdings nur erfolgen, wenn das Gericht wesentliche Verfahrensmängel feststellt *und* eine weitere, einen erheblichen Aufwand an Kosten und Zeit erfordernde Aufklärung für nötig hält[150]. In der fehlerhaften Begründung des Steuerbescheides allein liegt kein Verfahrensmangel. Der Bundesfinanzhof hat zudem die Voraussetzungen für eine Zurückverweisung sehr hoch geschraubt und die Finanzgerichte im Regelfall für verpflichtet erklärt, die Steuer nach § 100 Abs. 2 Satz 1 FGO selbst festzusetzen[151]. Mit Bettermann[152] und Tipke-Kruse[153] bin ich gleichwohl der Ansicht, daß angesichts der faktisch beschränkten Aufklärungsmöglichkeiten des Finanzgerichts eine großzügige Auslegung der Zurückverweisungsvorschrift erforderlich ist. Eine solche Ausdehnung ist zwar nicht, wie Kopp meint[154], aus verfassungsrechtlichen Gründen, wohl aber aus prozeßökonomischen Gründen und, wie in der Erörterung der Präklusionswirkung deutlich geworden ist, auch aus Gründen der materiellen Gerechtigkeit erforderlich. Der Verfahrensmangel, der das Finanzgericht berechtigt, den Steuerbescheid ohne Sachentscheidung aufzuheben und die

---

[148] *Hübschmann - Hepp - Spitaler (v. Wallis)*, AO, § 100 Rdnr. 14; *Tipke - Kruse*, AO, § 100 A 6.

[149] FG Düsseldorf, EFG 1970, 20 (21).

[150] § 284 Abs. 1 Satz 2 RAO 1931 kannte diese doppelte Einschränkung nicht.

[151] Abschn. F I mit FN 28.

[152] Festschrift für Wacke, 233 (249).

[153] AO, § 100 FGO A 7. Vgl. auch für die Verpflichtungsklage nach der VwGO die in Teil 3 B III 2 geschilderte Tendenz zur weiterzigen Handhabung der Zurückverweisungsmöglichkeit.

[154] Oben Teil 3 B IV.

Sache zurückzuverweisen, liegt darin, daß das Finanzamt die Steuer endgültig festgesetzt hat, obwohl sich ihm aufdrängen mußte, daß der Fall einer vorherigen sorgfältigen Aufklärung bedurfte[155]. Das wird in bedeutenden Steuerfällen, insbesondere bei Großbetrieben, regelmäßig der Fall sein. Versäumt es das Finanzamt hier, die Steuer zunächst vorläufig festzusetzen, obwohl es den Steuerfall nicht überprüft hat, so liegt darin ein wesentlicher Verfahrensmangel im Sinne von § 100 Abs. 2 Satz 2 FGO. Auch in anderen „undurchsichtigen" Fällen muß ein wesentlicher Verfahrensmangel angenommen werden, wenn das Finanzamt von der Möglichkeit des § 100 Abs. 2 RAO keinen Gebrauch macht[156].

Will man diesen Schritt nicht wagen, so bleibt nur, § 100 Abs. 2 Satz 2 FGO im Wege richterlicher Rechtsfortbildung so zu deuten, daß eine Zurückverweisung schon dann möglich ist, wenn zwar kein wesentlicher Verfahrensmangel vorliegt, aber eine weitere unverhältnismäßig umfangreiche Sachverhaltsaufklärung durch das Gericht erforderlich ist[157]. Nach Inkrafttreten des § 145 EAO 1974 wird sich das Problem voraussichtlich ohnehin erledigen, weil die Finanzämter dann stets zunächst die Steuer unter Vorbehalt festsetzen werden.

VI. Umfang der Bindung des Finanzamts „nach unten" im einzelnen

Zu prüfen bleibt, inwieweit das Finanzamt verpflichtet ist, die Steuer bei Bekanntwerden „neuer" Tatsachen und Beweismittel nach § 222 Abs. 1 Nr. 2 RAO herabzusetzen. Ich habe oben[158] dargelegt, daß bei einer Herabsetzung der Steuer nach § 100 Abs. 2 Satz 1 FGO zu unterscheiden ist, ob das Gericht auch „nach unten" die seiner Ansicht nach rechtmäßige Steuer festgesetzt hat oder nicht: Hat es festgestellt, daß der Kläger nicht mehr, aber auch *nicht weniger* als den im Urteil festgesetzen Betrag zu zahlen hat, indem es die Klage teilweise abgewiesen hat, so gilt das zur nachträglichen Erhöhung Gesagte entsprechend. Das Finanzamt ist also auch „nach unten" präkludiert. Hat das Gericht dagegen der Klage auf Herabsetzung der Steuer in vollem Umfang stattgegeben, so konnte es mit Rücksicht auf die Bindung an den Antrag des Klägers nicht prüfen, ob eine noch *weitergehende* Herabsetzung erforderlich gewesen wäre. Das Finanzamt kann daher mit „neuen" Tatsachen, die eine weitere Herabsetzung rechtfertigen, nicht präkludiert sein. Es kann die Steuerfestsetzung also auch nach Rechtskraft des Ur-

---

[155] *Bettermann*, Festschrift für Wacke, 233 (250); *Ziemer*, FR 1969, 232 (256).
[156] § 100 Abs. 2 RAO räumt dem Finanzamt zwar Ermessen ein. Aber es überschreitet den Ermessensspielraum, wenn es die Steuer ohne Nachprüfung endgültig festsetzt, obwohl es erkennen mußte daß eine Nachprüfung geboten war.
[157] *Bettermann*, Festschrift für Wacke, 233 (249).
[158] Abschn. F II 2.

teils noch nach § 222 Abs. 1 Nr. 2 RAO zugunsten des Steuerpflichtigen ändern[159].

Ob man das Finanzamt bei der nachträglichen „Wiederaufrollung" zugunsten des Steuerpflichtigen an die Vorfragenentscheidungen des Gerichts für gebunden hält, hängt davon ab, ob man mit Zeuner[160] im Rahmen objektiver Sinnzusammenhänge eine Rechtskrafterstreckung auf Urteilselemente bejaht. Ich meine, daß eine solche Rechtskrafterstreckung mit § 110 Abs. 1 FGO nicht vereinbar ist. Streitgegenstand des gerichtlichen Verfahrens war der Herabsetzungsantrag des Klägers. Nur über diesen Streitgegenstand hat das Gericht entschieden. Die einzelnen Besteuerungsgrundlagen waren nicht Teil des Streitgegenstandes. Sie können daher das Finanzamt auch nicht binden. Das Finanzamt ist daher bei der weiteren Herabsetzung der Steuer an die Vorfragenentscheidungen des Gerichts nicht gebunden.

G. Ergebnis

Bei der Überprüfung der Saldierungstheorie anhand der verschiedenen Prüfsteine, an denen sich jede Streitgegenstandstheorie messen lassen muß, hat sich gezeigt, daß sich die Saldierungstheorie zwar bei der Rechtshängigkeit, der Klageänderung usw. insgesamt nicht weniger bewährt als die Individualisierungstheorie, daß sie aber bei der Bestimmung der objektiven Grenzen der Rechtskraft des Urteils nach § 100 Abs. 2 Satz 1 FGO zu erheblichen Schwierigkeiten führt. Diese Schwierigkeiten beruhen darauf, daß der Streitgegenstand der Anfechtungsklage gegen Steuerbescheide nach der Saldierungstheorie zu weit ist. Er macht eine Sachverhaltsprüfung erforderlich, der das Gericht häufig nicht gewachsen ist. Der weite Streitgegenstand hat bei einer Festsetzung der Steuer durch das Gericht nach § 100 Abs. 2 Satz 1 FGO zur Folge, daß die Präklusionswirkung in der Regel weiter reicht als der vom Gericht tatsächlich geprüfte und beurteilte Sachverhalt. Diese umfassende Präklusion widerspricht dem Erfordernis einer materiell gerechten Besteuerung. Der Gesetzgeber hat die Schwierigkeiten zwar gesehen; es ist ihm aber nicht gelungen, eine gesetzliche Regelung zu schaffen, die sie beseitigt.

Es stellt sich angesichts dieses Ergebnisses die Frage, ob von der Saldierungstheorie Abschied zu nehmen ist. Ich halte das für ausgeschlossen. Die Individalisierungstheorie vermeidet zwar einen Großteil der Schwierigkeiten, weil, wenn man ihr folgt, die Bindung des Finanz-

---

[159] Ebenso Barske - Woerner, FGO, S. 57; Döllerer, StbJb 1966/67, 451 (468 unten); Vogel, Gutachten zum 46. DJT, Band I, Teil 5, S. 49 und DStR 1966, 387 (389).
[160] Vgl. oben Teil 2 FN 59.

amts über den engen Streit- und Entscheidungsgegenstand hinaus nicht
in Betracht kommt. Auch sie muß sich aber mit der Frage der analogen
Anwendung des § 100 Abs. 1 Satz 1 Halbs. 2 FGO und der Bedeutung
des § 110 Abs. 2 FGO im Rahmen des engen Streigegenstandes auseinandersetzen. Sie führt außerdem wegen der Unmöglichkeit, den Klagegrund genau abzugrenzen, zu zusätzlichen Schwierigkeiten. Entscheidend
ist jedoch, daß die Individualisierungstheorie weder mit dem durch die
RAO geprägten Begriff der Rechtswidrigkeit noch mit den allgemeinen
Grundsätzen des Verwaltungsverfahrensrechts und des Prozeßrechts
vereinbar ist. Es ist nicht angängig, wegen der praktischen Schwierigkeiten, die im übrigen durch die Möglichkeit der vorläufigen Steuerfestsetzung weitgehend gemildert werden können, diese Unvereinbarkeit zu negieren.

Es bleibt daher nichts anderes übrig, als trotz der unvollkommenen
gesetzlichen Regelung über den Umfang der Bindungswirkung finanzgerichtlicher Urteile mit der Saldierungstheorie auszukommen.

Literaturverzeichnis

Althammer, Walter: Zur Rechtskraftwirkung verwaltungsgerichtlicher Urteile, NJW 1959, 2046

Bachof, Otto: Anmerkung zum Urteil des Bundesverwaltungsgerichts vom 18. 8. 1960, DVBl 1961, 128

— Die Rechtsprechung des Bundesverwaltungsgerichts, JZ 1962, 663

— Verfassungsrecht, Verwaltungsrecht, Verfahrensrecht in der Rechtsprechung des Bundesverwaltungsgerichts, Band I (BVerwGE 1—12), 1963; Band II (BVerwGE 13—19), 1967, Tübingen

— Die verwaltungsgerichtliche Klage auf Vornahme einer Amtshandlung, zugleich eine Untersuchung über den öffentlich-rechtlichen Folgenbeseitigungsanspruch nach Aufhebung eines rechtswidrigen Verwaltungsakts, 2. Auflage, 1968, Tübingen

Bähr, Peter: Die maßgebliche Rechts- und Sachlage für die gerichtliche Beurteilung von Verwaltungsakten, 1967, Köln

Baltzer, Andreas: Ist nach § 99 FGO Zwischenurteil über einzelne Streitpunkte zulässig? FR 1967, 95

— Prozeßgegenstand, Streitgegenstand und Klagebegehren im Steuerprozeß, NJW 1966, 1337

Barske, Kurt und Lothar *Woerner*: Finanzgerichtsordnung, Der Finanzprozeß und das außergerichtliche Vorverfahren, Buchreihe Finanz und Steuer, Band 35, 1966, Stuttgart

Baumbach, Adolf und Wolfgang *Lauterbach:* Zivilprozeßordnung, 30. Auflage, 1970, München

Becker, Enno: Reichsabgabenordnung, 1. Auflage, 1922; 6. Auflage, 1928, Berlin

Becker, Enno; Alfred *Riewald* und Carl *Koch*: Reichsabgabenordnung mit Nebengesetzen, Band I, §§ 1—159 RAO, 9. Aufl., 1963; Band II, §§ 160 bis 227 RAO, 9. Aufl., 1965; Bad III, §§ 228—259 RAO, FGO, FinVerwG, 9. Aufl., 1968, Köln

Beling, Ernst: Der nicht mitangefochtene und der teilweise angefochtene Schuldspruch GoltdA Band 63 (1917), 163

Bender, Bernd: Anmerkung zum Urteil des Oberverwaltungsgerichts Lüneburg vom 25. 10. 1956, DVBl 1957, 278

Berger, Emil: Der Steuerprozeß, Handbuch mit Kommentar zum Rechtsmittelverfahren, 1954, München

— Erste Überlegungen zur Finanzgerichtsordnung, DStR 1966, 3

Bergmann, Wolfgang: Probleme der verwaltungsgerichtlichen Feststellungs- und Zwischenfeststellungsklage, DöV 1959, 570

Bernatzik, Edmund: Rechtsprechung und materielle Rechtskraft, Verwaltungsrechtliche Studien, 1886, Wien

Bettermann, Karl August: Anmerkung zum Urteil des Bundesverwaltungsgerichts vom 30. 4. 1971, DVBl 1973, 375

Bettermann, Karl August: Die Beschwer als Klagevoraussetzung, Recht und Staat in Geschichte und Gegenwart, Heft 386/387, 1970, Tübingen

— Die Beschwer als Rechtsmittelvoraussetzung im deutschen Zivilprozeß, ZZP 82 (1969), 24

— Die Beweislast im Verwaltungsprozeß, Verhandlungen des 46. Deutschen Juristentages, Essen 1966, Band II (Sitzungsberichte), Teil E, 26

— Klagebefugnis und Aktivlegitimation im Anfechtungsprozeß, in: Staatsbürger und Staatsgewalt, Verwaltungsrecht und Verwaltungsgerichtsbarkeit in Geschichte und Gegenwart; Jubiläumsschrift zum hunderjährigen Bestehen der deutschen Verwaltungsgerichtsbarkeit und zum zehnjährigen Bestehen des Bundesverwaltungsgerichtes, Band II, 1963, Karlsruhe, 449

— Die Legitimation zur verwaltungsgerichtlichen Anfechtung nach oesterreichischem und deutschem Recht, in: Festschrift für Hans Schima zum 75. Geburtstag, 1969, Wien, 71

— Über die Legitimation zur Anfechtung von Verwaltungsakten, in: Der Staat als Aufgabe, Gedenkschrift für Max Imboden, 1972, 37

— Die Rechtsweggarantie des Art. 19 Abs. 4 GG in der Rechtsprechung des Bundesverfassungsgerichts, AöR 96 (1971), 528

— Teilanfechtung, Teilkassation und Reformation von Abgabenbescheiden, in: Verfassung, Verwaltung, Finanzen, Festschrift für Gerhard Wacke zum 70. Geburtstag, 1972, Köln, 233

— Umrisse eines Systems des Verwaltungsrechtsschutzes, in: Festschrift für Elias G. Kyriacopoulos, Thessaloniki, 1966 (Sonderdruck), 785

— Die Verpflichtungsklage nach der Bundesverwaltungsgerichtsordnung, NJW 1960, 649

— Verwaltungsakt und Richterspruch, in: Forschungen und Berichte aus dem öffentlichen Recht, Band 6, Gedächtnisschrift für Walter Jellinek, 1955, München, 361

— Wesen und Streitgegenstand der verwaltungsgerichtlichen Anfechtungsklage, DVBl 1953, 163, 202

Blomeyer, Arwed: Beiträge zur Lehre vom Streitgegenstand, in: Festschrift der juristischen Fakultät der Freien Universität Berlin zum 41. Deutschen Juristentag in Berlin vom 7.—10. 9. 1955, 51

— Zum Urteilsgegenstand im Leistungsprozeß, in: Festschrift für Friedrich Lent, 1954, 43

— Zivilprozeßrecht, Erkenntnisverfahren, 1963, Berlin

Blomeyer, Jürgen: Rechtskraft und Rechtsmittel bei Klagabweisung, NJW 1969, 587

v. Bodungen, Thilo: Rechtskraftdurchbrechung im Steuerrecht mittels Billigkeitserlasses nach § 131 RAO, Dissertation, 1968, München

Boehmer, Gustav: Grundlagen der bürgerlichen Rechtsordnung, Erstes Buch, Das bürgerliche Recht als Teilgebiet der Gesamtrechtsordnung, 1950, Tübingen

Boettcher, Ruth: Abgabenrecht als Teil des Verwaltungsrechts, StuW 1962, Sp. 1

Bötticher, Eduard: Kritische Beiträge zur Lehre von der materiellen Rechtskraft im Zivilprozeß, 1930, Berlin (Nachdruck 1970)

Bötticher, Eduard: Besinnung auf das Gestaltungsrecht und das Gestaltungsklagerecht, in: Vom Deutschen zum Europäischen Recht, Festschrift für Hans Dölle, 1963, Band I, 41

— Zur Lehre vom Streitgegenstand im Eheprozeß, in: Beiträge zum Zivilprozeßrecht. Festgabe zum siebzigsten Geburtstag von Leo Rosenberg, 1949, 73

de Boor, Hans Otto: Gerichtsschutz und Rechtssystem, Ein Beitrag zum Kampfe gegen das aktionenrechtliche Denken, Leipziger rechtswissenschaftliche Studien, Heft 126, 1941, Leipzig

Brackmann, Kurt: Der Begriff des Streitgegenstandes unter besonderer Berücksichtigung des Verfahrens vor den Gerichten der Sozialgerichtsbarkeit, Die Ortskrankenkasse, 1965, 465

— Handbuch der Sozialversicherung, Eine systematische Darstellung, 1. bis 7. Auflage, 1971, Bonn

Bruns, Rudolf: Zivilprozeßrecht, 1968, Berlin

Bühler, Ottmar und Georg *Strickrodt*: Steuerrecht, Grundriß in zwei Bänden, Band I, Allgemeines Steuerrecht, 1. Auflage, 1927, Berlin; 3. Auflage, 1960, Wiesbaden

Czermak, Fritz: Zuwenig oder zuviel Rechtsschutz durch die Verwaltungsgerichte? DRiZ 1964, 38

— Anmerkung zum Urteil des Bundesverwaltungsgerichts vom 27. 1. 1966, DVBl 1967, 417

Deselaers, Johannes: Beschränkung der Anfechtung von Berichtigungsbescheiden durch § 234 AO, StuW 1956, Sp. 379

Döllerer, Georg: Von der Rechtsbeschwerde zur Revision, Steuerberater-Jahrbuch 1966/67, 451

Eisenberg, Ernst: Anmerkung zum Urteil des Bundesfinanzhofs vom 24. 9. 1970, FR 1971, 299

— Die Finanzgerichtsordnung und das Problem der „Saldierung", DB 1967, 1238

— Die richterliche Fragepflicht und das Amtsprinzip nach der FGO, FR 1966, 163

— Nochmals: Aufhebung des Steuerbescheids oder Festsetzung der Steuer durch das Finanzgericht?, FR 1970, 67

— Urteile und andere Entscheidungen der Finanzgerichte nach der Finanzgerichtsordnung, BB 1966, 400

Engisch, Karl: Einführung in das juristische Denken, 4. Auflage, 1956, Stuttgart

Eyermann, Erich und Ludwig *Fröhler*: Verwaltungsgerichtsordnung, 5. Auflage, 1971, München

Frenkel, Erdmann: Erhöhung des Steuerbetrages auf Antrag, BB 1968, 1318

Friedlaender, Kurt: Materielle Rechtskraft von Steuerentscheidungen, StuW 1956, Sp. 233

— Anmerkung zum Beschluß des Bundesfinanzhofs vom 17. 7. 1967, StuW 1968, Sp. 725

Forsthoff, Ernst: Lehrbuch des Verwaltungsrechts, Erster Band: Allgemeiner Teil, 9. Auflage, 1966, München

Fuchs, N. N.: Zur materiellen Rechtskraft der Steuerbescheide, DStZ 1956 (A), 367

Gaul, Hans Friedhelm: Die Grundlagen des Wiederaufnahmerechts und die Ausdehnung der Wiederaufnahmegründe, Zugleich ein Beitrag zum Problem der Analogie beim enumerativen Ausnahmerechtssatz, 1956, Bielefeld

Geist, Günter: Die Wirkungen des § 232 Abs. 1 AO und des § 42 Abs. 1 FGO bei Feststellungsbescheiden im Sinne der §§ 214, 215 AO, DStR 1967, 723

Gehring, Otto Werner: Streitgegenstand, Aktivlegitimation und Klagebefugnis im verwaltungsgerichtlichen Anfechtungsprozeß, DöV 1954, 331

Geiger, Willi: Zur Frage der Bindung der Zivilgerichte an verwaltungsgerichtliche Urteile, in: Staatsbürger und Staatsgewalt, Band I, 183

Glücklich, N. N.: Anmerkung zum Urteil des Bundesverwaltungsgerichts vom 21. 10. 1958, SGb 1959, 264

Goessl, Manfred: Organstreitigkeiten innerhalb des Bundes, Eine Untersuchung des Art. 93 Abs. 1 Nr. 1 des Grundgesetzes und der zu seiner Ausführung ergangenen Bestimmungen des Bundesverfassungsgerichtsgesetzes, Schriften zum öffentlichen Recht, Band 5, 1961, Berlin

Götz, Heinrich: Die innerprozessuale Bindungswirkung von Urteilen im Zivil-, Arbeits- und Verwaltungsprozeßrecht, JZ 1959, 681

Görg, Hubert und Klaus *Müller*: Finanzgerichtsordnung, 1966, Neuwied

Gräber, Fritz: Die Bedeutung der Entscheidung des Großen Senats des Bundesfinanzhofes zur Frage des Streitgegenstandes bei der Anfechtungsklage, DStR 1968, 491

— Beschwer bei Freistellung von der Steuer oder zu niedriger Steuerfestsetzung?, DStR 1967, 271

Grünwald, Gerald: Die Teilrechtskraft im Strafverfahren, 1964, Göttingen

Grunsky, Wolfgang: Beschränkungen bei der Einlegung eines Rechtsmittels und bei der Aufhebung des angefochtenen Urteils, ZZP 84 (1971), 129

— Grundlagen des Verfahrensrechts, Eine vergleichende Darstellung von ZPO, FGG, VwGO, FGO, SGG, 1970, Bielefeld

— Rechtskraft von Entscheidungsgründen und Beschwer, ZZP 76 (1963), 165

Habscheid, Walther J.: Der Streitgegenstand im Zivilprozeß und im Streitverfahren der Freiwilligen Gerichtsbarkeit, 1956, Bielefeld

— Bestimmen Verhandlungs- und Untersuchungsmaxime den Streitgegenstand? Eine Auseinandersetzung mit Othmar Jauernigs Schrift „Verhandlungsmaxime, Inquisitionsmaxime und Streitgegenstand", FamRZ 1971, 297

Hahn, Wolfgang: Die Beschwer im formellen Steuerrecht, Dissertation, 1973, Erlangen—Nürnberg

Hatschek, Julius: Lehrbuch des deutschen und preußischen Verwaltungsrechts, 7. und 8. Auflage, 1931, Leipzig

Haueisen, Fritz: Die Bedeutung der Rechtskraft verwaltungsgerichtlicher Urteile, NJW 1960, 313

— Die Voraussetzungen der Rechtswidrigkeit eines Verwaltungsakts, NJW 1960, 1881

— Erst- und Zweitbescheid im Verwaltungsrecht, NJW 1965, 561

— Betrachtungen über die Rücknahme fehlerhafter Verwaltungsakte, DVBl 1959, 228

— Der Verwaltungsakt im Lichte neuerer Überlegungen, DöV 1961, 121

Haustein, German: Der Streitgegenstand im Verwaltungsprozeß, Dissertation, 1954, München

Henckel, Wolfram: Parteilehre und Streitgegenstand im Zivilprozeß, 1961, Heidelberg

Henke, Wilhlem: Das subjektive öffentliche Recht, 1968, Tübingen

Hensel, Albert: Steuerrecht; Enzyklopädie der Rechts- und Staatswissenschaft, Abteilung Rechtswissenschaft, Band XXVIII, 2. Auflage, 1927; 3. Auflage, 1933, Berlin

Hasselberger, Dieter: Die Lehre vom Streitgegenstand, Geschichtliche Entwicklung und gegenwärtiger Stand, 1970, Köln

Hübschmann, Walter; Ernst *Hepp* und Armin *Spitaler*: Reichsabgabenordnung, Finanzgerichtsordnung und Nebengesetze, 1. bis 6. Auflage, 1951/71, Köln

Huppertz, Walter: Streitgegenstand und Prozeßherrschaft im Anfechtungsverfahren nach §§ 40 I, 100 FGO, Dissertation, 1972, Köln

Jauernig, Othmar: Verhandlungsmaxime, Inquisitionsmaxime und Streitgegenstand, Recht und Staat in Geschichte und Gegenwart, Heft 339/340, 1967, Tübingen

Jesch, Dietrich: Die Bindung des Zivilrichters an Verwaltungsakte, 1956, Erlangen

Jellinek, Walter: Der fehlerhafte Staatsakt und seine Wirkungen, Eine verwaltungs- und prozeßrechtliche Studie, 1908, Tübingen

— Verwaltungsrecht, 3. Auflage, 1931, Berlin

Kellner, Hugo: Besinnung auf die Anfechtungsklage, Ein Beitrag zum Rechtsschutz gegen Ablehnungsbescheide, MDR 1968, 965

Kleinknecht, Theodor: Strafprozeßordnung, 30. Auflage, 1971, München

Klinger, Hans: Verwaltungsgerichtsordnung, 2. Auflage, 1964, Göttingen

Knauer, Arnd: Mitwirkungspflichten des Klägers im finanzgerichtlichen Verfahren — zugleich ein Beitrag zur Vereinheitlichung der verwaltungsgerichtlichen Verfahrensordnungen, Verw.Arch. 60 (1969), 148

Koehler, Alexander: Verwaltungsgerichtsordnung, 1960, Berlin

Kopp, Ferdinand: Verfassungsrecht und Verwaltungsverfahrensrecht, Eine Untersuchung über die verfassungsrechtlichen Voraussetzungen des Verwaltungsverfahrens in der Bundesrepublik und die Bedeutung der Grundentscheidungen der Verfassung für die Feststellung, Auslegung und Anwendung des geltenden Verwaltungsverfahrensrechts, Münchener Universitätsschriften, Reihe der Juristischen Fakultät, Band 15, 1971, München

— Die Heilung von Mängeln des Verwaltungsverfahrens und das Nachschieben von Gründen im Verwaltungsprozeß, Verw.Arch. 61 (1970), 219

Kornblum, Udo: Zum Verhältnis von Gesetzesänderung und materieller Rechtskraft verwaltungsgerichtlicher Entscheidungen, JZ 1962, 654

Kormann, Karl: Besprechung von Friedrich Stein, Grenzen und Beziehungen zwischen Justiz und Verwaltung, AöR 30 (1913), 253

— Beziehungen zwischen Justiz und Verwaltung, JöR VII (1913), 1

— System der rechtsgeschäftlichen Staatsakte, 1910, Berlin

Kruse, Heinrich Wilhelm: Steuerrecht I, Allgemeiner Teil, Ein Studienbuch, 2. Auflage, 1969, München

Kühn, Rolf und Heinz *Kutter:* Abgabenordnung, Finanzgerichtsordnung, 10. Auflage, 1970, Stuttgart

Kühn, Rolf: Zum gegenwärtigen Stande der materiellen Rechtskraftwirkung (Unabänderbarkeit) von Entscheidungen und Verfügungen in Steuersachen, StuW 1942, Sp. 89

Lang, Arno: Untersuchungs- und Verhandlungsmaxime im Verwaltungsprozeß, Verw.Arch. 52 (1961), 60/175

Larenz, Karl: Methodenlehre der Rechtswissenschaft, 2. Auflage, 1969, Berlin

Leingärtner, Wilhelm: Die materielle Rechtskraft der Steuerentscheidungen und die Folgeänderung nach § 218 Abs. 4 AO, DStR 1967, 591

Lent, Friedrich: Zur Lehre vom Entscheidungsgegenstand, ZZP 72 (1959), 63

— Zivilprozeßrecht, Ein Studienbuch, 5. Auflage, 1953; 15. Auflage (bearbeitet von Jauernig), 1970, München

Lerche, Peter: Das Nachschieben „tatsächlicher" Gründe im Anfechtungsprozeß, NJW 1953, 1897

Löwe, Ewald und Werner *Rosenberg:* Die Strafprozeßordnung, 22. Auflage, 1971, Berlin

Loose, Gerhard: Das Klagensystem der Finanzgerichtsordnung, BB 1966, 243

Lorenz, Dieter: Die Folgepflicht gegenüber rechtswidrigen Verwaltungsakten und die Strafbarkeit des Ungehorsams, DVBl 1971, 165

Lübbing, Wendel: Die widerstreitende Steuerfestsetzung, StuW 1969, Sp. 95

Lüke, Gerhard: Die Abgrenzung der Klagebefugnis im Verwaltungsprozeß, AöR 84 (1959), 185

— Der Streitgegenstand im Verwaltungsprozeß, JuS 1967, 1

Maeder, Gerhard und Karl-Heinz *Mittelsteiner:* Finanzgerichtsordnung, 1969, Baden-Baden

Martens, Joachim: Außerordentliche Rechtsbehelfe gegen rechtskräftige Urteile, DStR 1969, 652

— Die Änderung des angefochtenen Bescheides nach Rechtshängigkeit, StuW 1968, Sp. 53

— Zur Begriffsbestimmung des Verwaltungsakts, DVBl 1968, 322

— Die Klagearten im Verwaltungsprozeß, DöV 1970, 476

— Normenvollzug durch Verwaltungsakt und Verwaltungsvertrag, AöR 89 (1964), 429

— Rechtskraft und materielles Recht, ZZP 79 (1966), 404

— Der Streitgegenstand im Steuerprozeß, StuW 1966, Sp. 689

— Streitgegenstand und Urteilsgegenstand der Anfechtungsklage, DöV 1964, 365

— Steuerprozeß oder Steuerfestsetzungsverfahren?, FR 1968, 361

— Der Umfang der Bestandskraft von Steuerbescheiden, StuW 1965, Sp. 625

Martens, Wolfgang: Fehlerhafte Nebenbestimmungen im Verwaltungsprozeß, DVBl 1965, 428

Mattern, Gerhard und Kurt *Meßmer:* Reichsabgabenordnung, 1964, Bonn

Maunz, Theodor; Günter *Dürig* und Roman *Herzog:* Grundgesetz, 3. Auflage, 1971, München

Mayer, Otto: Deutsches Verwaltungsrecht, Erster Band, 3. Auflage, 1924, München

9*

Mellwitz, Artur: Sozialgerichtsgesetz, 1956, München

Menger, Christian-Friedrich: Allgemeine Prozeßrechtssätze in der Verwaltungsgerichtsordnung, in: Staatsbürger und Staatsgewalt, Band II, 427

— Der Schutz der Grundrechte in der Verwaltungsgerichtsbarkeit, in: Bettermann-Nipperdey-Scheuner, Die Grundrechte, Handbuch der Theorie und Praxis der Grundrechte, Dritter Band, 2. Halbband, 1959, Berlin, 717

— Aus der Praxis der Verwaltung und Verwaltungsgerichtsbarkeit — Höchstrichterliche Rechtsprechung zum Verwaltungsrecht —, Verw.Arch. 48 (1957), 172; Verw.Arch. 50 (1959), 387; Verw.Arch. 52 (1961), 92 und 199; Verw.Arch. 54 (1963), 289; Verw.Arch. 59 (1968), 288

— System des verwaltungsgerichtlichen Rechtsschutzes, Eine verwaltungsrechtliche und prozeßvergleichende Studie, 1954, Tübingen

Meyer, Klaus: Herstellung der Spruchreife — Grundsatz und Grenzen — dargestellt am Baurecht, DVBl 1961, 75

Miesbach, Hermann: Die Abänderung oder Ersetzung des angefochtenen Verwaltungsakts während des sozialgerichtlichen Verfahrens, Eine Untersuchung grundlegender Fragen aus dem Sozialgerichtsgesetz, 1959, Wiesbaden

Mittelbach, Rolf: Auswirkungen des Bilanzenzusammenhangs auf den Steuerprozeß, DStR 1971, 743

— Wann gilt eine Tatsache als dem Finanzamt bekannt?, DStR 1971, 31

Müffelmann, Herbert: Die objektiven Grenzen der materiellen Rechtskraft steuergerichtlicher Urteile, Zugleich ein Beitrag zum Streitgegenstand im Verwaltungsprozeß- und Steuerprozeßrecht, Schriften zum Steuerrecht, Band 1, 1965, Berlin

Müller, Arnold: Verhandlungsmaxime im Finanzgerichtsverfahren?, DStR 1970, 720

Müller, Hans Karl: Die Finanzgerichtsordnung und das Problem der „Saldierung", DB 1966, 1329

Müller, Horst Joachim: Anmerkung zum Urteil des Bundesverwaltungsgerichts vom 30. 8. 1962, DVBl 1963, 404

Müller-Tochtermann, N. N.: Die Erledigung des Rechtsstreits in der Hauptsache nach der Verwaltungsgerichtsordnung, Verw.Arch. 53 (1962), 45

Naumann, Richard: Anmerkung zum Urteil des Oberverwaltungsgerichts Lüneburg vom 30. 1. 1952, DVBl 1952, 695

Neugebauer, N. N.: Anmerkung zum Urteil des Bundessozialgerichts vom 22. 6. 1967, SGb. 1968, 486

Niemann, Engelhard: Grenzen der Rechtskraft im Steuerrecht, Verw.Arch. 40 (1935), 135

— Der Steuerverwaltungsakt, Ein Beitrag zum allgemeinen Steuerrecht, Vierteljahreszeitschrift für Steuer- und Finanzrecht, 1930, 173

Niemeyer, Gisela: Beschwer und Verböserungsverbot im finanzgerichtlichen Verfahren, FR 1970, 194

— Das Dispositionsrecht des Klägers nach Änderung des Steuerbescheides während des finanzgerichtlichen Verfahrens, DStR 1967, 180

— Der Gegenstand des Verfahrens bei der Anfechtung von Steuerbescheiden, Schriftenreihe des Instituts für Steuerrecht der Universität Köln, Band 23, 1962, Düsseldorf

Niese, Werner: Über den Streitgegenstand der Anfechtungs- und Vornahmeklage im Verwaltungsprozeß, JZ 1952, 353

Nikisch, Arthur: Zur Lehre vom Streitgegenstand im Zivilprozeß, AcP 154 (1955), 269

— Der Streitgegenstand im Zivilprozeß, 1935, Tübingen

— Zivilprozeßrecht, 2. Auflage, 1952, Tübingen

Otto, Hans-Jörg: Die Präklusion, Ein Beitrag zum Prozeßrecht, Schriften zum Prozeßrecht, Band 18, 1970, Berlin

Palandt, Otto: Bürgerliches Gesetzbuch, 31. Auflage, 1972, München

Paulick, Heinz: Grundriß der Finanzgerichtsordnung, 1971, Köln

Peters, Egbert: Zur Rechtskraftlehre Zeuners, ZZP 76 (1963), 229

Peters, Horst; Theodor *Sautter* u. Richard *Wolff:* Sozialgerichtsgesetz, 4. Auflage, Stuttgart

Protzen, Reinhard: Der formlose Steuerbescheid, Abgrenzungsfragen unter besonderer Berücksichtigung der Rechtsprechung, Schriftenreihe des Instituts für Steuerrecht der Universität Köln, Band 48, 1964, Düsseldorf

Redeker, Konrad: Verfahrensrechtliche Bindungen der Untersuchungsmaxime im Verwaltungsprozeß, in: Staatsbürger und Staatsgewalt, Band II, 475

Redeker, Konrad und Hans-Joachim *von Oertzen:* Verwaltungsgerichtsordnung, 4. Auflage, 1971, Stuttgart

Reinhardt, Fritz: Realsteuerreform, 1937, Berlin

Reinicke, Dietrich: Zwischenurteile in der Revisionsinstanz, NJW 1967, 513

Reuß, N. N.: Anmerkung zum Urteil des Preußischen Oberverwaltungsgerichts vom 19. 5. 1938, JW 1938, 3322

Reuß, Hermann: Der Verwaltungsakt und seine Begründung, DVBl 1954, 593

Richter, Ernst-Günther: Ist das Verwaltungsgericht verpflichtet, eine Sache der Leistungsverwaltung spruchreif zu machen (§ 113 Abs. 4 VwGO)?, DVBl 1960, 885

Rimmelspacher, Bruno: Materiellrechtlicher Anspruch und Streitgegenstandsprobleme im Zivilprozeß, 1970, Göttingen

Rosenberg, Leo: Lehrbuch des Deutschen Zivilprozeßrechts, 8. Auflage, 1960; 10. Auflage (bearbeitet von Schwab), 1969, München

— Die Präklusionswirkung von Urteilen, SJZ 1950, Sp. 313

Rupp, Hans Heinrich: Zur neuen Verwaltungsgerichtsordnung: Gelöste und ungelöste Probleme, AöR 85 (1960), 149/301

Schall, Herbert: Sprungklage nur bei Anfechtungsklage — ein Versehen des Gesetzgebers?, DStR 1968, 341

Schachtschneider, Karl-Albrecht: Neubescheidung nach Rechtskraft im Sozialversicherungsrecht und im allgemeinen Verwaltungsrecht, Verw.Arch. 63 (1972), 112 und 277

— Der versagte Zweitbescheid, JuS 1970, 574

Schefold, Dian: Anmerkung zum Urteil des Bundesverwaltungsgerichts vom 24. 10. 1967, DöV 1967, 856

Scheuffler, N. N.: Die Konsumtion (ne bis in idem) im Abgabeverfahren, StuW 1940, Sp. 243

Schick, Walter: Notwendigkeit und Funktion der Begründung bei Verwaltungsakten, JuS 1971, 1

Schimmel, Manfred: Die Entscheidung des Finanzgerichts bei teilweiser Rechtswidrigkeit des angefochtenen Verwaltungsakts, FR 1967, 294

Schlosser, Peter: Gestaltungsklagen und Gestaltungsurteile, 1966, Bielefeld

Schmidt, Eberhard: Lehrkommentar zur Strafprozeßordnung und zum Gerichtsverfassungsgesetz, 1957, Göttingen

Schmidt, Helmut: Zum Streitgegenstand der verwaltungsgerichtlichen Anfechtungsklage, DöV 1962, 486

Schoen, Xaver: Das Gesetz über die Verwaltungsgerichtsbarkeit im Spiegel von Rechtsprechung und Schrifttum, 1946—1949, DöV 1950, 106

Schröcker, Sebastian: Berichtigung und Änderung behördlicher Bescheide, Zum fünfzigjährigen Bestehen des obersten Finanzgerichts am 31. Oktober 1968, NJW 1968, 2035

Schröder, Meinhard: Grenzen der nachträglichen Abänderung belastender Verwaltungsakte — BVerwGE 30, 132 —, JuS 1970, 615

Schütz, E.: Nachschieben von Gründen, Berichtigung der Bezeichnung und „Konversion" bei Verwaltungsakten, MDR 1954, 459

Schunck, Egon und Hans *De Clerck*: Verwaltungsgerichtsordnung, 2. Auflage, 1967, Siegburg

Schultzenstein, N. N.: Über den Zeitpunkt, bis zu welchem im Civilprozeß die Zurücknahme der Klage, der Berufung, der Revision und des Einspruchs zulässig sind, Beiträge zur Erläuterung des Deutschen Rechts (Gruchot Beitr.) 27, (1883), 229

Schwab, Karl Heinz: Die Bedeutung der Entscheidungsgründe, in: Festschrift für Eduard Bötticher, 321

— Der Streitgegenstand im Zivilprozeß, 1954, München

Schwarz, Gottfried: Der steuerliche Rechtsschutz nach der FGO vom 6. 5. 1965, DStR 1966, 397

Siegmund-Schultze, Gerhard: Zum Streitgegenstand bei der verwaltungsgerichtlichen Anfechtungsklage, in: Studien über Recht und Verwaltung, 1967, Köln, 120

Skouris, Wassilios: Teilnichtigkeit von Gesetzen, Schriften zum öffentlichen Recht, Band 215, 1973, Berlin

Söhn, Hartmut: Änderung von Steuerbescheiden und „wiederholende Verfügung", StuW 1969, Sp. 217

— Teilbarkeit von Verwaltungsakten, die auf eine Geldleistung gerichtet sind (Teilanfechtung, [Teil-]Aufhebung, Teilunanfechtbarkeit), Verw.Arch. 60 (1969), 64

Spanner, Hans: Anmerkung zum Urteil des BFH vom 17. 7. 1967, Steuerrechtsprechung in Karteiform, Anmerkungen zu § 11 FGO R. 11

— Probleme der Finanzgerichtsordnung, StuW 1969, Sp. 11

— Probleme des Streitgegenstandes im finanzgerichtlichen Verfahren, Steuer und Recht, Jahrbuch der Fachanwälte für Steuerrecht 1967/1968, 173

von Staudinger, Julius: Bürgerliches Gesetzbuch, II. Band, Teil 1 c, §§ 249 bis 327, Recht der Schuldverhältnisse, 10./11. Auflage, 1967, Berlin

Stein, Friedrich und Martin *Jonas*: Zivilprozeßordnung, Band I, 1964; Band II, 1972, 19. Auflage, Tübingen

Steindorff, Ernst: Die Nichtigkeitsklage (le recours pour excès de pouvoir) im Recht der Europäischen Gemeinschaft für Kohle und Stahl, 1952, Frankfurt

Stockhausen, Josef: Die sachliche Bindungswirkung rechtskräftiger Urteile des Finanzgerichts, FR 1967, 350

Theis, Jean: Die französische Verwaltungsgerichtsbarkeit der Gegenwart, AöR 77 (1951/1952), 1

Teufel, Wolfgang: Die Bindung der Verwaltung an ein der Anfechtungsklage stattgebendes verwaltungsgerichtliches Urteil, Dissertation, 1972, Frankfurt

Thierfelder, Hans: Einige Grundprobleme der Verwaltungsgerichtsbarkeit, DöV 1967, 300

Tipke, Klaus und Heinrich Wilhelm *Kruse*: Reichsabgabenordnung, 1. Auflage, Band I, 1961, Band II, 1963; 2.—5. Auflage, 1965/1972, Köln

Thomas, Heinz und Hans *Putzo*: Zivilprozeßordnung, 6. Aufl., 1972, München

Ule, Carl Hermann: Verwaltungsverfahren und Verwaltungsprozeß, Zur Vereinheitlichung des Verwaltungsverfahrens- und Verwaltungsprozeßrechts, Verw.Arch. 62 (1971), 114

— Verwaltungsgerichtsbarkeit, 2. Auflage, 1962, Köln

— Verwaltungsprozeßrecht, 5. Auflage, 1971, München

Vogel, Klaus: Empfiehlt sich eine Anpassung der Vorschriften über Berichtigung und Änderung von Steuerbescheiden an das Allgemeine Verwaltungsrecht, und welche sonstigen Reformen sind auf diesem Gebiet in Betracht zu ziehen?, Gutachten für den 46. Deutschen Juristentag, 1966, Essen, Band I, Teil 5, 1

— Berichtigung von Steuerbescheiden nach Erlaß eines rechtskräftigen steuergerichtlichen Urteils, DStR 1966, 387

Vogler, Theo: Die Rechtskraft des Strafbefehls, Ein Rechtskraftproblem, 1959, Karlsruhe

Volkmann, Jürgen: Die Problematik der Rechtskraft sozialversicherungsrechtlicher Verwaltungsakte, Dissertation, 1966, Köln

Wacke, Gerhard: Gegenstand und Rechtskraft bei der verwaltungsgerichtlichen Klage, AöR 79 (1953/1954), 158

Wagner, Reinhart: Die Bindung der Finanzbehörden und Finanzgerichte an Entscheidungen anderer Behörden und Gerichte, Dissertation, 1966, Frankfurt

von Wallis, Hugo: Zum Verfahren vor den Finanzgerichten nach der Finanzgerichtsordnung (unter besonderer Berücksichtigung der Anfechtungsklage), Steuerberater-Jahrbuch 1967/1968, 407

Walther, Richard: Klageänderung und Klagerücknahme, Erlanger Juristische Abhandlungen, Band 3, 1969, Köln

Warncke, Friedrich: Entwicklung und Gestaltung des Rechtsschutzes im deutschen Verwaltungsprozeß im Hinblick auf die Lehre vom Streitgegenstand, in: Das deutsche Privatrecht in der Mitte des 20. Jahrhunderts, Festschrift für Heinrich Lehmann zum 80. Geburtstag, II. Band, 1956, 869

Weidemann, Jürgen: Zu § 40 FGO: Die Klage wegen zu niedriger Steuerfestsetzung und die Anfechtung der Begründung eines Steuerverwaltungsakts, Verw.Arch. 63 (1972), 55

Werner, Hans: Die Bescheidberichtigung — eines der Hauptprobleme der neuen Finanzgerichtsordnung, DStR 1966, 412

Wismeth, Siegfried: Der vorläufige Steuerbescheid im Rechtsbehelfsverfahren, DStR 1971, 29

Woerner, Lothar: Der Streitgegenstand bei der finanzgerichtlichen Anfechtungsklage, Zum Beschluß des Großen Senats vom 17. 7. 1967 — Gr S 1/66 —, BB 1968, 1030

Wolff, Hans Julius: Verwaltungsrecht I, 8. Auflage, 1971, München

Yoshimura, Tokushige: Streitgegenstand und Verfahrensmaximen — zugleich eine Auseinandersetzung mit der Schrift von Jauernig: „Verhandlungsmaxime, Inquisitionsmaxime und Streitgegenstand", ZZP 83 (1970), 245

Ziemer, Herbert: Die Aufgaben des Finanzgerichtsverfahrens, FR 1969, 232, 253

Ziemer, Herbert und Hans *Birkholz*: Finanzgerichtsordnung, 2. Auflage, 1970, München

Ziemer, Herbert und Hans *Haarmann*: Einspruch, Beschwerde und Klage in Steuersachen, Band I, 1967, Band II, 1971, Bonn

Zeuner, Albrecht: Die objektiven Grenzen der Rechtskraft im Rahmen rechtlicher Sinnzusammenhänge, Zur Lehre über das Verhältnis von Rechtskraft und Entscheidungsgründen im Zivilprozeß, 1959, Tübingen

MIX
Papier aus verantwortungsvollen Quellen
Paper from responsible sources
FSC® C105338
FSC
www.fsc.org

Printed by Libri Plureos GmbH
in Hamburg, Germany